U0114743

誰將接掌俄羅斯

普京之後的俄羅斯政治精英

馮玉軍　周楚人 ──────── 著

開明書店

前　言

　　2024年3月17日，俄羅斯即將舉行新一輪總統選舉。按照目前俄羅斯的權力結構和政治氛圍，普京（Вимир Владимиро-вич Путин）連任總統應該沒有懸念。而根據2020年俄羅斯憲法修正案的規定，普京之前的總統任期已經全部清零，他2020—2024年的總統任期結束後，還可以參加兩次總統選舉。因為憲法修改後俄羅斯的總統任期已經調整為六年，所以從理論上講，普京有可能長期執政到2036年。當然，如果不發生意外的話。

　　遙想1999年12月31日，在新世紀的鐘聲即將敲響的時候，已經病入膏肓的俄羅斯總統葉利欽把當時並不為人熟知的普京請到了克里姆林宮，出人意料地宣佈把俄最高權力轉交給他，讓他出任代理總統。當時，葉利欽意味深長地對普京說：「珍重俄羅斯」！從那時起，普京領導俄羅斯已經整整23年的時間了，如果他能再完成兩個新的總統任期，那麼他將掌舵俄羅斯36年。

　　概括而言，自2000年上台執政以來，普京主要做了三件事

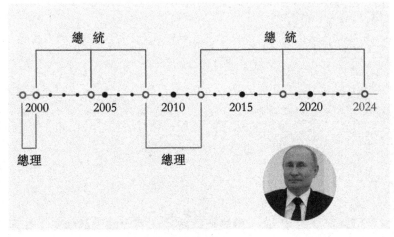

普京的任期

情：一是在政治上重塑垂直權力體系，著力強化中央集權，其結
果是 1993 年俄羅斯聯邦憲法所確立的基本原則和政治機制如權
力制衡、司法獨立、多黨制、聯邦制等基本上已經形同虛設；二
是在經濟上推進資源集中，打掉了一批在葉利欽時期坐大並肆意
干政的老寡頭，同時也催生了一批圍繞在普京周圍的新寡頭，寡
頭資本主義愈演愈烈，成為俄羅斯經濟模式的核心內涵；三是在
國際上以「俄式保守主義」為旗號消蝕、顛覆自由主義國際秩
序，以俄格戰爭、克里米亞危機、俄烏衝突等行動重整河山、重
建帝國。

　　23 年來，普京治下的俄羅斯呈現出一條高開低走的發展曲
線。在執政之初的三年推行了一些改革措施，並借國際高油價實
現了從 2000 年至 2007 年的較快速經濟增長，2008 年後的俄羅斯

一路顛簸、波折坎坷。受傳統文化、思維方式、現實條件、權力結構、國際環境等多重因素影響，轉型之初的制度設計與目標規劃很大程度上已扭曲變形，取而代之的是號稱「主權民主」的威權體制，取代社會市場經濟的是寡頭壟斷，社會參與在經歷一段時間高漲後趨于衰微。

首先，俄羅斯經濟經歷了嚴重的「去工業化」進程。受設備老化、投資不足、人才流失、傳統經濟聯繫斷裂等因素影響，蘇聯時期建立的工業體系加速衰敗。加之能源依賴型的畸形經濟結構積重難返，俄在「第四次工業革命」中步履蹣跚，面臨應對氣候變化和推進能源轉型的雙重挑戰。前經濟發展部長格列夫稱，俄羅斯事實上已經輸掉了在技術革命中的競爭，成為無力追求物質財富和發展的「衰退國家」（down-shifter）。還有專家認為，由於「政治機構已經變得僵化，處於不允許創造投資激勵、吸引外國資金、保護產權、保護競爭和尊重法治的狀態」，俄羅斯「正加速喪失全球經濟競爭力」。按照俄羅斯中央銀行、經濟發展部以及國際貨幣基金組織、世界銀行等多家機構預測，俄羅斯經濟增速未來相當長一個時期將低於世界平均水平，這也意味著其在世界經濟體系中的地位將會持續下降。

其次，科技發展滯後，後續動力不足。蘇聯解體包括普京執政以來，科研投入不足、體制機制約束、人才流失嚴重、成果轉化緩慢、戰略思維僵化、與西方關係惡化等因素極大限制了俄羅斯的科技進步，並使其在日益激烈的國際科技競爭中處於不利地位。根據聯合國教科文組織的資料，2020 年，按購買力平價計

算，世界主要科技大國的科技研發投入分別是：美國 5111 億美元，中國 4519 億，日本 1657 億，德國 1188 億，韓國 777 億，法國 624 億，英國 478 億，而俄羅斯僅有 373 億。儘管政府近年採取了一些措施，試圖扭轉這一局面，但成效不彰。

第三，政治社會治理成效低下，社會問題層出不窮。2003年來，俄羅斯權力集中趨勢不斷強化，但治理效率並未提高，權力階層腐敗有增無減，民眾政治參與、社會活力持續下降。人力資源狀況持續惡化，人口總量未能遏制下滑趨勢，而人口結構又在不斷惡化，知識和財富精英紛紛外流。莫斯科卡內基中心的研究報告直指俄羅斯人力資本質量下降，強調高度的社會冷漠、階層流動固化、對不斷惡化的環境的逆來順受正成為俄羅斯社會的「新常態」，而上述種種將引發整個國家的系統性危機。

第四，國際環境整體惡化。2008 年以來，俄羅斯以俄格戰爭、克里米亞危機、出兵敘利亞等強硬軍事行動震撼了世界，取得了一些切實的地緣政治收益。但同時，其國際形象大幅惡化，與美歐發達國家關係螺旋式下滑，在後蘇聯空間的吸引力也相應萎縮。

受上述因素影響，早在 2020 年總統大選時，俄羅斯國內就有越來越多的人將普京治下的俄羅斯，比作勃列日涅夫執政後期的「停滯年代」。儘管當時蘇聯看似國勢強盛、如日中天，與美國並列超級大國並展開全球地緣政治競爭，但勃列日涅夫長期執政導致蘇聯社會問題積重難返，最終引發的是蘇聯劇變。很多人認為，在普京執政 20 年之後，「最廣泛意義上的停滯，從經濟蕭

條到社會冷漠，是俄羅斯唯一可能的中長期情景」。

這種社會心態對於普京的長期執政是極其不利的。因而，如何刺激國內的民粹主義情緒、抬升 2024 年的總統行情，成為普京及其核心團隊最關心的問題。他們深知，對於俄羅斯民眾而言，恢復昔日的「大國榮耀」、收復因蘇聯解體而失去的「舊日河山」無疑是最有效的強心劑。2021 年 7 月 12 日，普京發表萬字長文《論俄羅斯與烏克蘭的歷史統一》，強調俄羅斯與烏克蘭千年以來就是「一個民族」，宣揚「只有與俄羅斯合作，才能真正擁有烏克蘭的主權」。2022 年 2 月 22 日，俄羅斯宣佈承認烏克蘭的盧甘斯克和頓涅茨克兩州為「獨立共和國」。2 月 24 日，普京宣佈對烏克蘭發動「特別軍事行動」，一場不僅對俄烏兩國，而且對整個歐洲乃至全世界都具有重大歷史影響的局部戰爭就此打響。

俄烏戰爭至今已經持續了兩年時間。這場戰爭沒有像俄羅斯所期望的那樣，以一場迅雷不及掩耳的閃擊戰為其帶來渴望的勝利，反而陷入了异常慘烈的相持戰和消耗戰。無論最終戰局如何，俄羅斯在政治、經濟和外交上都已遭遇重挫，未來相當長一段時間，其在國際政治和世界經濟體系中的影響力將呈下行趨勢。

在中國的輿論場上，俄羅斯被很多人稱為「戰鬥民族」。但實際上，「戰鬥民族」並不意味著「常勝民族」。在歷史上，俄羅斯在對外戰爭中多次遭遇失敗並引發國內政治的顛覆性變化。在 1853－1856 年克里米亞戰爭中，戰爭還未結束，沙皇尼古拉

一世就因戰局不利絕望而死,而戰敗又開啟了之後的俄國「大改革」年代;在 20 世紀初日俄戰爭中的失敗不僅導致俄國被迫簽署《朴茨茅斯條約》向日本出讓了在東北亞地區的諸多利益,還引發了 1905 年革命,俄國從君主專制國家轉變為君主立憲國家;在第一次世界大戰中的失利催生了 1917 年俄國大革命,統治俄國 304 年的羅曼諾夫王朝垮台,俄羅斯帝國一度解體;而在 1979−1989 年阿富汗戰爭中的失敗,則成為導致蘇聯解體的重要誘因。

在當下的俄羅斯國內政治領域,儘管普京的支持率仍然處於高位,但戰爭之初俄羅斯多地的反戰示威游行、2023 年夏天的「瓦格納兵變」、多名極端好戰分子被定點清除,以及由數千名俄羅斯公民組成的「俄羅斯解放軍」「俄羅斯自由軍團」在烏克蘭的支持下不斷進入俄羅斯本土進行襲擾,都顯示出看似平靜的俄政壇實際上是暗流涌動。因此,對於 2024 年的俄羅斯總統選舉,有戰略眼光的觀察家絕不能僅滿足於「普京穩操勝券」這樣過於簡單的結論,而是要看到更複雜的現實場景和更多樣化的未來可能。可以說,在內外環境急劇變化的背景下,俄羅斯的「2024 問題」已經浮出水面。2024 年之後,哪些人有可能進入俄羅斯的權力核心圈?誰將掌管俄羅斯?精英更替背景下俄羅斯將呈現出怎樣的發展前景?上述種種,都是大家熱切關注而且必須回答的問題。

出於這樣的考慮,筆者挑選了近 30 位在普京執掌俄羅斯 20 多年的時間裏成長起來、開始在俄權力圈中嶄露頭角、並有可能

在 2024 年後在俄政治生活中發揮重要作用的政治精英,試圖為讀者提供理解未來俄政治生態的大致路線圖。這些人中,既有已經位居俄羅斯權力高層的達官顯貴,也有背靠大樹並躊躇滿志的「官二代」「富二代」,還有不滿現狀、奮力抗爭但身陷囹圄的反對派人士。透過對他們的研究,我們不僅可以了解俄羅斯精英的成長歷程、人脈背景、政治見解,還可以把握未來俄羅斯的發展前景和國家未來。

同時我們也需要意識到,任何一個國家的發展不僅需要健康有序的精英更替,更需要與時俱進的思想觀念更新。對於俄羅斯這樣一個具有深厚帝國傳統的國家來說,思想觀念的惰性是非常明顯的。而這場仍在持續、影響深遠的俄烏戰爭,就是俄羅斯的不安全感、帝國情節、彌賽亞思想、泛斯拉夫主義以及不斷尋求勢力範圍等觀念和行為不斷沉積、發酵而建構出來的。因此,對於俄羅斯而言,它的未來不僅取決於精英更替的頻次與力度,也取決於其大國雄心和自身實力不足之間的張力,更取決於民族思想與觀念更新的速度、廣度與深度。

馮玉軍

2024 年 1 月

目　錄

久明
最有可能的接班人？

　　阿列克謝‧根納季耶維奇‧久明（Алексей Геннадьевич Дюмин），從 2016 年 9 月 22 日起擔任俄羅斯圖拉州州長，俄羅斯英雄。2015 年 12 月 24 日至 2016 年 2 月 2 日任俄羅斯聯邦國防部副部長，2015 年榮獲中將軍銜。2009 年，在俄羅斯總統國家行政學院通過了題為《「八國集團」合作中的全球政治治理問題》的論文答辯，獲得政治學副博士學位。「彼得堡政治」基金會 2017 年的研究報告稱，久明與前總理德米特里‧梅德韋傑夫和現任莫斯科市長謝爾蓋‧索比亞寧是最有希望成為普京接班人的三位人選。

　　1972 年 8 月 28 日，久明出生於庫爾斯克的一個軍醫家庭。父親根納季‧瓦西里耶維奇‧久明官至少將，曾任俄羅斯國防部軍事醫學總局第 4 局局長，1990 年代與時任俄羅斯國防部長（1992－1996）的格拉喬夫過從甚密。之前他曾領導 D&D 公司，向第二中央軍事醫院提供藥品和化學製劑。久明的母親是莉迪亞‧久明娜，是一名

教師。弟弟名叫阿爾焦姆，經商，主要從事房地產生意。

久明少年時代經常隨父親的駐地遷移，在卡盧加州開始學業，並在沃羅涅日中學畢業。正是在沃羅涅日，久明從四年級開始練習冰球，而這也成為他最喜歡的運動，並且在他未來的政治生涯中發揮了重要作用。

1994 年，久明從沃洛涅日高等軍事無線電工程學校畢業，之後被分配到莫斯科軍區從事技術情報工作，職務是空軍綜合技術中心站工程師。此時的俄軍軍費不足、軍紀混亂、酗酒成風，久明對此深感失望。1995 年，經父親的朋友介紹，久明調至俄羅斯聯邦警衛局，從事國家高級領導人出行期間的通訊保障工作。他在這裏也接受了肉搏戰訓練，並學習在行進、奔跑途中和在汽車上用手槍、機關槍射擊。

聯邦警衛局是俄羅斯特工機關中最為封閉的系統，但也正是在這裏，久明以自己的專業素養和良好品行獲得了尊重並得以晉陞。他先是保護當時的總理謝爾蓋·斯捷帕申。1999 年 8 月 9 日，久明被調到總統安全局（聯邦警衛局的下屬機構），參與總統的安保工作。當時總統安全局局長是維克多·佐羅托夫，他對久明的未來發展發揮了重要作用。

在 2000－2008 年普京的前兩個總統任期裏，久明成為普京總統的安全團隊的核心成員。有的媒體說他是普京的貼身保鏢，曾將窺視普京的山中別墅的棕熊趕走，從而救了普京一命；也曾在普京在勘察加半島附近的奧爾加港手持勁弩獵捕灰鯨時，同在一艘橡皮艇上保護普京的安全。而久明本人對此予以否認，他

説，「我從來不是什麼保鏢。我只是總統安全團隊的一名軍官，在國內外保衛總統的安全。」2007 年，在維克托‧祖布科夫出任政府總理後，久明擔任他的侍衛長。2008 年普京出任俄羅斯總理後，久明成為他的貼身副官。之後不久，他又開始兼任總統安全局的領導職務。2012 年，久明出任俄羅斯總統安全局副局長。

2014 年，久明開始擔任俄羅斯軍事情報總局副局長，領導俄羅斯特種作戰部隊。該特種部隊是在俄羅斯聯邦武裝部隊改革中於 2009 年成立的。在 2014 年烏克蘭危機中，久明率領特種戰部隊，為俄羅斯奪佔克里米亞發揮了關鍵性作用，安德烈‧康德拉紹夫執導的紀錄片《克里米亞：回歸祖國之路》對此進行了詳細介紹。俄羅斯《生意人報》曾披露，久明制訂並親自指揮了 2014 年 2 月 23 日將烏克蘭總統維克托‧亞努科維奇緊急營救到俄羅斯的行動。但久明本人對此予以否認。

2015 年起，久明開始擔任俄羅斯陸軍第一副總司令兼總參謀長。2015 年 12 月 11 日，久明被授予中將軍銜。24 日，被普京總統任命為俄羅斯國防部副部長，主管作戰訓練以及基建、軍人住房保障、軍事醫學、軍隊資產等工作。在軍隊工作期間，他與國防部長紹伊古建立了很好的關係。

2016 年初，普京總統任命久明為圖拉州代理州長。據說久明本人當時對這一任命也是大感意外。在同年秋天舉行的地方行政長官選舉中，久明以 84.2% 的得票率當選州長。2016 年 9 月 22 日，久明正式就任圖拉州長。圖拉州杜馬代表們認為，新任州長迅速而深入地探究了地方的問題，並了解了圖拉人民期望他

解決的任務。久明用冰球運動比喻州長的工作,「守門員是半支球隊。進攻者可能犯錯,防守者可能犯錯,守門員無權犯錯。州長的職位就如同冰球隊中的守門員,你所處的職位不允許你犯錯,你不能錯過任何目標。因此,你不能讓歲月流逝,在這裏錯過。」

2017 年,普京在接受彭博社採訪時,稱讚久明「年輕而富有軍事經驗,致力於報效祖國」,是俄羅斯政壇的「新鮮血液」。有分析稱,普京把久明派到地方擔任州長有長遠考慮,是為了彌補他長期在強力部門工作因而缺乏經濟工作經驗的短板。俄羅斯媒體認為,久明在圖拉州長任上的工作業績可圈可點。根據俄羅斯財政部的評估,在預算管理效率和創造有利的投資環境方面,圖拉州在全國處於領先位置。該州正在全速執行多項綜合性聯邦計劃,其中包括建設莫斯科至圖拉的高速鐵路項目。

阿列克謝‧久明與普京在一起

當這位俄羅斯總統最喜歡的人成為州長後，所有人都開始幫助他，既有在圖拉州修建橋樑的國防部，也有修復圖拉堤壩的莫斯科市政府，俄羅斯大型國有企業和私營企業也都參與其中。「歐亞集團」2016 年在圖拉成立了烏茲洛瓦亞經濟特區，投資 110 億盧布建設一座生產五氧化二釩的工廠。俄羅斯鐵路公司於 2020 年修通了通往烏茲洛瓦亞的鐵路。俄羅斯天然氣工業股份公司贊助圖拉建造一座約投資 7.5 億盧布的冰球場和一座投資 10 億美元的多功能體育場館。俄羅斯石油公司則成為圖拉兵工廠的合夥人。2023 年，俄羅斯天然氣工業股份公司和諾瓦泰克公司宣佈，將在圖拉州建設兩座液化天然氣生產和運輸綜合設施（投資額分別為 3 億和 80 億盧布）。在久明的領導下，圖拉地區的經濟指標普遍增長。2022 年俄烏衝突爆發後，這裏的國防訂單近期也增加了很多倍，國防工業稅收成為地區預算的重要組成部分。

2023 年夏天瓦格納軍團叛亂爆發，據傳久明參與了同叛亂頭目普里戈仁的會談。也有越來越多的消息稱，他很可能取代紹依古出任國防部長。

久明曾榮膺「俄羅斯英雄」稱號，據說這是由於他將烏克蘭前總統亞努科維奇成功解救到俄羅斯而獲得的，但久明稱這是國家對他在索契冬奧會、克里米亞回歸等一系列活動中的貢獻而授予的表彰。此外，他還曾榮獲四級「報效祖國」功勛勛章、勇敢勛章、蘇沃洛夫勛章、「克里米亞回歸」勛章。

久明是普京創辦的夜間冰球俱樂部的董事會主席。在俱樂部舉辦的比賽中，他曾多次擔任守門員，包括 2015 年 10 月慶祝普

京生日的一場比賽。久明也是俄羅斯著名的職業冰球 CKA 俱樂部的董事會成員，而這家俱樂部的老闆是普京的密友、俄羅斯富豪根納季‧季姆琴科。久明還經常與國防部長紹伊古、前內務部長努爾加利耶夫等一起在「微風」冰球俱樂部打球。迄今為止，冰球仍然是久明同普京總統以及其他俄羅斯達官貴人聚會時必不可少的娛樂項目。2019 年新年前夕，在莫斯科紅場舉行的一場年度夜間冰球比賽中，普京帶領自己的隊伍以 14 比 10 的比分戰勝對手。普京率領的團隊包括國防部長紹伊古和俄前國家冰球盟球星如帕維爾‧布爾、瓦列里‧卡明斯基、謝爾蓋‧費多羅夫、阿列克謝‧卡薩托諾夫等。而與普京對壘的隊伍包括久明、俄羅斯富豪根納季‧季姆琴科、弗拉基米爾‧波塔寧和羅曼‧羅滕貝格以及爵士樂手伊戈爾‧布特曼、莫斯科州長安德烈‧沃羅別耶夫等。

久明的妻子奧爾加 1977 年 1 月 8 日出生於莫斯科。1997 年，兩人在俄羅斯國民經濟成就展覽館邂逅相識，當時她畢業於經濟大學。2005 年，兩個人舉行婚禮並有了兒子尼基塔。奧爾加現在經商，和丈夫一樣，也喜歡體育運動，時常參加馬拉松比賽。而他們的兒子尼基塔則熱愛足球，據說很有數學天賦。圖拉州政府官方網站上發佈的財產公示信息顯示，久明在 2017 年的收入為 560 萬盧布，他妻子的收入是 970 萬盧布。隨着久明的政治進步，他的弟弟、網球教練阿爾喬姆在短短幾年內成為莫斯科房地產的主要投資者。而他的連襟弗拉基米爾‧米赫奇克則是國防部貨運航空公司「224 飛行支隊」（TTF Air）的負責人，該航空公司自 2021 年以來一直為瓦格納軍團運輸軍用物資。

米舒斯京
低調務實的政府總理

米哈伊爾·弗拉基米洛維奇·米舒斯京（Михаил Владим-
ирович Мишустин），1966 年 3 月 3 日出生於莫斯科州洛布尼
亞市，俄羅斯著名政治家、經濟學家，現任俄羅斯聯邦總理。

1992 年，米舒斯京畢業於莫斯科機床學院（現莫斯科國立技
術大學），獲得碩士學位。2010 年獲得俄羅斯聯邦政府國民經濟
學院（現俄羅斯總統國民經濟和國家行政學院）經濟學博士學位。
他仕途起步於俄羅斯聯邦稅務局，2010 年至 2020 年擔任國家稅務
局局長，任內大力推動俄羅斯財稅系統的全面現代化改造，國家稅
收率穩步提高，聯邦稅收成為國庫的主要收入來源，米舒斯京被評
價為稅務局有史以來最具改革能力的領導人之一。2020 年 1 月，俄
羅斯聯邦政府全體辭職，在總統普京的力推下，低調、並不被大
眾熟知的米舒斯京接任俄羅斯聯邦總理，一舉成為「後普京時
代」的核心人物。此後，在《獨立報》百名政治人物排行榜中，

米舒斯京的排名穩定位列前五，現排名僅次於總統普京。

IT 先鋒

米舒斯京出生於一個普通人家，父親弗拉基米爾・莫西耶維奇・米舒斯京曾在謝列梅捷沃機場保安部門工作，後來擔任機場共青團書記。母親魯伊扎・米哈伊洛夫娜・米舒斯京娜出生於 1942 年，曾是一名機場護士。妹妹娜塔莉亞・斯坦尼娜出生於 1970 年，從事餐飲行業多年，後來創立莫斯科地區曲棍球俱樂部。米舒斯京曾在接受媒體採訪時表示：「忠於祖國是我家族的傳承，我的祖輩是軍人，父母出任公職，我很清楚自己生在一個偉大的國家。」

以優異的成績從洛布尼亞第七中學畢業後，米舒斯京前往莫斯科機床研究所（現莫斯科國立技術大學）自動化設計系學習，1989 年，獲得計算機輔助設計系統專業學位，三年後獲得碩士學位。

1992 年，米舒斯京進入國際計算機俱樂部工作。蘇聯解體後，西方先進的信息技術對轉型期間的俄羅斯產生了巨大的吸引力，一批主動「睜眼看世界」的科學家自發創建了這個非營利組織。國際計算機俱樂部不僅引進了外國先進的計算機技術，還搭建起俄羅斯計算機行業、西方商人、俄羅斯政府高級官員之間的橋樑。米舒斯京在入職不久後便成為了國際計算機俱樂部檢測實驗室主任，1995 年至 1996 年擔任國際計算機俱樂部副總經理，1996 至 1998 年擔任董事會主席。期間，米舒斯京大力推動引進

1996 年 6 月 5 日，在莫斯科舉行的第 7 屆國際計算機論壇上，擔任
俄羅斯國際計算機俱樂部董事會主席的米舒斯京與比爾·蓋茨交談

西方先進的信息技術，還促成與英特爾、IBM 和蘋果等巨頭公司
的合作，一度邀請微軟創始人比爾·蓋茨訪俄參加國際計算機俱
樂部舉辦的國際計算機論壇。

　　在第 7 屆論壇會議上，米舒斯京主動向比爾·蓋茨介紹了俄
羅斯信息產業發展現狀，並邀請他來俄羅斯投資。在國際計算機
俱樂部的工作經歷開闊了米舒斯京的視野，「大數據」思維和系
統思維，為他日後領導俄羅斯稅務系統的全面現代化升級改造打
下了堅實基礎。

政商旋轉

　　1998 年，米舒斯京開始從政，出任國家稅務局（現聯邦稅務
局）局長鮑里斯·費奧多羅夫的助理，次年升任主管徵稅的副局

長。任副局長期間，米舒斯京引進了電子數字簽名技術、建立起全國稅務信息系統、建成一站式自動化服務平台，有力推動了俄羅斯稅務系統信息化建設。2002 年底，聯邦稅務局被媒體評為「使用現代信息技術方面最為先進」的國家機構。2003 年，米舒斯京獲得普列漢諾夫經濟學院經濟學副博士學位，畢業論文題目是《俄羅斯聯邦稅務管理機制》。論文指出，為了提高俄稅務機關的運作效率，有必要建立現代化的稅收管理機制來統一聯邦和地方各級稅務工作流程，從而實現稅收制度的現代化。

2004 年起，米舒斯京擔任俄羅斯聯邦經濟發展部不動產地籍管理局負責人，領導完成了對俄羅斯土地的大規模評估，建立起全國不動產統一登記制度，為兩年後全國以土地價值為基礎徵收土地稅做了大量基礎工作。2005 年，米舒斯京出版了專著《俄羅斯國家稅務管理的信息和技術基礎》，書中揭示了國家稅收管理的本質、主要問題和發展前景。他特別強調通過對稅務工作流程進行統一和標準化改造來提高工作效率的必要性。2007 年，米舒斯京出版《財產稅管理的信息和技術基礎》，書中探索了財產稅管理問題，確定了地籍綜合發展的主要方向，分析了近年裏米舒斯京主導的大規模房地產估價實踐，並提出了下一步向全國推廣的計劃。2010 年，米舒斯京完成了題為《俄羅斯財產稅形成戰略》博士論文，獲得俄羅斯聯邦政府國民經濟學院（現俄羅斯總統國民經濟和國家行政學院）經濟學博士學位。他在論文中指出，應利用現代信息技術建立適當的財產大規模評估制度，這是有效徵收財產稅的先決條件。多年來，米舒斯京從未停止過學

術的思考，逐漸成長為俄羅斯政壇獨樹一幟的「技術官僚」。

2006年12月，米舒斯京擔任聯邦經濟特區管理局局長。他首創性地在韃靼斯坦自治共和國和利佩茨克州開設兩個工業生產型經濟特區，並在杜布諾、托木斯克、澤廖諾格勒等地先後建立3個技術創新型經濟特區。同時，他又根據「一站式窗口」原則開發了一套市政服務系統，並引入各經濟特區，大大提高了特區的工作效率。

2008年3月，米舒斯京辭去政府職務，擔任俄羅斯聯合金融集團（UFG）總裁，負責風險投資、資產管理、基礎設施建設等項目。在此期間，他還擔任俄羅斯高等經濟學院房地產經濟研究所主任。集團一名高級經理曾評價「米舒斯京是一個非常專業的人，有很深的 IT 背景，非常勤奮，同時能很好控制自己的情緒。」有計算機專家評論道：「米舒斯京是一位才華橫溢的工程師，也是公共管理領域唯一具有系統思維、了解信息技術及其深層結構的人」。

2010年4月6日，米舒斯京重返聯邦稅務局，被任命為聯邦稅務局局長。上任之初，米舒斯京在接受採訪時表示：「總的來說，未來屬於網絡信息技術。想像一下，您可以去您的『個人賬戶』，通過手機信用卡電子轉賬辦理業務」。他強調稅務部門是一個「服務」部門，要通過全面信息化簡化繳稅手續，打消納稅人對納稅業務的「恐懼」，改變過去納稅人對稅務機關「腐敗」的印象。很快，多達47項業務實現線上辦理，大部分稅務問題可通過線上解決。

　　2012 年，聯邦稅務局建立了納稅人個人賬戶系統。2016 年，建立了中小企業統一登記系統。2015 年，聯邦稅務局在莫斯科州和下諾夫哥羅德州先後建立兩個聯邦數據分析中心，為財政部、聯邦稅務局、國庫及其他相關部門信息系統提供數據支持。同年，米舒斯京推動收銀機數據在線傳輸到稅務機關的試點工作，他選擇在韃靼斯坦自治共和國和莫斯科市、莫斯科州、卡盧加州建立數據分析中心，試點發展在線收銀系統。2017 年起，俄羅斯的所有收銀機數據直接傳輸到稅務機關。2018 年，聯邦稅務局又建立了國家統一民事登記系統。10 年來，在米舒斯京的領導下，聯邦稅務局成為全國信息技術最先進的機構，全面實現了財稅系統的數字化管理。俄羅斯會計商會開放數據項目負責人伊萬·貝格廷表示，「他們（稅務機關）建立了自己的數據中心，他們有自己的信息系統。他們是整合各類機構數據庫的領導者。」確實，米舒斯京並沒有將業務僅僅局限於稅務系統內部，他還善於協調聯邦稅務局與聯邦政府及國家部委的關係。

　　作為聯邦稅務局這個龐大機構的領導者，米舒斯京低調又強硬，平和又堅韌。聯邦稅務局一個部門的負責人曾指出：「他進入角色很快，對業務有深入的理解。他在公共場合演講能力很強，就像史蒂夫·喬布斯一樣能吸引所有的觀眾。」米舒斯京並不會對西方大企業作出無條件的退讓，2017 年 1 月 1 日起，俄羅斯聯邦稅務局毫不客氣地讓外國高科技公司（如谷歌或臉書）向俄羅斯繳納增值稅，即便這些公司在俄沒有辦事處。為了簡化繳稅流程，聯邦稅務局甚至為來自國外的納稅人專門開發了

英文移動應用程序。經計算，三年間這項稅收的預算收入達到約
14 億美元。但這種強硬還保留着冷靜，隨着俄羅斯與西方國家
關係的惡化，聯邦稅務局始終對國外的大企業保持理性的克制。
米舒斯京對自己的工作成果感到很滿意，2018 年，他在接受採
訪時自豪地表示，「在過去的五年，全國 GDP 增長率為 1.2%，
而稅收收入的增長卻接近 70%。也就是說，經濟增長與稅收收
入之間的差異是 33 倍。」2010 年，聯邦稅收收入僅為預算收
入的 39%，而到了 2019 年，聯邦稅收收入已經佔到預算收入的
63%。2012 至 2019 年間，俄羅斯在世界銀行營商環境排名中從
第 120 位上升到第 28 位，在稅收方面排名從第 102 位上升到第
58 位。

　　儘管取得的成就有目共睹，與總統辦公廳主任瓦伊諾、副總
理諾瓦克、統俄黨總委員會祕書長圖爾恰克這些政治明星相比，
米舒斯京顯得格外低調。他一直同所有的政治團體和政治家族
保持距離，從未表現出任何覬覦權力的野心。優秀而不刺眼，
強硬而不會讓人感受到威脅，低調的米舒斯京不知不覺間獲得
了權力核心和普通民眾的認可。事實上，這種性格特質在米舒
斯京學生時代就引起了老師們的注意。他們評價說，「我不記得
他和誰特別親近，但他和每個人都是朋友」，「他不知何故脫穎
而出，我一輩子都記得他。不是因為他想脫穎而出，不，他非
常謙虛。但他就是這樣一個人，有着一個偉大的靈魂，有着現
在很少被注意到的品質。」

總理生涯

2020 年 1 月 15 日，俄羅斯聯邦政府全體辭職，普京總統提名米舒斯京接任聯邦總理。國家杜馬對提名進行投票，383 名議員投贊成票，41 人棄權，無人反對。沒有一張反對票，這還是 24 年以來的第一次。俄羅斯聯邦委員會主席馬特維延科表示，米舒斯京是多領域專家，熟知俄羅斯經濟、工業和中小企業運營狀況，十分清楚俄經濟的優劣勢，懂得如何推動行政管理數字化、促進經濟增長和為吸引投資創造條件。她相信米舒斯京能夠領導新政府完成既定任務。

普京強調，提名米舒斯京為俄羅斯總理候選人是他本人的決定，「推薦給我的候選人不論是三個還是四個，米舒斯京都不在其中。沒有人提到米舒斯京，除了我。」普京表示，在挑選未來總理時，他看重的是米舒斯京的「為人和業務素養」，他認為米舒斯京是財務領域真正的專家，也是一位優秀的實幹家，明白什麼必須做、應該怎麼做，然後行動並取得具體成果。

普京給予了米舒斯京充分的自主權，在組建新內閣時，米舒斯京一手調整了包括第一副總理在內的 6 名副總理和 10 名國家部委一把手。過去 20 年來，除了曾擔任聯邦總理的普京，從未有總理能在人事安排上有這麼大的權力。有兩位副總理是米舒斯京在聯邦稅務局的副手，體育部長是他岳父的同事。在普京的信任下，米舒斯京對於俄羅斯內政已經擁有了相當大的影響力。

上任當天，米舒斯京就指出，他不會取消上屆政府通過的養

米舒斯京和普京在一起

老金改革，當下政府的首要任務是提高政府管理質量以恢復政企之間的信任，要為家庭和兒童提供財政支持，他還強調要在數字經濟發展方面取得新突破。這為當時面臨疫情和西方制裁雙重壓力的俄羅斯經濟注入了「強心劑」。2021 年下半年開始，經歷了疫情的大考，逐漸站穩腳跟的新內閣開始審慎地推動改革，職能相近的政府部門精簡 5%，60 餘個權力部門被解散，超過 3 萬個崗位被優化。新內閣出臺政策大力推動調整經濟結構，改善營商環境，支持中小企業發展，增加居民實際收入，切實提高了社會抵禦疫情衝擊的能力。米舒斯京還牽頭制定了 2021-2030 國家發展計劃，確定了俄羅斯實現國家發展目標的戰略優先事項：保護人民的健康和幸福；為人才發展創造機會；創建一個舒適、安全的生活環境；建設數字化政府。

2022 年 2 月，俄羅斯對烏克蘭開展特別軍事行動。面對國際社會鋪天蓋地的制裁壓力，米舒斯京領導「政府在面臨制裁的情況下提高俄羅斯經濟發展可持續性委員會」，制定了一系列穩定金融和經濟形勢的政策。米舒斯京還一直領導着俄聯邦武裝部隊、其他部隊、軍事編隊和機構需求協調委員會，並代表總統整合「新領土」。2023 年 3 月 33 日，俄羅斯聯邦政府在給國家杜馬的年度報告中指出，俄羅斯經濟成功經受住了制裁，重回上升軌道。米舒斯京在彙報中指出，自 2022 年 10 月以來，全國已經建設恢復了 8500 個基礎設施，修復了約 833 公里的道路，向 170 萬人分配了養老金，向 100 萬人分配了其他社會支持資金。2023 年 10 月，米舒斯京表示，「適應外部挑戰的時期已基本過去」，俄羅斯經濟「幾乎完全恢復到危機前的水平」。毋庸置疑，無論是疫情的考驗，還是俄羅斯在發動特別軍事行動以來面臨的史無前例的大規模制裁，米舒斯京領導的新內閣穩住了大後方。

米舒斯京擔任總理後，中俄經濟關係也取得了新的進展，中俄兩國高層交往延續既有勢頭，經貿關係實現歷史性突破。2023 年 1 至 11 月，中俄貿易額同比增長 26.7%，達到創紀錄的 2181.8 億美元，提前實現兩國領導人制定的 2024 年貿易額達到 2000 億美元的目標。米舒斯京兩度訪華，均受到了中國最高領導人的接見。2023 年 12 月 19 日，中俄總理第二十八次定期會晤取得圓滿成功，兩國總理一致認為，中俄新時代全面戰略協作夥伴關係達到歷史最高水平並持續向前發展。

家庭情況

米舒斯京的妻子弗拉德琳娜‧尤裏耶夫娜‧米舒斯京娜，出生於 1976 年，曾是國際計算機俱樂部的聯合創始人。2008 至 2013 年自主創業，主要經營舞蹈場地、迪斯科舞廳和舞蹈學校，她同時還是德卡斯坦有限責任公司（2016 年關閉）的聯合創始人。米舒斯京娜是收入最高的俄羅斯官員夫人之一。2014 年，她被《福布斯》評為俄最富有的官員妻子，年收入為 1.16 億盧布。

米舒斯京夫婦育有 3 個兒子，長子阿列克謝 1999 年 7 月 7 日出生，曾就讀於歐洲最昂貴的瑞士寄宿學校——玫瑰山國際學院，2018 年進入鮑曼大學應用數學和計算機學系學習。次子亞歷山大 2000 年出生，也曾在哥哥就讀過的瑞士寄宿學校學習，2019 年開始就讀於莫斯科國立理工大學工程管理學院。小兒子米哈伊爾出生於 2009 年，目前在莫斯科一所中學學習。

米舒斯京熱愛體育運動，尤其喜歡打冰球，常在夜間冰球聯盟打球。2019 年，他的冰球團隊在大陸冰球聯賽中取勝，獲得加加林杯。米舒斯京還是莫斯科中央陸軍冰球俱樂部理事會成員。據米舒斯京中學老師回憶，米舒斯京還喜歡詩歌和音樂創作。

沃洛金
從統俄黨總書記到
杜馬主席

　　維亞切斯拉夫・維克托羅維奇・沃洛金（Вячеслав Виктор-
ович Володин），1964 年 2 月 4 日出生於薩拉托夫州赫瓦倫斯
克市阿列克謝耶夫卡村。1986 年畢業於薩拉托夫農業機械學院，
獲得農業機械工程學位；1995 年畢業於俄羅斯總統國民經濟與
國家行政學院，獲得法學學位。1996 年在內務部聖彼得堡學院
獲得法學博士學位。現為國家杜馬（議會下院）主席，聯邦國務
委員會成員，曾任統一俄羅斯黨總委員會書記、聯邦副總理、總
統辦公廳第一副主任。在《獨立報》2016 年百名政治人物排行
榜中，沃洛金位列第 4 名，僅次於普京、梅德韋傑夫以及時任總
統辦公廳主任謝爾蓋・伊萬諾夫。在 2021 年 5 月的排行榜中位
列第 17 名。

年少時光

　　沃洛金出生於伏爾加河下游村莊的一個虔誠的東正教家庭中。父親曾是內河船隊的船長，51 歲那年因心臟病去世。母親莉迪亞·彼得羅夫娜·芭拉芭諾娃（Лидия Петровна Барабанова）畢業於薩拉托夫師範學院，為照顧年邁的母親拒絕被分配到列寧格勒，選擇在阿列克謝耶夫卡村做一位小學教師，在老沃羅金去世後帶着孩子改嫁。

　　沃洛金年少自立，兒時就主動幫母親分擔工作，檢查學生作業。七年級畢業後他在當地國有農場找到一份聯合收割機駕駛員的工作，因而對機械操作產生濃厚興趣。

　　高考時，沃洛金本來可能進入當時最富盛名的莫斯科鮑曼高等技術學院（現為莫斯科國立鮑曼技術大學）就讀，但因心繫母親最終選擇就讀於薩拉托夫農業機械學院（現為薩拉托夫國立農業大學）。大學期間，他積極參與學生活動，曾在校工會基層委員會工作，還擔任過校學生建設大隊的政治委員。1984 年—1988年擔任校學生工會委員會主席，1985 年加入蘇共。1986 年大學畢業，隨後繼續攻讀機械工程師研究生。1989 年獲得技術科學副博士學位。

從學者到官員再到商人

　　1986 年本科畢業後，沃洛金留校任教。1990 年代的俄羅斯

是混亂無序的，也是英雄輩出的。沃洛金的第一任妻子是薩拉托夫州埃爾紹夫區蘇共第一書記的女兒，在岳父的幫助下，不甘沉寂的沃洛金先後出任薩拉托夫市議會代表、薩拉托夫市政府副市長兼市長辦公室主任，1994 年擔任薩拉托夫市杜馬副主席。1993 年－1996 年他兼任伏爾加沿岸幹部人才中心副校長、憲法教研室教授及國家和地區管理系主任。該幹部人才中心是俄羅斯國民經濟與國家行政學院伏爾加沿岸管理學院的前身，是在薩拉托夫黨校的基礎上建立起來的，現已成為為伏爾加河地區培養專家和行政人才的教育基地。

1992 年起，沃洛金一直與時任薩拉托夫市第一副市長德米特里・費德羅維奇・阿亞茨科夫並肩作戰。傳言他的第一任妻子是阿亞茨科夫的姪女。1993 年秋，沃洛金受命領導阿亞茨科夫參選俄羅斯聯邦委員會（議會上院）的選舉總部，此後他被譽為薩拉托夫最好的公關專家。

1995 年，沃洛金畢業於俄羅斯總統國民經濟與國家行政學院，獲得法學學位。1996 年，阿亞茨科夫陞任薩拉托夫州州長，沃洛金也受到提攜，陞任薩拉托夫州副州長。在就職後的一年裏，沃洛金在全州推動建設了 20 所學校、鋪設了 3000 公里的天然氣管道，還為當地居民提供了近 10 萬平方米的住房。

出人意料地是，一年後沃洛金辭去了副州長的職務。《生意人報》透露，沃洛金離職是因為與阿亞茨科夫反目：沃洛金在未經阿亞茨科夫同意的情況下試圖參加地區議會選舉，而且有很大可能成為杜馬代表或聯邦委員會成員。在阿亞茨科夫的壓力下，

沃洛金被迫棄選。但阿亞茨科夫對傳言予以駁斥，同時對沃洛金的專業素質評價極高。

辭去薩拉托夫州副州長職務後，起初沃洛金抱着經商的想法來到了莫斯科，在首都發展不久他就成為 Solnechnye Products 控股公司旗下多家子公司的大股東。2006 年，他在《金錢》雜誌的俄羅斯富翁排行榜中位列第 351 位。2007 年後，沃洛金將該公司轉交給母親和繼父打理。

實際上，在沃洛金從政之初，他學生時代的朋友們就已經在薩拉托夫商業領域嶄露頭角。他的好友弗拉迪斯拉夫·布羅夫是布克特貿易公司的聯合創始人，同為創始人的還有沃洛金的母親。這也不是沃洛金母親第一次經商，一年前她與沃洛金的下屬潘科夫聯合創辦了一家大型公司。在沃洛金成為主管薩拉托夫州經濟的副州長後，布克特公司控制了整個薩拉托夫州的麵粉廠和食用油廠。多年後，布克特集團隨着沃洛金一同進軍莫斯科，到 2017 年，該公司葵花籽油產量在全俄羅斯市場排名第二，在人造黃油市場排名第三，在蛋黃醬市場排名第四，成為俄羅斯前 25 大企業之一。

政治生涯

在莫斯科商界嶄露頭角的沃洛金吸引了時任莫斯科市長尤里·盧日科夫的注意。在他的幫助下，沃洛金開始由商轉政，在祖國運動黨總委員會工作。1996 年，沃洛金在俄羅斯內務部聖彼得

2003 年 8 月，俄羅斯總統普京接見沃洛金

堡學院通過《俄羅斯聯邦主體：權力、立法和行政問題》的副博士論文答辯，獲得法學副博士學位。

1999 年，經過幾年磨練的沃洛金，以「祖國 —— 全俄羅斯競選聯盟」（由祖國運動和全俄羅斯運動組成）代表的身份在國家杜馬選舉中勝出，成為第三屆國家杜馬代表兼該黨杜馬黨團副團長。兩年後在普里馬科夫的推薦下，沃洛金繼任「祖國—全俄羅斯」杜馬議會黨團領導人。消息人士透露，沃洛金曾表示普里馬科夫是他從政的引路人。

2001 年，統一黨、祖國運動黨和全俄羅斯黨合併為統一俄羅斯黨。兩年後，沃洛金作為統一俄羅斯黨代表在第四屆杜馬大選中勝出，並出任統一俄羅斯黨在國家杜馬的黨團副團長。2005 年起，沃洛金成為統一俄羅斯黨總委員會書記。

沃洛金同普京、梅德韋傑夫一起出席活動

2007 年 2 月－2010 年 10 月，沃洛金擔任第五屆國家杜馬副主席兼統一俄羅斯黨總委員會書記。此間，他牢牢把控統一俄羅斯黨青年近衛隊，培養自己的勢力。該青年近衛隊在俄羅斯被視為統一俄羅斯黨的人才儲備庫。日後的俄羅斯聯邦委員會（議會上院）第一副主席、統一俄羅斯黨總委員會書記圖爾恰克，此時就在沃洛金麾下負責青年近衛隊的事宜。

統一俄羅斯黨總委員會書記的權力包括安排黨內正式職務，批准黨員參加杜馬競選，並監督非競選職位的任命。值得一提的是，沃洛金經常根據候選人對統一俄羅斯黨及對其本人的忠誠度來統籌人事安排，這個習慣一直延續至今。

任職期間，他增加了與俄羅斯公眾的接觸，經常公開闡述統一俄羅斯黨的政策立場，並與反對派展開辯論，在一定程度上贏得了公眾的信任。

平步青雲

2011 年 12 月 27 日，在普京的運作下，有着多年管理競選經驗的沃洛金接任克里姆林宮「灰衣主教」蘇爾科夫，轉任總統辦公廳第一副主任，成為普京的密友伊萬諾夫的副手，並開始籌備 2012 年總統大選，為普京掃除障礙。此時的沃洛金已經被授權參與俄羅斯國內政策的決策。

2011 年俄羅斯杜馬選舉期間的操弄行為使數萬人走上街頭，要求進行重新選舉。為此沃洛金上任後開始大刀闊斧地改革，他簡化了政黨登記程序，推動一批新政黨的創建，同時要求一批舊政黨重新登記。沃洛金還恢復了對 225 名單席位杜馬代表個人候選人的直接選舉。雖然這看起來更民主，但結果卻分化了民眾對反對黨特別是俄羅斯共產黨和公正俄羅斯黨的支持，而對統一俄羅斯黨的支持基本沒有改變。事實證明，被選中進行單席位選舉的地區絕大多數都支持統一俄羅斯黨的候選人。沃洛金的改革不僅在名義上確保了國家杜馬選舉的公平，還幫助統一俄羅斯黨在國家杜馬中獲得了自成立以來高達 105 席的最多席位。但批評人士表示，他創立的制度確保了政府官員和統一俄羅斯黨候選人對統一俄羅斯黨的絕對忠誠。而這或許也是近年來選民政治冷漠、投票率極低的原因。專家指出，該制度很有可能會成為俄羅斯政治體系未來的挑戰。

2012 年 3 月，普京第三次當選總統。同年 7 月 16 日，普京簽署《管理幹部儲備庫組建與培訓委員會成立》法令，次年 2 月

11 日，俄羅斯國家機構及管理幹部儲備問題委員會正式成立。時任總統辦公廳主任伊萬諾夫任委員會主席，時任副總理蘇爾科夫任第一副主席。沃洛金此時擔任伊萬諾夫的副手，也開始參與各部門幹部選拔培養，他主管人事的能力順利從統一俄羅斯黨延伸到了政府內部。

身為安全系統、強力部門、「聖彼得堡幫」外的實權派人物，沃洛金憑藉政治天賦飛速晉陞，難免遭受核心集團其他人的非議。深諳俄羅斯政治之道的沃洛金多次在公開場合向普京大獻殷勤以表忠心。

2014 年 10 月，時任總統辦公廳第一副主任的沃洛金，在參加「瓦爾代」國際辯論俱樂部一次非公開會議時宣稱，「有普京就有俄羅斯。沒有普京，就沒有俄羅斯」。同時他表示並不以說出事實為恥。這一表述在俄羅斯社會引起極大的爭議。

普京稍後回應稱，他不贊成這種說法，並認為「即便沒有普京，俄羅斯也沒什麼問題。」政治學者亞歷山大·康科夫認為，沃洛金的話反映了「我們今天面臨的現實世界的精髓」。學者德米特里·巴多夫斯基表示，沃洛金的講話實際表達了 90% 俄羅斯人的感受，在克里米亞事件導致俄羅斯受到整個西方世界制裁之際，「沒有普京，就沒有俄羅斯」令俄羅斯人更好地理解了上層對克里米亞達成的共識以及總統對政府內部的政治整合。俄羅斯國家戰略研究所所長米哈伊爾·雷米佐夫則表示，國家的利益和總統的利益在此被證明是難解難分的。

沃洛金在俄羅斯被稱為務實的政治家、冷酷的戰術家和強大

的指揮家。憑藉卓越的個人能力以及普京的賞識，沃洛金逐漸站穩了腳跟。藉助克里米亞事件促成的俄羅斯國內前所未有的共識，作為近年來俄羅斯保守主義道路回歸的重要推動者，沃洛金的影響力與日俱增。他不遺餘力地宣傳傳統的俄羅斯價值觀、愛國主義和東正教精神。在擔任總統辦公廳副主任期間，他支持立法，對未經授權的抗議和示威活動處以更嚴厲的罰款和監禁。他幫助推動了俄羅斯的《外國代理人法》，該法對俄羅斯境內的獨立非政府組織產生了極大的負面影響。他建議授予安全部門更廣泛的監視權力，還促使誹謗再次成為刑事犯罪。

2016 年 9 月，總統普京在與第七屆國家杜馬的政黨領導人會晤時透露，他將提名沃洛金為國家杜馬主席。當月 23 日，普京在會見杜馬各黨團領導人時表示，他和梅德韋傑夫無論如何都會絕對支持沃洛金當選。此次提名後，多位俄羅斯及西方學者撰文指出沃洛金已經有資格並有可能在 2018 年或 2022 年參加俄羅斯總統大選，成為普京的繼任者。但是普京後來被問及沃洛金作為總統繼任者的相關問題時則回應稱；「只有人民才能決定國家元首的繼任者。」沃洛金的政治前途面臨略顯微妙的局面。

9 月 25 日，在統一俄羅斯黨最高委員會和總委員會會議上，經普京提議，沃洛金被批准為統一俄羅斯黨第七屆國家杜馬主席候選人。10 月 5 日，在總計 450 張選票中，沃洛金獲得 404 張選票當選國家杜馬主席。據俄羅斯政治技術中心的評級，此時沃洛金影響力僅次於普京和梅德韋傑夫，民調顯示，78% 的俄羅斯人對沃洛金作為國家杜馬主席的活動評價為積極或中立。

2016 年 11 月 24 日，沃洛金當選為獨聯體集體安全條約組織委員會主席，12 月 24 日，當選為俄白聯盟委員會主席。2017年 1 月，沃洛金成為統一俄羅斯黨最高委員會 19 名主席團成員之一。

更進一步還是明陞暗降？

2016 年 11 月，俄羅斯智庫明琴科諮詢控股公司發佈《政治局 2.0：拆除還是重置？》報告，引起政界、學界廣泛關注。報告指出，普京正在減少對私人朋友的依賴，昔日的摯友如伊萬諾夫、季姆琴科等人逐漸退出核心圈。當局的價值觀愈加趨於保守，似乎在 2018 年總統大選前，普京並不打算主動將新人納入「政治局」，也並不打算進一步加強核心團隊的力量。

此外，在「普京政治局」的基礎上，普京強化了對精英集團的控制，一批年輕有為的技術官僚以及上一代「普京政治局」成員的後代登上政治舞台，並以前所未有的速度在政壇嶄露頭角，佔得先機。沃洛金顯然並不是一個技術官僚，在克里姆林宮精英及普通俄羅斯民眾看來，他更像是一個政治家。

學界對於沃洛金的當選杜馬主席可謂是仁者見仁，智者見智。

在任命之初，很多人認為沃洛金「沒有普京就沒有俄羅斯」的宣言讓他成功地更進一步，其天才般的組織能力能夠得到更合理的應用，可一改國家杜馬是「橡皮圖章」的大眾印象。畢竟沃

洛金是「普京政治局」內少有的有意願並有能力與普京討論其忌諱的問題並提供解決方案的人，包括諸如對憲法的修改以及2024 問題的佈局等議題。作為多面手政治家而非技術官僚的他在國家杜馬更能發揮作用。

也有專家認為，在牢牢掌握權力的韁繩之前摒棄想要獲得權力的表現是一種偽裝，而這也恰恰是普京本人早前建立的政治形象。欲用其利，先挫其鋒，在短期削弱沃洛金的權力，同時避免引起其支持者的不滿，可以幫助他在民眾獲得更高的認可。普京多次在公開場合對沃洛金的工作大加讚賞似乎也從側面印證了這一點。

但是通過對俄羅斯政治的持續觀察，幾年後更多的人認為杜馬主席的任命是明陞暗降。有專家特別指出，沃洛金在人事選擇中往往傾向於選擇更忠誠於自己的人。早在 1999 年沃洛金進軍莫斯科之際，他就安排好了薩洛托夫州諸多同僚的後路。2016 年當選國家杜馬自然資源、財產和土地關係委員會主席的尼古拉·潘科夫，在 1990 年代就是沃洛金的助手，後來和沃洛金的母親聯合創辦公司。先後官至教育和科學部副部長，國家杜馬主管民事、刑事、仲裁和程序立法事務的副主席。政府辦公廳副主任伊萬·洛巴諾夫也曾是沃洛金的顧問。前總統辦公廳國內政治局副局長德米特里·巴多夫斯基，則曾是沃洛金在負責「祖國 —— 全俄羅斯競選聯盟」的助手。勞動和保障部副部長、統一俄羅斯黨總委員會副書記奧爾加·巴塔利娜 1995 年曾為沃洛金擔任公關助理。這或許引起了克里姆林宮精英對其野心的擔憂，導致他被排除在普京的核心圈之外。

　　俄羅斯政治技術中心分析部前主任塔季揚娜·斯塔諾瓦婭表示杜馬主席的任命是災難性的降職，對於過去五年俄羅斯政治領域的建築師來說是一種侮辱，是「神到凡人的過渡」。她表示，是沃洛金對非體制內反對派的容忍引起了普京的不滿，比如 2013 年俄羅斯反對派代表納瓦利內順利參加了莫斯科市長選舉。沃洛金的一系列改革促成了俄羅斯政治體系的開放，甚至有一些學者將其稱為「沃洛金之春」，但這同時導致了系統內的衝突加劇，降低了當局政治進程的可預測性。以掌握大量當局內幕消息著稱的斯塔諾瓦婭還透露了一個重要祕聞，沃洛金是普京圈子中唯一與總統辦公廳第一副主任謝爾蓋·基里延科發生長期衝突的官員。作為新一任總統辦公廳副主任，基里延科與沃洛金在選舉議程、政治溝通、對系統內外反對派的態度上都有分歧。

　　此外，《生意人報》指出，沃洛金表示大力支持 2018 年總理梅德韋傑夫推行的退休金改革法案，這導致「克里米亞共識」在國家杜馬的破裂，執政黨與反對黨的共同立場自此只停留在外交政策問題上，國內政治議案的統一投票變得愈加罕見。甚至 2020 年開始抗擊冠狀病毒大流行的工作都沒有幫助國家杜馬恢復以前的統一狀態。

　　儘管眾說紛紜，但是沃洛金還是不時在公開場合向普京表忠心，並在保守主義道路上愈行愈遠。多年來，他為東正教捐獻了大量資金，是諸多東正教項目的推動者。在他的家鄉，沃洛金被譽為俄羅斯東正教薩拉托夫教區歷史上最大的「恩人」。

　　2019 年 3 月，沃洛金在國家杜馬設立工作小組以評估克里米

亞在烏克蘭控制期間遭受的損失，據稱在烏克蘭佔領期間克里米亞的損失高達 1.5 萬億盧布，沃洛金則要求烏克蘭作出同等賠償。

2020 年脩憲問題是俄羅斯社會最關注的議題。當年 6 月 18 日，沃洛金在接受《報紙報》採訪中再次強調必須通過憲法來保護歷史。談及總統任期問題，他宣稱普京之後還是普京。因為普京使俄聯邦變得偉大，普京總統之後的一切，都將按照他所制定的模式發展。現任總統已經為下一任總統奠定了基礎，普京所創建的系統，將會繼續發展下去。

俄羅斯的政治發展往往很難預測，部分原因是克里姆林宮傾向於儘可能長時間地將其計劃保密。早前普京就一直沒有肯定自己的 2018 年總統候選人資格。2004 年，他選擇堅定的自由主義者梅德韋傑夫而不是克里姆林宮的忠實擁護者、保守派伊萬諾夫接替他的總統職務也出乎很多人的意料。2020 年 3 月 11 日，俄羅斯聯邦委員會通過俄憲法修正案草案，草案包括統俄黨議員捷列什科娃提交的允許現任總統參加下屆總統選舉的條款。儘管如此，普京在 2020 年度記者會上仍表示沒有決定是否會參加 2024 年總統選舉。

沃洛金的經驗、年齡和明顯的忠誠度無疑使他成為俄羅斯總統職位的潛在候選人。儘管在今年 5 月《獨立報》的政治人物排行榜中沃洛金僅排第 17 位，但曾在地方、統一俄羅斯黨、政府辦公廳、總統辦公廳和國家杜馬和商界游刃有餘的沃洛金仍將在俄羅斯政治中發揮重要的作用，未來是否有可能百尺竿頭，更近一步，讓我們拭目以待。

家庭

沃洛金與第一任妻子維多利亞·德米特里耶娃·沃羅金娜相識於學生時代，她是薩拉托夫州埃爾紹夫區蘇共第一書記的女兒。這在沃洛金仕途起步階段起到了一些推動作用。1990 年，他們大女兒斯維特蘭娜出生，先後在薩洛托夫國立大學、莫斯科國立大學就學，獲得副博士學位，曾出版專著論述多黨制在俄羅斯憲法制度中存在的必要性。

後來沃洛金與髮妻離婚，具體時間不詳。2016 年，沃洛金舊部、統一俄羅斯黨總委員會副書記奧爾加·尤里耶夫娜在社交媒體臉書向沃洛金慶生，她寫道：「你有一個美好的家庭、一個真正可靠的後盾——一位母親、一位妻子、一個成年女兒、還有兩個被保護的很好的小兒子。」第二任妻子雅娜·波利亞金娜自此慢慢走進大眾視野，2020 年 3 月被爆出其姓氏已經改為沃洛金。後來有人發現，雅娜早在 2011 年就參與了沃洛金母親多家公司的運作。沃洛金的兩個兒子被保護得很好，並不為公眾所知。

在俄羅斯政界有很多人從不提及自己的家鄉，往往以莫斯科人自居。但沃洛金恰恰相反，他不僅將薩洛托夫常常掛在其嘴邊，而且多年來也一直致力於改善家鄉，為薩洛托夫建設孤兒院、寄宿學校、教堂、養老院、軍人療養院等。財大氣粗的沃洛金熱衷於慈善事業，僅在 2014 年－2018 年間就捐款近 1.5 億盧布。據內幕人士透露，沃洛金家族總資產超過 10 億盧布。

瓦伊諾
從外交官到大內總管

　　安東·愛德華多維奇·瓦伊諾（Антон Эдуардович Вайно），
1972 年 2 月 17 日出生於愛沙尼亞首都塔林市，是俄羅斯著名的
政治家，1996 年畢業於莫斯科國際關係學院，獲經濟學副博士
學位。曾在俄羅斯外交部、俄羅斯聯邦政府辦公廳，總統辦公廳
等部門工作。2012 年 5 月任總統辦公廳副主任。2016 年 8 月接
替謝爾蓋·伊萬諾夫任總統辦公廳主任。已婚，育有一子。

世代忠誠的瓦伊諾家族

　　安東·瓦伊諾走上從政之路並非偶然。在成長過程中，他深
受祖父和父親的影響。瓦伊諾家族幾代人的歷史證明了他們對蘇聯
和俄羅斯的奉獻精神，對國家的忠誠已經深深融入到了家族血液
之中。

　　1917 年俄國爆發十月革命，瓦伊諾的曾祖父海因里希・瓦
伊諾身為愛沙尼亞士兵，卻是列寧的忠實擁護者，革命期間他選
擇站在布爾什維克一邊，不久後被派往西伯利亞建立蘇維埃政
權。據傳他參與鎮壓了西伯利亞捷克斯洛伐克軍團的起義，於
1919 年底幫助蘇維埃恢復了在托木斯克的統治。或許是因為沒
有受過教育，海因里希・瓦伊諾並沒獲得很高的職位，但他的兒
子卻走上了一條非凡之路。

　　安東・瓦伊諾的祖父卡爾・瓦伊諾在托木斯克長大，1947
年畢業於托木斯克鐵路運輸電氣機械工程學院（現鄂木斯克國立
交通大學），畢業後被派往蘇聯愛沙尼亞塔帕市工作（愛沙尼亞
於 1940 年「自願」加入蘇聯後，蘇共中央派遣了大量愛沙尼亞
共產主義者到這個新的蘇維埃共和國）擔任鐵路工程師。對於一
個野心勃勃的年輕人來說，這份工作有些無聊，政治事業更有吸
引力。加入蘇共之後，卡爾・瓦伊諾不斷向權力中心靠攏，沒人
在意他只懂幾句愛沙尼亞語，「鷹派」卡爾迅速成為塔林地區黨
委書記。1957 年從莫斯科高級黨校畢業，1960－1970 年擔任蘇共
愛沙尼亞中央委員會書記，在蘇共中央政治局委員阿列克謝・柯
西金以及米哈伊爾・蘇斯洛夫的幫助下，1978 年 7 月，「新愛沙
尼亞人」卡爾・瓦伊諾取代土生土長的愛沙尼亞人約翰內斯・卡
賓，成為愛沙尼亞共產黨中央委員會第一書記。

　　執掌愛沙尼亞十年間，他奉行與莫斯科完全一致的政策，
加強了愛沙尼亞的俄羅斯化。1988 年，愛沙尼亞獨立，卡爾・
瓦伊諾被免職，轉到莫斯科工作，1988－1990 年任蘇共中央委

員，1990 年退休。如果說安東·瓦
伊諾是普京的門徒，那麼卡爾·瓦
伊諾則是同為托木斯克人的蘇共中
央委員葉戈爾·庫茲米奇·利哈喬
夫（1985－88 年間蘇聯排名僅次於
戈爾巴喬夫的領導人，主持蘇共中
央書記處和意識形態方面的工作）

愛德華·瓦伊諾

的追隨者。利哈喬夫則一直將卡爾·瓦伊諾視為同鄉，盡力幫
助他。

　　安東·瓦伊諾的父親愛德華·瓦伊諾 1949 年出生於愛沙尼
亞塔林市，1971 年畢業於塔林工業學院，1978 年畢業於全蘇
對外貿易學院。他的職業生涯始於塔林電工廠，先後擔任工程
師，部門副主管。1979 年－1981 年擔任全蘇汽車工業進口公司
高級工程師。1981－1985 年在蘇聯駐日本的貿易代表團工作。
1985 年－1990 年，擔任全蘇汽車工業進口公司副主任、高級專
家。1990 年起在奧托瓦茲上市公司（JSC AvtoVAZ 是一家蘇聯
和俄羅斯的汽車製造公司，自 2016 年以來一直是法國雷諾集團
的合併子公司）工作，先後擔任該公司駐美國代表，總裁顧問，
總經理，副總裁，高級副總裁。2010 年起擔任俄羅斯 - 古巴商業
委員會主席。

　　雖然並未從政，但愛德華·瓦伊諾與俄羅斯各界精英都保持
聯繫。比如他與俄羅斯技術集團（Rostec）總經理謝爾蓋·維克
多羅維奇·切梅佐夫就有着良好的個人友誼。切梅佐夫是普京最

親密的戰友之一，20世紀80和90年代曾在「光線」工業聯合體駐德辦事處工作，協助普京在德國開展情報工作。1997年3月，普京出任俄羅斯總統事務管理局副局長，主管法律和對外經濟聯繫問題，而切梅佐夫則被任命為總統事務管理局對外經濟關係部的負責人。後來切梅佐夫接管俄羅斯技術集團，負責出口軍事裝備，與外國開展軍事合作。2018年被授予「俄羅斯英雄」稱號。

2012年，愛德華・瓦伊諾在莫斯科郊區皮羅科沃精英遊艇高爾夫俱樂部買下了一棟房子，鄰居就是切梅佐夫以及俄羅斯聯邦工業和貿易部長丹尼斯・瓦連京諾維奇・曼圖羅夫。後來，愛德華・瓦伊諾將這棟房子送給了兒子安東・瓦伊諾。進入俄羅斯技術集團（Rostec）高層俱樂部並不是件容易事，但顯然俱樂部的大門是對瓦伊諾家族敞開的，安東・瓦伊諾後成為該集團監事會的一員。據說切梅佐夫參與了2016年安東陞任俄羅斯聯邦總統辦公廳主任的游說工作。

父親的工作經歷深刻影響了安東，隨父在外的生活使得他擁有了遠超同輩的視野和格局，在父親工作調動居住日本期間，他開始學習日語，為其後來的駐日外交工作打下堅實基礎。

青少年時代

安東・瓦伊諾1972年出生於愛沙尼亞首都塔林，但他從未上過愛沙尼亞的學校。一位不願透露姓名的知情人告訴記者：

「安東出生在塔林，非常聰明，他的家人在他尚未上學就離開了愛沙尼亞。那時他大概五歲。」這位女士還透露，安東的父母愛沙尼亞語都說得很好，但母語是俄語。母親塔季揚娜‧瓦伊諾曾是《蘇聯愛沙尼亞報》的僱員。隨着愛德華‧瓦伊諾工作調動，她帶着安東隨丈夫一同從愛沙尼亞前往莫斯科、日本。但是後來他們離婚了。

年幼時，安東‧瓦伊諾會前往祖父在波羅的海沿岸的別墅度過暑假。在那兒，他認識了七年級的卡爾‧馬丁‧西尼耶爾夫（現在是愛沙尼亞著名作家）。根據西尼耶爾夫的說法，安東是一位音樂愛好者，他曾將許多西方音樂的唱片帶到了祖父的別墅。在那裏他們一起聽了很多 Quiet Riot 和 Mötley Crüe 之類的金屬樂隊歌曲。

安東‧瓦伊諾 19 歲那年蘇聯解體，居住在莫斯科的愛沙尼亞精英，必須選擇領取俄羅斯還是愛沙尼亞的護照。毋庸置疑，像曾祖父和祖父一樣，安東‧瓦伊諾選擇了俄羅斯。1996年，安東‧瓦伊諾畢業於俄羅斯政治精英的搖籃 —— 莫斯科國際關係學院。他為人低調，從不張揚。俄羅斯商業社交網絡Professionals.ru 創始人德米特里‧西特尼科夫在接受 BBC 採訪時說，他並不記得在莫斯科國際關係學院讀書時的同學裏有安東‧瓦伊諾，對他毫無印象。唯一一次「拋頭露面」是為了自己的朋友，康斯坦丁‧馬基延科（後來成為戰略和技術分析中心副主任）回憶，在他因為不參加活動要被開除出共青團時，是安東‧瓦伊諾在會議上為其辯護。

從外交官到大內總管

從莫斯科國際關係學院畢業後，精通日語的安東·瓦伊諾在父親的幫助下，得以前往俄羅斯聯邦駐日本大使館工作。通常，新任外交官會在日本的大學花一年時間提升語言水平，但是安東·瓦伊諾因為日語極為出色，直接成為時任俄羅斯駐日本大使亞歷山大·尼古拉耶維奇·帕諾夫的祕書。

1998 年時任俄羅斯總統鮑里斯·葉利欽訪問日本時，安東·瓦伊諾就給總統留下了深刻印象，陪同葉利欽出訪的禮賓局高級官員後來回憶，年輕的安東·瓦伊諾博學多才，十分專業。2000 年 7 月在日本九州和沖繩舉行的八國峰會上，28 歲的安東·瓦伊諾受命接待普京，同年 9 月普京訪日，他再次伴隨普京左右，其專業的能力、過硬的素質得到普京的讚賞。當時，俄羅斯聯邦總統辦公廳禮賓局的工作人員因為一些禮賓問題與日本方面產生爭執，年輕的安東見狀主動請纓，向日方工作人員提出個人請求，竟迅速解決了問題，日方方面做了讓步。

2001－2003 年，他返回莫斯科，擔任俄羅斯外交部第二亞洲司僱員。

2003 年，他被調任至總統辦公廳禮賓局，先後擔任顧問、參事和副局長。禮賓局主要負責監管國家元首的日程安排，承擔國家對外禮儀和典禮事務，組織協調國家重要外事活動禮賓事宜，雖然並無實權，但長期陪同國家元首身邊，參與各項核心工作。2004－2007 年擔任俄羅斯總統辦公廳禮賓局和組織局副局

長，俄羅斯聯邦二級國家顧問，籌劃並組織了多場大型活動，包括 2005 年慶祝衛國戰爭勝利 60 周年和 2006 年於聖彼得堡舉行的八國集團峰會，因此獲得俄羅斯聯邦總統感謝證書和勛章。

2007 年 4 月擔任俄羅斯總統辦公廳禮賓局第一副局長。

2007 年 8 月擔任俄羅斯聯邦政府總理維克托·祖布科夫的辦公廳副主任。

2008 年 4 月 22 日，成為俄羅斯聯邦最高級別的一級顧問。2008 年 4 月 25 日，被任命為俄羅斯聯邦政府辦公廳副主任。2011 年 12 月 27 日至 2012 年 5 月 21 日，任俄羅斯聯邦部長兼俄羅斯聯邦政府辦公廳主任，正式成為時任俄羅斯總理普京團隊一員。經濟危機期間，普京在全國範圍內的訪問活動有所增加，安東·瓦伊諾高效率地優化了各個活動的時間成本，精準完成了普

安東·瓦伊諾陪同普京出行

京出行地各項安排規劃，2012 年 2 月 16 日，獲俄羅斯聯邦總統榮譽證書。2012 年 5 月 2 日，日本民進黨高層、前外相前原誠司訪俄，安東·瓦伊諾與其舉行了全日語會議，受到日本媒體廣泛稱讚。即便是離開外交部門，他依然保持對日本政治、經濟的充分關注，日語水平依舊出色。

普京第三次當選總統後，幾乎整個政府機構都移師總統府，安東·瓦伊諾身為政府機構的一員也不例外。2012 年 5 月 22 日，他調任俄羅斯聯邦總統辦公廳副主任。

2016 年 8 月 12 日，他擔任俄羅斯聯邦總統辦公廳主任，俄羅斯聯邦安全會議常務委員。2016 年 9 月 7 日，成為俄羅斯聯邦總統經濟委員會成員。

俄羅斯媒體經常將安東·瓦伊諾與其祖父相比較，他們都是國家系統的重要官員，緊靠權力中心，但無疑安東·瓦伊諾比其祖父走得更遠。2012 年擔任總統辦公廳副主任之後，安東正式進入了克里姆林宮的核心政治圈，被公認為是普京親信。正如 2016 年 8 月 12 日就職當天他對普京所言：「我認為行政部門的主要任務就是保證您的活動」，「監管您的命令和指示的完成情況」。據《共青團真理報》報道，「在過去四年裏，安東·瓦伊諾陪同了普京的一切出行活動，幾乎參與了所有的重要工作」。有專家曾表示：與其說安東·瓦伊諾是政治家，不如說他是專業的官僚，一直追隨領袖，這是他最大的優勢。還有知情人透露，安東·瓦伊諾練習桑搏（俄羅斯徒手格鬥術）多年。出自對搏擊術的共同熱愛，普京給予了安東·瓦伊諾更多的信任。彼得堡政

治基金會的專家曾對俄羅斯總統普京最有可能的繼任者進行評定，2012－2018 年的名單上有 19 人，安東・瓦伊諾位列第八。

2020 年 11 月 2 日，俄羅斯《獨立報》發佈了「俄羅斯政治百強」月度排名榜，年僅 48 歲的總統辦公廳主任安東・瓦伊諾位列第三，僅次於總統普京和總理米舒斯京，位列其後的分別是俄羅斯安全會議副主席的梅德韋傑夫和國防部長紹伊古。此名單時有變化，此前安東的排名一度超過總理米舒斯京，位列第二。

總統辦公廳在俄羅斯政壇擁有特殊的重要位置，素有「影子內閣」之稱。它是總統的主要直屬辦事機構，負責保障國家元首的一切活動，為總統實施憲法職權創造條件。因此歷屆總統辦公廳主任都握有實權，總統的所有活動、簽署的文件、發佈的指令都出自其手，是不折不扣的「大內總管」，安東・瓦伊諾的前任謝爾蓋・納雷什金、謝爾蓋・伊萬諾夫都曾一度被視為普京的接班人。很多人不知道的是，總統辦公廳主任不僅僅是克里姆林宮的大管家，還是俄羅斯的國家領導人，在地位上要高出一般的俄羅斯副總理，享受國家領導人的待遇。中國國家主席習近平曾親自接見過前任俄羅斯總統辦公廳主任謝爾蓋・伊萬諾夫、現任主任安東・瓦伊諾。

安東・瓦伊諾之前的總統辦公廳主任是謝爾蓋・鮑里索維奇・伊萬諾夫。伊萬諾夫是普京親信，曾是普京在列寧格勒大學的同窗，又是曾在克格勃長期共事的戰友，2001 年普京力排眾議任命伊萬諾夫為俄羅斯首位文職國防部長，打破只有職業軍人才能擔任國防部長的傳統，並在其後幾年助其站穩了腳跟。

　　安東‧瓦伊諾在接任伊萬諾夫之前，幾乎不為大眾所知。在普京宣佈對其任命後，許多俄羅斯的媒體都表示對這個名字感到十分陌生。不是公眾人物卻能得到老伊萬諾夫的推薦，獲得普京的信任，年僅 44 歲便出任俄羅斯總統辦公廳主任，其貌不揚的瓦伊諾絕非等閒之輩。俄聯邦委員會國際事務委員會成員奧列格‧莫羅佐夫曾在 Facebook 讚揚安東‧瓦伊諾：他是一個不會犯錯的人，工作能力驚人，對整個國家的政治和管理精英都很了解。

　　前俄羅斯總統辦公廳禮賓局局長，俄羅斯總統顧問弗拉基米爾‧尼古拉耶維奇‧舍甫琴科回憶道：「我陪同鮑里斯‧葉利欽訪問日本時遇到安東‧瓦伊諾，他那時候就引起我的注意。他非常博學，我很驕傲禮賓局的年輕人正往山上走並佔據自己的位置。他們一直堅持不引人注目，不兜圈子的原則，致力於做好工作，以免讓總統及其周圍的人失望。安東就是這樣的人。」

引起爭議的文章

　　安東‧瓦伊諾一直站在幕後，極為低調，低調到除了家庭背景外唯一引發國內外廣泛關注的，竟是其 2012 年於《經濟和法律問題》雜誌上發表的一篇文章——《未來資本化》。該文用複雜的圖表概述了組織和理解社會的新方式。文章認為，總體而言，經濟和社會變得過於複雜，無法通過傳統方式進行管理。各國政府需要尋求新的監管方式。文章介紹了一種稱為「無鏡」

（nooscope）的新設備，它可以「檢測並記錄生物圈和人類活動的變化」。安東·瓦伊諾認為「無鏡」是一種「掃描人、物與金錢之間數據業務的設備」，是與望遠鏡和顯微鏡有着平行意義的發明。

很多專家學者對此文表示質疑，認為該設備並沒有任何意義，與基礎科學也有着遙遠的距離。莫斯科高等經濟學院哲學教授西蒙·科登斯基說：「其中沒有科學。」他認為這篇文章是沉迷於關於未來「神話」的假設，與後蘇聯時代的第一代俄羅斯改革經濟學家所探索的真正進步的思想形成了鮮明的對比。另一位莫斯科高等經濟學院哲學教授維塔利·庫倫諾伊教授表示：「如

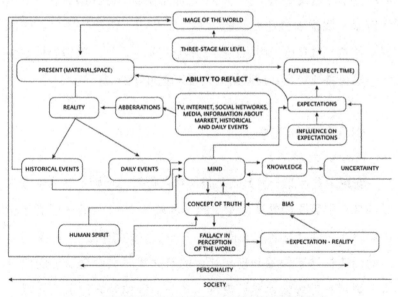

很多人對安東·瓦伊諾文章中的複雜圖表表示不解

果我們按照本文的含義來評估本文，那無疑是值得關注的。」「它代表了一個與科學無關的烏托邦思想。它提出了一種必須由高級官員執行的，包羅萬象的政府體制。」從這個角度來看，安東·瓦伊諾的理論也許開始變得有意義了。隨着普京在 1990 年代初期的混亂之後力圖重新確立控制權，或許可以將瓦伊諾的思想視為過去十年俄羅斯政治中出現的模式的一部分。

家庭

安東·瓦伊諾很注意保護家人的隱私，網上幾乎蒐集不到其妻子及兒子的相關信息。安東·瓦伊諾的妻子埃琳娜·阿列克謝耶夫娜·舒倫科娃出生於 1968 年，是莫斯科州柳別爾齊人。兒子亞歷山大·安東諾維奇·瓦伊諾與父親一樣畢業於莫斯科國際關係學院。根據政府網站上發佈的財產公示信息，安東·瓦伊諾 2018 年的收入為 960 萬盧布，妻子收入為 500 萬盧布。

安東·瓦伊諾出身名門，但一直低調行事，從不張揚，無論是在大學期間還是在平步青雲之後，幾乎從未有過負面新聞。總統辦公廳幕後工作的性質更是將這份低調發揮到極致。十幾年來在普京身邊潛心工作逐漸贏得其信任，得以身居要位。進入核心政治圈後，安東·瓦伊諾依然與強力部門和政治家保持充分距離，從不借「大內總管」身份干預克里姆林宮的內部事務。此外，儘管他光鮮的晉陞之路背後依稀可以探尋到祖父和父親活動的影子，但多年來在國內外各種重大活動中一絲不苟地完成任

務，廣受各位高層人物稱讚，也直接證明了了其 44 歲便出任總統辦公廳主任絕不是偶然，沒有哪個「關係戶」能僅靠關係就成為「三號人物」。與其他幾位排名靠前的政治人物相比，總理米舒斯京 54 歲，國防部長紹伊古 65 歲，安全委員會副主席梅德韋傑夫 55 歲，而安東・瓦伊諾僅 48 歲。突出的能力、年齡的優勢、對普京的忠心耿耿、十幾年來對核心工作的全面參與、對政府人事安排的精準把握等，幾乎注定俄羅斯總統辦公廳主任的職位不是其政治生涯的終點。

近年來俄羅斯高層人士變動，預示着俄羅斯政治圈要進行一場徹底的更新換代，技術型年輕官員明顯更受青睞。2024 年之後，積累了足夠政績的安東・瓦伊諾將在俄羅斯政壇扮演怎樣的角色？能否「再進一步」？讓我們拭目以待。

基里延科
從史上最年輕總理到
大內副總管

謝爾蓋‧弗拉基米諾維奇‧基里延科（Сергей Владиленович Кириенко），1962 年 7 月 26 日出生於蘇聯格魯吉亞阿布哈茲自治共和國首府蘇呼米市，是俄羅斯著名政治家，曾任俄羅斯總理 2016 年 10 月任總統辦公廳第一副主任。已婚，育有一子二女。

家庭背景

基里延科 1962 年 7 月 26 日出生於格魯吉亞蘇呼米市的一個知識分子家庭，其父弗拉季連‧亞科夫列維奇‧伊茲萊傑利（Владилен Яковлевич Израитель）畢業於莫斯科國立大學，1968 年獲副博士學位，1980 年獲博士學位，是哲學家和政治學家。1980－1990 年期間擔任高爾基水運工程學院科學共產主義教研室主任，1990－1992 年擔任下諾夫哥羅德水運工程學院政治學

教研室主任，1992 年－1995 年擔任下諾夫哥羅德水運工程學院人文與社會科學教研室主任，他主要從事歷史過程中的社會轉型和過渡類型的形成分析和分類研究，對村社關係和社會演變進行了分析，同時他也是俄羅斯最早開始研究選舉技術的學者，獨自創建了兩個「在轉型國家舉行選舉的戰略」——Прагма和Дело。同事們對其評價極高，「他的戰略思考能力是獨一無二的」。弗拉季連‧亞科夫列維奇還擔任過蘇共高爾基州意識形態委員會主席。母親拉麗薩‧瓦西里耶夫娜‧基里延科（Лариса Васильевна Кириенко）畢業於敖德薩經濟學院經濟學專業，是位經濟學家。

基里延科的父母從小就在蘇呼米市一起長大，後來各自前往自己的大學讀書後，只能在假期見面。1962 年小基里延科出生，8 歲之前一直由祖父母撫養。

祖父雅科夫‧弗拉基米爾維奇‧伊茲萊傑利（Яков Владимирович Израитель）是一名忠誠的共產主義者，曾於契卡（全俄肅反委員會）服役，與列寧保持親密的聯繫。為表彰其卓越的貢獻，列寧將自己的手槍贈予老伊茲萊傑利。1938 年，基里延科的父親出生，老伊茲萊傑利給兒子取名為弗拉季連，取意「弗拉季米爾‧列寧」。在 1962 年的一天，他冒着生命危險跑進失火的房子，只為從大火中搶出自己的黨證。

基里延科 8 歲那年，其父親弗拉季連‧亞科夫列維奇出軌一名年輕的女職員，拋棄了家庭。母親帶着兒子搬到索契，並將其姓氏改為基里延科（本隨父姓，全名為謝爾蓋‧弗拉基米諾維奇‧伊茲萊傑利）。「伊茲萊傑利」是猶太姓氏，在俄羅斯並不常見，

它代表着勇氣、果斷和在最困難的情況下自力更生的能力。儘管基里延科後來跟隨母姓，但是冥冥之中，「伊茲萊傑利」的血統護佑基里延科走上一條非凡之路。

青年基里延科

以優異的成績從索契名校第七中學畢業後，基里延科重返高爾基州上大學。1984 年，22 歲的基里延科從高爾基水運工程學院船舶製造系畢業，獲得造船舶製造與修理學士學位。其父在此期間擔任學院科學共產主義教研室主任，出於對基里延科的內疚，他儘可能對其給予照顧，同時動用一切能量為其發展排除障礙。

大學畢業後，基里延科跟隨父輩的腳步加入蘇共。與其他黨員不同的是，他沒有否定以前的信仰，他說「我在家裏還保留了黨證，我並不對我一生中的那段生活感到可恥。我真誠相信那些理想」。大學期間，基里延科成績優異，多位老師建議他繼續攻讀研究生，但是這個有主見的年輕人想儘快開始獨立生活。1984－1986 年他在尼古拉耶夫州附近空軍服兵役，服役期間因表現出英勇無畏的品格和氣質，得以擔任排長職務。

退役後，1986－1991 年基里延科在高爾基「紅色索爾莫沃」造船廠工作。參加工作不久他就脫穎而出，先後擔任領班，造船廠共青團委書記。這個聰明、活躍、勤奮的年輕人很快就引起蘇共黨內領導注意，其父彼時擔任蘇共高爾基洲意識形態委員會主席，在父親的助力下，27 歲的基里延科陞任高爾基州（現下諾夫

哥羅德州）蘇聯共青團委書記、共青團中央委員會成員。1990 年 3 月，基里延科當選為高爾基州蘇維埃人民代表大會代表。

蘇聯解體後，年輕有為的政壇新星不得不另尋出路。1991－1994 年基里延科擔任青年股份公司（AMK）總裁，其間於莫斯科國民經濟學院財政金融專業高級經理培訓班進修，獲經理人員資格證書。1993－1996 年基里延科擔任下諾夫哥羅德「保障」社會商業銀行行長，該銀行是當地最大的銀行之一，任職期間，基里延科曾制定專門的計劃，通過國有資產私有化補償因兩家當地銀行破產而遭受損失的數百萬市民。1994 年 8 月以來，因擔任銀行行長期間的亮眼表現，基里延科受邀成為俄羅斯聯邦總統領導的工業政策與企業委員會成員。在商界嶄露頭角的基里延科，引起時任下諾夫哥羅德州州長鮑里斯·涅姆佐夫的注意，1996 年 11 月起，基里延科被涅姆佐夫推薦擔任下諾夫哥德諾爾西（НОРСИ - ойл）石油股份公司總裁，就任後不久，他就帶領公司轉虧為盈，得到涅姆佐夫的高度認可，年紀相仿的兩位青年才俊建立了良好的個人友誼。

平步青雲 —— 官至總理

鮑里斯·涅姆佐夫於 1997 年 3 月出任俄羅斯政府第一副總理，4 月起兼任俄羅斯燃料能源部部長。當年 5 月涅姆佐夫說服本不信任基里延科個人能力的時任俄羅斯總理維克托·斯捷潘諾維奇·切爾諾梅爾金，將基里延科推上燃料能源部第一副部長的

從左至右依次為基里延科、普京、切爾諾梅爾金和普里馬科夫。四人在 1998－2000 年期間相繼擔任俄羅斯總理

寶座。名不見經傳的地方商人想在權力鬥爭的中心莫斯科站穩腳跟，僅靠貴人相助是不夠的，打鐵還需自身硬，基里延科經受住了考驗。他在解決濱海邊疆區燃料動力綜合體的欠款問題、同車臣談判石油過境問題、平息庫茲巴斯礦工罷工問題等棘手事件的過程中，都有不俗表現。俄羅斯著名政治記者，《新時代》雜誌主編葉甫蓋尼婭‧馬爾科夫娜‧阿爾巴茨回憶道：「關於『俄羅斯為什麼需要車臣』這個問題，無論是總統府，還是安全理事會，還是政府中的官員，基里延科是唯一沒有用『我們寸土不讓』之類語焉不詳的話來搪塞我，並且清晰回答我的一個人。他說，在達吉斯坦的裏海大陸架上，有戰略石油儲存。如果把車臣丟掉了，那麼達吉斯坦也會丟掉。」

　　此後，基里延科官運亨通，平步青雲。1997 年 9 月，基里

延科被任命為俄羅斯聯邦政府聯邦政府執行部門與各聯邦主體國家機構分配生產總額協調委員會副主席；10 月被任命為獨立機構進入俄羅斯「天然氣工業」公司天然氣運輸系統的部門間委員會負責人，俄羅斯「石油運輸」公司國家代表委員會成員；11 月根據俄羅斯總統葉利欽的命令被任命為燃料和能源部部長；12 月被選為俄羅斯天然氣工業股份公司國家代表委員會成員。1998 年 1—5 月被任命為俄羅斯統一電力系統公司國家代表委員會主席，1998 年 4 月被任命為俄白聯盟執行委員會主席。1998 年 5—10 月，被選為俄羅斯安全委員會常任委員。基里延科在政府工作期間專注份內工作，並未參加任何黨派，從不涉及政治派系鬥爭，與政界人士僅保持工作上的關係，謙遜低調的行事方式為基里延科積攢了良好的口碑。

儘管 1997 年俄羅斯經濟出現轉機，經濟下滑局面得到控制，但是葉利欽認為俄羅斯政府「缺乏活力，缺乏主動精神及新思想和新方法，沒有解決一系列重要的社會經濟問題」，此外，總時任理切爾諾梅爾金不滿足於負責經濟工作，與大財團糾纏不清，大搞政治擴張，對是否參加 2000 年總統選舉含糊其辭，引發葉利欽的不滿。1998 年 3 月 23 日，他突然宣佈解除總理切爾諾梅爾金、第一副總理丘拜斯和副總理兼內務部長庫利科夫的職務。同日任命基里延科為第一副總理，代行總理職權，幾天後正式提名其為總理候選人。4 月 24 日，在眾多反對聲中，俄羅斯國家杜馬經過第三次表決，以 251 票贊成，25 票反對，通過了葉利欽對政府總理的提名，年僅 35 歲的基里延科成為俄羅斯歷

史上最年輕的總理。

　　擔任總理之初，基里延科就發現國家財務情況要比他預期糟糕得多，聯邦預算甚至不夠支付國家公務員的工資，內債和外債餘額已經高達 2000 億美元，1998 年政府預算中債務還本付息額竟佔到財政支出的 58%。由於俄羅斯長期掩蓋的財政赤字問題暴露，外加基里延科缺乏財團、政黨的扶持，投資者對俄羅斯喪失信心，大量資本迅速流出俄羅斯。基里延科大費周折爭取到國際貨幣基金組織 226 億美元貸款也無濟於事。基里延科試圖推動一系列自由化改革，但勢單力薄的他被國家杜馬一再發難，多項反危機提案被否決，未能達成任何協議。由於油價急劇下跌和許多其他不利因素，盧布大幅度貶值，通貨膨脹加劇。1998 年 8 月 17 日政府不得不宣佈將盧布貶值 50%，短期國債轉換為長期債券，凍結債券付款，暫停 90 天支付外債。外匯市場停止交易直接導致股市大跌，盧布貶值三倍，中小商業銀行破產，隨之而來的物價迅速上升、大規模裁員引發人民群眾的恐慌，俄羅斯社會處在動盪之中。8 月 23 日，葉利欽被迫宣佈解散政府，提名前總理切爾諾梅爾金重出江湖，但是國家杜馬兩次否訣了這一提名。迫於無奈，為避免與以俄共為代表的反對派之間矛盾激化，葉利欽只好走中間路線，提名雙方都能接受的普里馬科夫擔任總理。基里延科並沒有逃避責任，沒有將經濟危機造成的重大損失歸咎於前任政府，他認為自己必須對這場災難負責。但實際上所有人都知道，基里延科在接手時俄羅斯經濟就處在崩潰的邊緣，基里延科已經最大程度避免了金融體制的徹底崩潰。葉利欽依舊

認為基里延科「才華橫溢，技術嫻熟」，試圖提名他擔任普力馬科夫政府的副總理，基里延科拒絕了。他並不認為自己是政客，無意成為政壇的弄潮兒，他給自己的定位是解決經濟問題的「管理者」，在他看來，「不解僱失職的人是不對的」。年輕有為，謙遜而有擔當，身居要位但不貪戀權力，這或許能解釋為何普京擔任總統後與大多數葉利欽派系官員割席，卻依舊向基里延科敞開大門。

新的開始

1998 年 12 月 18 日基里延科創立並領導全俄羅斯社會政治保守運動「新力量黨」。1999 年－2000 年領導俄羅斯右翼聯盟力量。1999 年 11 月 11 日基里延科參加莫斯科市市長選舉，敗給身為統俄黨創始人之一的尤里·米哈伊洛維奇·盧日科夫。1999 年 12 月，俄羅斯右翼力量聯盟贏得超過 8% 的選票，成為國家杜馬第四大黨，基里延科當選為右翼力量聯盟國家杜馬代表，國家杜馬立法委員會委員。2000 年 5 月 20 日全俄運動右翼力量聯盟正式成立，基里延科與涅姆佐夫、伊琳娜·哈卡馬達等人共同擔任主席。

擔任總理時，基里延科曾在克格勃總部親自為普京主持俄羅斯聯邦安全委員會（前身克格勃）主席的就任儀式。在那個動盪不安的年代，同為「葉門」得力幹將的二人保持着良好的個人交往。基里延科領導右翼力量聯盟參加國家杜馬選舉時的口號，就是「選基里延科為國家杜馬，選普京為國家總統」。俄羅斯總統

涅姆佐夫和基里延科

普京自然也沒有忘記自己的「同門戰友」。2000 年 5 月，基里延科被任命為俄羅斯聯邦總統駐伏爾加河沿岸聯邦區全權代表，俄羅斯聯邦一級國家顧問。自此，在涅姆佐夫與普京之間，基里延科選擇了後者，放棄了右翼聯盟力量領導者身份，重回體制。當涅姆佐夫成為著名的反對派領袖、普京的強力批評者後，基里延科與其徹底分道揚鑣。2001 年 5 月起，基里延科兼任俄羅斯聯邦化學裁軍國家委員會主席，繼任俄羅斯聯邦安全委員會委員。

　　基里延科受任之初，伏爾加河沿岸聯邦區幾乎所有地方領導人都反對聯邦中心，地方中心主義十分強勢。但是繼承了父親卓越戰略頭腦的基里延科，毫不費力地解決了地方與聯邦立法衝突難題，通過立法將伏爾加河沿岸聯邦區納入普京的「垂直權力體系」，地方權力收歸聯邦中央。政治學家葉甫蓋尼・謝苗諾夫稱讚道：「基里延科是具有戰略思維優勢的強大智力機器，他最重

要的管理素質使其不僅能夠建立有效的團隊，而且使該團隊成為
一個長期保持有效性的系統，隨時可以動員起來。」2005 年 12
月 12 日，基里延科被授予俄羅斯聯邦總統榮譽勳章。

　2005 年 11 月，基里延科繼續被委以重任，被普京任命為俄
羅斯聯邦原子能機構的負責人。2007 年 12 月原子能機構重組
後，基里延科成為俄羅斯國家原子能集團公司（ROSATOM）總
裁，彼時該公司是全俄最大的發電公司，擁有 100 多家下屬企
業，約 33.5 萬名員工。俄羅斯軍事政治專家巴維爾‧葉夫根尼
耶維奇‧費爾根豪爾評論表示：「這是第一次由非核專家擔任
ROSATOM 負責人，他會在管理問題上碰到很多困難。」但是
深諳管理之道的職業「經理」基里延科再次用行動證明了自己
的管理天賦。在基里延科執掌 ROSATOM 十年間，該公司不僅
成為俄羅斯工業與經濟發展最迅速的公司之一，而且在核設施
建設領域成為全球的領導者，接受全球訂單，在中國、伊朗、
印度、芬蘭、白俄羅斯、匈牙利等國家修築核反應堆及核電站。
基里延科還主持併購很多中小企業，帶領眾多蘇聯解體後破產的
企業重生。2015 年儘管俄羅斯經濟受歐美制裁打擊遭到重創，
但 ROSATOM 依舊獲得近 8120 億盧布的收入。除了核心業務之
外，ROSATOM 還提供核醫學、複合材料、超導體、安全系統、
超級計算機、激光和添加劑技術領域的創新產品，僅在 2016 年
發佈的專利就達到 1141 項。此外，ROSATOM 公司還致力於打擊
腐敗，積極投資教育與環保，十年間俄羅斯的核電站沒有發生任
何嚴重事故。本不被看好的基里延科用行動交出了一份出色的答

卷。2010 年 11 月 24 日，基里延科被授予俄羅斯聯邦四級國家勛章。2016 年 12 月起，已經出任俄羅斯總統辦公廳副主任的基里延科、繼續領導 ROSATOM 監督委員會。

重返權力核心 —— 大內副總管

　　2016 年 10 月 5 日，俄羅斯總統普京簽署法令，任命基里延科接替維亞切斯拉夫・維克托羅維奇・沃洛金，擔任俄羅斯總統辦公廳第一副主任，負責與政黨和公共組織互動、青年政治、組織各級選舉。俄羅斯總統辦公廳在俄政壇擁有特殊的重要位置，素有「影子內閣」之稱。它是總統的主要直屬辦事機構，保障國家元首的一切活動，為總統實施憲法職權創造條件。前辦公廳主任謝爾蓋・納雷什金、謝爾蓋・伊萬諾夫都曾一度被視為普京的接班人，現任主任安東・瓦伊諾也是炙手可熱的實權人物，在 10 月「俄羅斯政治百強」月度排名中位列第五。政治學家阿巴斯・加利亞莫夫指出：「基里延科並不符合近年來的意識形態主流（前任辦公廳副主任沃洛金是典型的保守主義者），對他的任命表明克里姆林宮已開始尋找替代之路。」據總統辦公廳不願透露姓名的官員解釋，普京並不是看重基里延科在國家杜馬或是葉利欽政府中的經驗，而是看重其在俄羅斯聯邦總統駐伏爾加河沿岸聯邦區的不凡表現，同時最高領導層試圖將基里延科在 ROSATOM 的現代化管理體系引入政府。

　　許多消息人士堅持認為尤里・瓦連京諾維奇・科瓦爾丘克是

繼涅姆佐夫、葉利欽之後基里延科的又一個「貴人」。2005 年以來，尤里・瓦連京諾維奇・科瓦爾丘克的兄弟米哈伊爾・瓦連京諾維奇・科瓦爾丘克一直是俄羅斯核工業科學機構庫爾恰托夫研究所所長，時任 ROSATOM 總裁基里延科與之建立了良好的私人關係。2009 年 4 月至 11 月，尤里・瓦連京諾維奇・科瓦爾丘克之子曾擔任 ROSATOM 副總裁，協助基里延科開展工作。有這樣的關係，有傳言稱基里延科陞任總統辦公廳副主任背後有科瓦爾丘克家族的推動也就不足為奇了。據消息人士透露，儘管基里延科與科瓦爾丘克家族的關係不像俄羅斯總統辦公廳主任安東・瓦伊諾與俄羅斯技術集團（Rostec）總經理謝爾蓋・維克多羅維奇・切梅佐夫那樣緊密，但是基里延科與科瓦爾丘克家族均對彼此的「夥伴」關係感到滿意。接任辦公廳副主任後不久，基里延科受命在 2018 年俄羅斯總統大選中領導普京的競選團隊，基里延科負責安排普京參加選舉的一切技術性工作，而科瓦爾丘克家族則承擔了資金支持以及媒體宣傳任務，雙方同心協力，以出色的配合，高效的協調幫助普京以 76.66% 的高得票率連任總統。

因在領導競選活動中的卓越表現，基里延科獲得俄羅斯聯邦英雄稱號。雖然沒能陞任其他重要領導崗位，但是普京擴大了基里延科在總統辦公廳中的權力。有分析人士認為，普京長年專注於國際事務，實際將國內的政治事務均交由基里延科打理，根據這位技術官僚的專業建議治國。在《獨立報》統計 2019 年俄羅斯政治人物百強的排名中，基里延科位列第五。

就任以來，基里延科並沒有急於建設或者說根本無心建設意

識形態。20 年來在聯邦中央、地方、大型企業中磨練出的管理經驗，促使基里延科試圖通過換人的方式改善官僚機構運轉的質量。基里延科與總統辦公廳主任安東‧瓦伊諾大量物色年輕技術官僚，主持多個遴選項目，最著名的項目是被描述為「新一代領導人的公開競爭」的「俄羅斯領導者」。入選的年輕精英會在俄羅斯總統國民經濟與公共管理學院等專業院校接受培訓。從 2017－2019 年，短短三年俄羅斯更換了全國各地區四十一位州長，其中多數都是三、四十歲嶄露頭角的年輕技術官僚。位於體系內中層的精英開始逐漸進入高層，在除國防部，安全部，內務部，莫斯科市，聖彼得堡市等強力部門或要害地區之外佔據自己的位置。俄羅斯民意調查機構列瓦達中心副主任丹尼斯‧亞歷山大羅維奇‧沃爾科夫指出：「克里姆林宮正試圖設計一個集體繼承機制」，「克里姆林宮希望當普京第四屆總統任期結束時，儘管給人留下了換屆的印象，但一切都將基本保持不變」。在職業的「管理者」基里延科的領導下，俄羅斯高層人事變動一切都在有條不紊地進行。

儘管基里延科有着豐富而光鮮的傳奇履歷，但他與同僚、總統辦公廳主任安東‧瓦伊諾一樣低調，注重禮儀，從不就時事發評論，2000 年後就與曾經的摯友涅姆佐大保持距離。無論是在伏爾加河沿岸聯邦區還是在 ROSATOM，基里延科只專注份內業務，致力於高效完成各項任務。據他曾經的律師透露，基里延科每天的安排都嚴格按照時間表進行，每項事務細化到以分鐘為單位安排。他曾經的助手、俄羅斯政客鮑里斯‧鮑里索維奇‧納傑

日金回憶：「他是一個非常聰明的人，非常努力地工作，勇於承擔責任。他是我一生中見過的最強大的管理者之一。他一直試圖遠離政治，因為他天然就是一個管理者。當他被任命為俄羅斯聯邦總統駐伏爾加河沿岸聯邦區全權代表時，他感到非常高興」。基里延科一位不願透露姓名的前同事，在接受記者採訪時表示也對他的高效表示欽佩，「他的高效管理在任何政權下都是適用的，無論是共產主義，民主主義還是獨裁統治」。聖彼得堡政治基金會負責人米哈伊爾·維諾格拉多夫表示，多年來普京和基里延科的身份儘管不斷發生變化，先後成為對方的上級，但是兩人從未對對方表現出嫉妒之心。從 1999 年普京領導俄羅斯政府開始，基里延科給自己的定位就是國家公務員。非官方的環境下，兩人一直是「你我」相稱，保持良好的私交。

2020 年 11 月 2 日，俄羅斯《獨立報》發佈了「俄羅斯政治百強」月度排名榜，58 歲的基里延科位列第八，僅次於總統普京、總理米舒斯京、總統辦公廳主任瓦伊諾、安委會副主席梅德韋傑夫、國防部長紹伊古、莫斯科市長索比亞寧、俄羅斯石油公司總裁謝欽等俄羅斯要害部門的領導人。彼得堡政治基金會的專家曾對俄羅斯總統普京最有可能的繼任者進行了評級。2012—18 年的名單上有十九人，基里延科位列第八。

與普京的眾多親信一樣，基里延科對格鬥也有着強烈的熱愛，曾獲得合氣道黑帶。從 2001 年起基里延科就擔任全俄合氣道聯盟主席，2005 年起擔任全俄合氣道理事會常務理事。他的愛好還有潛水、打獵、釣魚等。或許是出自對運動的共同熱愛，

普京也給予了基里延科額外的信任。

家庭

基里延科的妻子名為瑪麗亞・弗拉季斯拉沃夫娜・阿伊斯托娃，在基里延科大學三年級那年結婚。曾就讀於醫學院，畢業後擔任過兒科醫生。

大兒子弗拉基米爾・謝爾蓋維奇・基里延科出生於 1983 年，2005 年畢業於俄羅斯高等經濟學院，獲經濟學與金融學學士學位。2014 年獲得莫斯科斯科爾科沃管理學院 MBA 學位。小基里延科的成長之路飽受父親的萌澤。2005－2010 年，小基里延科先後擔任下諾夫哥羅德伏爾加電視公司的董事會主席，下諾夫哥羅德「保障」社會商業銀行擔任董事會成員（其父曾任該銀行行長）。在該銀行與薩羅夫商業銀行合併後，小基里延科繼續在

基里延科和普京

新的下諾夫哥羅德工業建築銀行擔任董事長。據該銀行年度報告透露，該銀行是俄羅斯國家原子能集團公司（ROSATOM）的子公司。2011 年，擔任資本有限責任公司董事會主席。2016 年以來，小基里延科先後擔任俄羅斯電信公司業務發展和管理高級副總裁、第一副總裁。2018 年，因參與 3 月 8 日總統大選的技術設備支持相關工作，獲得俄羅斯聯邦總統感謝。

大女兒柳博芙（俄語意為愛情）出生於 1990 年，畢業於俄羅斯高等經濟學院，獲得管理項目碩士學位。2010 年曾在法國歐洲高等商學院學習。2008－2014 年先後擔任法國「米哈伊洛夫和搭檔們」通訊社初級經理、公關經理。2015－2017 年擔任 NMGK 集團公司莫斯科發展辦公室的市場營銷經理。2017 年 6 月，通過公開招聘加入俄羅斯戰略倡議署，同時開始直接領導一個重要項目。俄羅斯戰略倡議署是俄羅斯政府為「促進年輕專業人士的社會和職業流動性發展」而成立的組織。近日，柳博芙陷入雙重國籍指控，有內部人士聲稱在雙國籍人士數據庫中找到了柳博芙的法國護照（俄羅斯新憲法規定禁止國家公職人員擁有外國國籍）。但是柳博芙本人堅稱，她沒有其他國籍。

二女兒娜傑日達（俄語意為希望）出生於 2002 年，尚無公開的材料。

梅金斯基
掌管意識形態的總統助理

　　弗拉基米爾·羅斯季斯拉沃維奇·梅金斯基（Владимир Ростиславович Мединский），1970 年 7 月 18 日出生於切爾卡瑟州斯米拉市，是俄羅斯著名保守派政治家、學者，被《福布斯》雜誌稱為「意識形態邦的人」。

　　梅金斯基畢業於莫斯科國際關係學院，先後獲得國際新聞學士、政治學副博士學位。2000 年畢業於俄羅斯國民經濟和國家行政學院，獲得政治學博士學位，論文題目是《全球信息空間形成背景下俄羅斯對外戰略制訂的理論與方法論問題》。

　　梅金斯基先後實現了從商人到稅務部門官員、黨務活動家再到文化部長的華麗轉身，2020 年 1 月從文化部長轉任總統助理，在普京身邊協助處理俄羅斯最核心的事務，成為俄羅斯意識形態領域重要的操盤手之一。

小軍迷

弗拉基米爾・羅斯季斯拉沃維奇・梅金斯基（Владимир Ростиславович Мединский），1970 年 7 月 18 日出生於切爾卡瑟州斯米拉市的一個軍人世家，祖父、父親、叔叔均是軍人。

父親羅斯季斯拉夫・伊格納季耶維奇・梅金斯基（Ростислав Игнатьевич Мединский）曾在蘇聯戰略導彈部隊服役，是一系列重大歷史事件的見證者。先後參與 1968 年蘇聯對捷克斯洛伐克「布拉格之春」的武裝干涉、1979 年蘇聯入侵阿富汗戰爭、1986 年切爾諾貝利事故救援、1988 年亞美尼亞大地震救援等。後以上校軍銜從國防部退休，現在為俄羅斯軍事歷史學會擔任顧問（該學會主席就是時任文化部長梅金斯基），同時與退伍軍人組織保持聯繫。母親阿拉・維克托羅夫娜（Алла Викторовна）是內科醫生。

梅金斯基一家早年經常因父親的駐地變動而搬家，直到 1980 年代初移居莫斯科。

在後來接受採訪時，梅金斯基指出，在父輩的影響下，他從小就是軍迷，7 歲時就看過蘇聯著名作家米塔耶夫的《未來指揮官兒童百科全書》。他認為，這可能是蘇聯針對中小學生軍事史教育最好的書籍。「該書以出色的語言闡述了從斯巴達人到偉大衛國戰爭的整個戰爭和英雄的歷史。從那以後我就把它藏在個人圖書館了。」軍人家庭的薰陶使得少年梅金斯基很早就對祖國有了深深的歸屬感，立志參軍報國。

大學時光

遺憾的是，因為沒有通過視力檢查，梅金斯基雖然以優異成績從莫斯科 343 中學畢業，卻被蘇軍莫斯科高等合成指揮學校拒之門外。

1987 年，梅金斯基進入精英搖籃 —— 莫斯科國際關係學院就讀。大學期間依然延續了對軍事、歷史的熱愛。據梅金斯基的同窗好友、現任塔斯社社長的謝爾蓋·米哈伊洛夫（Сергей Владимирович Михайлов）回憶，梅金斯基經常參加莫斯科大學歷史系的公開講座，並以對歷史事件的驚人記憶力著稱。在群英薈萃的莫斯科國際關係學院，梅金斯基很快脫穎而出，不僅將整個學院唯一的列寧獎學金納入囊中，還加入了學校共青團委員會，並成為黨校的學術委員會成員。

1989 年，他與同學一起創建蘇聯最早的私人廣告公司 —— 青年記者協會。該協會成為最早與《消息報》達成廣告供應協議的機構。同時，他還為包括塔斯社在內的許多報刊撰寫通訊稿。

1991—1992 年，梅金斯基在蘇聯駐美國大使館實習，1992 年以優異的成績從莫斯科國際關係學院畢業。1993—1997 年，梅金斯基選擇繼續留校深造，1997 年獲得政治學副博士學位，論文題目為《現階段的世界發展和俄羅斯外交政策制訂問題》。2000 年，他又在俄羅斯國民經濟和國家行政學院獲得政治學博士學位。1994—2012 年，他在莫斯科國際關係學院任教，先後任講師、副教授和兼職教授。

從商界到政界

1992 年，梅金斯基與同學謝爾蓋·米哈伊洛夫、葉戈爾·莫斯克文等人一同創建了「我」公關公司，梅金斯基持有 30% 的股份，米哈伊洛夫持有 40% 的股份。該公司創立後不久就成為市場上的寵兒，為各大銀行、煙草公司和頂尖金融公司服務。

在 1996 年俄羅斯總統大選中，因涉嫌向俄共領導人久加諾夫提供支持，特維爾銀行運營執照被吊銷。梅金斯基的公共公司因與特維爾銀行的合作也被波及，公司無力負擔人員工資和辦公室租金而被迫重組，更名為聯合企業代理公司（UCA），梅金斯基擔任總裁。

1998 年，梅金斯基步入政壇，從公司離職。公司改回原來的名稱，他的父親成為「我」公關公司的主要股東。10 多年後，該公司涉嫌稅務欺詐而接受調查，但最後不了了之。

1998 年夏天，梅金斯基成為俄羅斯公共關係協會副主席，負責俄羅斯各地區的互動與地區網絡的擴展。同年 10 月，他步入政壇，成為俄羅斯聯邦稅警局局長格奧爾吉·伯斯（Георгий Боос，係莫斯科市前市長尤里·盧日科夫的摯友，2005 年－2010 年被普京任命為加里寧格勒州州長）的顧問，1999 年 11 月被評為俄羅斯國家稅務局二級稅務顧問，同年開始擔任俄羅斯聯邦稅務局公共關係部門的負責人。

1999 年的俄羅斯政壇可謂是波雲詭譎。梅金斯基也不甘落後，想成為時代的弄潮兒，隨着格奧爾吉·伯斯成為第三屆杜馬

副主席，梅金斯基也走上了政黨政治的道路，並迅速向克里姆林宮核心集團靠攏。

政黨活動

1999 年底，梅金斯基參加了「祖國—全俄羅斯」運動（「統一」、「祖國」和「全俄羅斯」後合併組成統一俄羅斯黨）第三屆國家杜馬選舉總部。2001 年 12 月，梅金斯基加入統一俄羅斯黨，同時成為中央委員會成員，2000－2002 年擔任第三屆杜馬副主席格奧爾基·伯斯的顧問。2002－2004 年擔任統一俄羅斯黨莫斯科分部執行委員會主席，2003 年領導統一俄羅斯黨莫斯科選舉總部。

2003－2007 年，梅金斯基當選為國家杜馬代表，並先後出任杜馬信息政策委員會副主席、經濟政策委員會副主席、文化委員會主席。2004－2005 年，他擔任統一俄羅斯黨中央執行委員會副主席，負責信息和分析工作。

2004 年起，俄羅斯地方行政長官直選制度被廢除，政黨開始在俄羅斯政治舞台中發揮越來越重要的作用。從 2004－2011 年間，俄羅斯政黨在地方行政長官選舉以及地方議會選舉中的影響不斷上升，而其中最具影響力的無疑是統一俄羅斯黨。

搭上政黨政治的順風車，梅金斯基得以通過旋轉門，實現了從學者、商人到官員的華麗轉身。此時的梅金斯基已經進入普京視線，並逐漸向核心集團靠攏。

2007－2011 年，梅金斯基擔任第五屆國家杜馬代表，曾先後出任杜馬自然資源、環境和生態委員會副主席和杜馬文化委員會主席。

近 10 年間，梅金斯基通過出版著作、提出議案、發表有關俄國歷史的見解而迅速竄紅，牢牢樹立了歷史文化專家的形象。2010 年，他受時任總統梅德韋傑夫邀請加入「與篡改歷史損害俄羅斯利益的企圖作鬥爭的總統直屬委員會」（2012 年解散）。2011 年 7 月，他被梅德韋傑夫任命為俄羅斯世界基金會成員，該基金會致力於推廣俄國語言和文化，並支持其他國家的俄語學習計劃。

同年，他在俄羅斯國立社會大學進修，獲得第二個博士學位 —— 歷史學博士學位，論文題目是《15 至 17 世紀下半葉俄羅斯歷史編纂的客觀性問題》。五年後，該論文被實名舉報抄襲，存在重大錯誤，但該舉報對梅金斯基沒有絲毫影響，並沒有阻止其在普京核心集團地位的進一步鞏固。

從文化部長到總統助理

2011 年底，梅金斯基在第六屆杜馬代表選舉中失去了代表席位，但是在 2012 年俄羅斯總統大選前夕，媒體風傳一份「普京的親信」名單，梅金斯基位列其中。這暗示最高層對這位專家另有重用，一個更大的舞台在等待着這位歷史文化專家。

自 2000 年以來，俄羅斯形成了一種越來越類似於蘇聯政治

局的政治決策方式。俄羅斯政權遠非一個人統治的嚴格垂直結構，而是普京親近的精英（如聖彼得堡幫、強力部門幫等）組成的集團，各集團圍繞權力和利益展開競爭。

喬治·華盛頓大學艾略特國際事務學院瑪琳·拉魯埃教授曾在《斯拉夫評論》撰文指出，普京政權是一個變動不居而非固定不變的結構，它可以通過永久性地調整其邊界以適應新環境。它會定期清除某些成員，以進行自我淨化，同時吸收其他階層參與進來。最典型的例子就是 2007 年普京親信、俄羅斯聯邦武器供應局局長切爾科索夫的「出局」。

自 2012 年普京第三個任期開始，這種模式又發生了改變，在「普京政治局」的基礎上，普京強化了對精英集團的控制，一批技術官僚以及上一代「普京政治局」成員的後代登上政治舞台，並以前所未有的速度在政壇嶄露頭角，佔得先機。

此外，運用新決策方式的政權還展示了強大的意識形態多樣性，以總統辦公廳、軍工聯合體、東正教會所代表的不同利益集團，近年來不斷向最高層提供新的意識形態產品，以爭奪更大的話語權。正如俄羅斯著名政治學學者、克里姆林宮首席戰略家格列布·帕夫洛夫斯基所言：「克里姆林宮的政治看起來像一個爵士樂團，即通過不間斷的即興創作，以期度過最近的危機。」

總統辦公廳是所有政治集團中最年輕也無疑更為強勢的一方，以蘇爾科夫、沃洛金、基里延科為代表的年輕一代操盤手，在整個國家的意識形態塑造上佔據了主導權。

蘇聯解體之際，葉利欽摧毀了蘇聯的意識形態基礎，但

1996 年當局又宣佈有必要為俄羅斯發展一種官方意識形態。然而，意識形態的建立是一件非常困難的事情，需要對社會發展過程的本質有深刻理解。同時該項工作也遭受巨大阻力。很多實權人物認為，國家在意識形態方面應該保持中立。

在俄羅斯嘗試建立新意識形態的嘗試失敗之後，人們試圖將有關創造意識形態的口號注入公眾意識。因此，直到 2006 年一直有創建統一意識形態的呼聲。俄羅斯文學家車爾尼雪夫斯基曾經寫道：「一個人的歷史意義是由其對祖國的貢獻來衡量的，而優秀的本質要由是否具有深厚的愛國主義情懷來衡量。」

2006 年，俄羅斯當局提出了創建愛國主義意識形態的想法。儘管總統辦公廳表示反對以任何形式對意識形態進行書面描述，俄羅斯憲法也明確禁止國家意識形態，但以愛國主義為核心的民族主義、保守主義，開始重新佔領宣傳的高地。

2010 年 12 月，在俄聯邦國務委員會與民族項目和人口政策國家委員會召開的聯席會議上，普京指出：「我們找不到像蘇聯所選擇的那樣的東西。我認為，我們沒必要向遙遠的過去尋找這種東西，如果有一種能代替過去不錯做法的東西，那就是全俄愛國主義。」

梅金斯基得天獨厚的歷史文化積累、錦上添花的統俄黨背景、篤定的保守主義立場、鮮明的技術官僚標籤，以及最重要的——與克里姆林宮核心的親密關係，預示着他在塑造新的主流意識形態方面佔據了天時地利人和。2012 年 5 月，梅金斯基被任命為文化部長。同月，梅金斯基成為統一俄羅斯黨最高委員會

主席團成員。

克里姆林宮高層官員「心領神會」地對該任命表示支持，國家杜馬統一俄羅斯黨黨團第一副主席安德烈‧伊薩耶夫表示，梅金斯基是「一個充滿活力的人，一個好的管理者和思想家。我認為他在這個職位上的存在將是積極而且非常重要的」。國家杜馬文化委員會第一副主席葉琳娜‧德拉佩科表示：「他非常現代，有着合乎邏輯的思維，是一個相當有抱負的人」。聖彼得堡政治基金會的政治分析家米哈伊爾‧維諾格拉多夫透露，時任總統辦公廳副主任、「灰衣主教」蘇爾科夫與梅金斯基關係密切是該任命的重要原因。俄羅斯歷史學者、反對派人士弗拉基米爾‧普里比洛夫斯基則表示，「克里姆林宮根本找不到其他人。這不是人們為之奮鬥的職位，要找到符合這個職位的人並不容易。或許他們只是選擇了最愛國的那一個。」

值得一提的是，同年 9 月，梅金斯基的好友、在全俄公共關係領域排名第一的職業經理人謝爾蓋‧米哈伊洛夫，被任命為俄羅斯國家通訊社 - 塔斯社社長。有俄羅斯學者稱其為影響俄羅斯宣傳機器的主要人物，也是梅金斯基「文化帝國」的代理人。

2013 年 3 月，梅金斯基被選為俄羅斯軍事歷史學會主席。

2018 年 5 月，梅金斯基在普京連任總統後被再次任命為文化部長。2020 年 1 月，他沒有入閣改組後的米舒斯金新政府，而是被普京任命為總統助理。

在俄羅斯，總統助理負責協助總統處理國家最核心事務，是總統在某一領域的直接對接人。嚴格上講，總統助理的影響力要

梅金斯基和普京商討工作

大於一般的聯邦部長，甚至大於一些副總理。儘管梅金斯基主管的歷史人文領域與國防、安全、軍事等強力領域並無交集，但是不得不承認，近 10 年來，梅金斯基在俄羅斯的意識形態領域確實發揮了極其重要的作用。

意識形態領域的保守主義「黑馬」

梅金斯基非常熱衷於展示俄羅斯相比其他國家的優越性。2013 年 1 月，他在接受採訪時甚至表示，面對二十世紀的所有災難，俄羅斯的堅韌表明「我們的人民有一條額外的染色體」。

在梅金斯基的參與和推動下，俄羅斯近年來舉行了一系列重大國家紀念活動，包括 2012 年俄羅斯建國 1150 周年、2013 年羅曼諾夫王朝建立 400 周年、2015 年衛國戰爭勝利 70 周年、2018

年第一次世界大戰結束 100 周年等等。

在此期間，梅金斯基帶領文化部與教育部展開閤作，在 2013 年 1 月準備並推行新的學校課程——將 100 部國內電影作為學校課程的一部分組織學生觀看。此外，他還推動大批愛國主義影片的拍攝與放映。梅金斯基還提出有關電影業中的許多保護主義措施，如放假期間限制電影輪換，並限制外國電影發行以支持俄羅斯電影公司。同時他組織制定了新的電影補貼規則，對《稅法》進行了多項修訂，減輕了文化藝術機構的稅收負擔。

在梅金斯基擔任文化部長的 2012－2019 年期間，俄羅斯文化領域通過了 68 部法律，而在其上一任文化部長任職的 2004－2011 年，僅通過 4 部法律。在 2015－2019 年，梅金斯基領導文化部發起並支持翻新了 80 個地區的 1015 家電影院。2019 年新開業電影院的上座人數為 1090 萬。2011－2018 年，俄羅斯電影在國內票房中的份額增長了 1.7 倍，票房總額增長了 2.3 倍（從 5.9 億增至 13.8 億盧布）。

2013 年以來，梅金斯基還兼任俄羅斯軍事歷史學會主席。他領導該學會建造或修復若干座俄羅斯歷史人物與英雄人物紀念碑，組織若干歷史節日的紀念活動。他實現了兒時的夢想，組織兒童軍事歷史訓練營，俄羅斯軍事歷史學會學會請來特種部隊和空降部隊的退伍軍人擔任營地教官，自 2018 年以來，每年有超過 1 萬名兒童參加學會的兒童訓練營。

種種跡象表明，梅金斯基擔任兩屆文化部部長期間，絕不是僅在文化藝術領域耕耘。在他就任之初就有反對派人士指出，他

不是去領導文化部的，而是將文化工作做成宣傳工作的。多年來，作為普京的親信，梅金斯基承擔了很大一部分意識形態領域的宣傳工作。2015 年 6 月，普京簽署一項法令，要求將國家文化政策作為國家安全戰略的一部分。梅金斯基則是「國家文化政策基礎文件」制訂工作的直接負責人。

在從事意識形態工作之際，梅金斯基自然不得不面臨很多非議。在回答記者「您認為自己是受歡迎的部長嗎？」，他指出，「一個人見人愛的部長是一個很可能不完全履行職責的人。」「我的工作不是取悅所有人，而是執行國家文化政策。」面對記者的追問，梅金斯基強調並不認為自己是一個特別的保守主義者，他了解社會對自己的評價 —— 既是意識形態的蒙昧主義者，又是理性的自由主義者（在文化中創造了市場環境），他表示，自己一直以來只考慮如何為文化界需要幫助的人提供幫助。

儘管多年來不斷遭受質疑與責難，梅金斯基的地位卻不斷鞏固，長期為《衛報》《獨立報》《外交政策》等報刊撰稿的美國駐莫斯科記者亞歷克·盧恩曾寫道，弗拉基米爾·梅金斯基極有可能會成為普京繼任者名單上的一匹保守主義「黑馬」。

家庭

梅金斯基並不像小帕特魯舍夫、小弗拉德科夫、小伊萬諾夫、小科瓦爾丘克等年輕權貴，僅憑姓氏就能推測出其不凡的身世背景。

梅金斯基發表演講

　　梅金斯基是年輕一代技術官僚中少有的通過自身努力、以敏銳的決斷力抓住人生中每一場機遇而平步青雲的精英。

　　梅金斯基的父母前文已經介紹,不再贅述。他還有一個妹妹塔季揚娜・羅斯季斯拉沃夫娜・梅金斯基,畢業於俄羅斯聯邦政府金融學院,曾任梅金斯基創建的公關公司執行董事,後在俄羅斯聯邦文化部下屬機構國家博物館和展覽中心擔任副主任。

　　梅金斯基的妻子名為瑪麗娜・奧列戈夫娜・梅金斯基。夫婦兩人育有兩子兩女。

圖爾恰克
「聖彼得堡幫」的新星

安德烈・阿納托利耶維奇・圖爾恰克（Андрей Анатольевич Турчак），1975 年 12 月 20 日出生於列寧格勒市。

圖爾恰克 1998 年畢業於聖彼得堡國立航空航天儀器製造大學，2014 年在俄羅斯外交部外交學院進修，並以優異的成績畢業。受父輩蔭澤，圖爾恰克先後輾轉商界和政界，33 歲時被委以重任，成為普斯科夫州州長，現為俄羅斯聯邦委員會（議會上院）第一副主席、統一俄羅斯黨總委員會書記。在《獨立報》2021 年 4 月的俄羅斯百名政治人物排行榜中，圖爾恰克位列第 36 名，正在成為「彼得堡幫」冉冉升起的新星。

父輩傳奇

圖爾恰克是俄羅斯冉冉升起的政壇新星，更是逐漸接棒父輩

的一代青年領袖。他的父親阿納托利‧亞歷山德羅維奇‧圖爾恰克（Анатолий Александрович Турчак，下稱老圖爾恰克）1945 年 7 月 28 日出生於列寧格勒市（今聖彼得堡市）。在那個艱難的時代，他幸運地從封鎖、轟炸、饑荒、死亡的陰影中得以存活，並參與了戰後列寧格勒的重建。1960 年，15 歲的老圖爾恰克成為了列寧涅茨工廠的一名鉗工。他當時熱愛柔道運動，加入了列寧格勒渦輪機製造者體育俱樂部，受教於日後俄羅斯柔道聯合會副主席、著名的柔道教練安納托利‧所羅門諾維奇‧拉赫林（Анатолий Соломонович Рахлин）。

拉赫林培養出了不少歐洲乃至世界錦標賽的冠軍，他還有三個更出名的學生 —— 日後的俄羅斯總統普京以及最富有的建築商羅滕伯格兄弟。拉赫林對普京影響頗深，他曾說過：「他（普

普京和自己的柔道教練拉赫林在一起

京）的父母早已去世，他跟了我 15 年，我就成了他的第二個父親。」2013 年 8 月，俄羅斯總統普京出席了拉赫林的葬禮。葬禮結束後，他心情沉重，堅決阻止了自己的警衛、眾多記者和其他跟者，獨自一人在空曠街上行走一段時間後，才乘車離開。

老圖爾恰克比普京年長 7 歲，他們在不同的柔道小組中訓練，雖然沒有確切證據表明他們在那時就建立了友誼，而且他也堅決否認「曾是普京的柔道陪練」，但幾十年後老圖爾恰克成為普京在聖彼得堡的親密戰友，而且能夠在商界呼風喚雨，也很難說沒有受到來自克里姆林宮的幫助。

1964—1967 年，老圖爾恰克在軍隊服役。退役後一段時間他意識到自己專業知識的匱乏，於是進入列寧格勒航空儀器製造學院進修，1976 年畢業，獲得無線電工程學士學位。1991 年，老圖爾恰克在列寧格勒財經學院修讀國民經濟規劃專業，同年在英國克蘭菲爾德大學進修。在始終未曾間斷的學習生涯裏，他先後獲得技術科學副博士、經濟學博士學位。

老圖爾恰克的事業是從列寧涅茨工廠開始的。隨着學歷的提升，他一步步從鉗工、工程師、總工程師、副廠長成長為廠長。1985 年後，老圖爾恰克被任命為工廠的總經理，此後他大力推行了多項改革。在他的倡議下，蘇聯首次引入了兩級管理系統，一方面列寧涅茨工廠仍隸屬於蘇聯無線電工業部管轄，但與此同時，工廠可以自主做出許多決定。隨着在列寧格勒的影響力愈來愈大，老圖爾恰克自然而然地開始參與政治生活。他曾任列寧格

勒共青團委員會書記、蘇共列寧格勒市委員會委員。

1992 年，列寧涅茨工廠所屬企業重組，老圖爾恰克成為新成立的股份公司的領導者。該公司是俄羅斯軍工聯合體中的第一家股份公司，從事機載無線電電子系統，導航無線電電子設備和精確武器制導系統的開發和生產，会定期收到軍方的訂單，負責軍用飛機的導航系統和設備的製造。2014 年，列寧涅茨股份公司拿下了俄空軍「三劍客」之一的「航母殺手」圖 -22M3 轟炸機的 NV45 雷達訂單。

1990 年代中期，老圖爾恰克與時任聖彼得堡第一副市長普京展開密切合作。在 1995 年第二屆俄羅斯杜馬大選中，他是普京的副手，領導「我們的家園 - 俄羅斯黨」聖彼得堡選舉總部（2001 年 12 月，「統一」與「祖國—全俄羅斯」及「我們的家園—俄羅斯」合併成立統一俄羅斯黨）。在 1997 年普京移居莫斯科開始在總統辦公廳工作後，老圖爾恰克成為該黨派在聖彼得堡的分支機構負責人。

多年來老圖爾恰克一直是列寧涅茨股份公司的大股東，他和家族牢牢始終掌控着這個俄羅斯最大的電子系統製造產業帝國。此外，老圖爾恰克積極參與政治與社會生活，擔任聖彼得堡工業家和企業家聯盟主席、俄羅斯足協常任理事長、俄羅斯足協委員和執行委員會委員、莫斯科地區公共委員會主席等職務。為了表彰其增強國家經濟和國防的個人貢獻，老圖爾恰克獲得了來自克里姆林宮、國防部、聖彼得堡市的多個榮譽獎章。

與父輩相同的成長軌跡

安德烈·阿納托利耶維奇·圖爾恰克（Андрей Анатольев-ич Турчак）1975 年 12 月 20 日出生於列寧格勒市。彼時，其父老圖爾恰克正在列寧格勒航空儀器製造學院讀書，但已是列寧涅茨工廠的後備領導人選。

圖爾恰克是在較為殷實的家境下成長起來的，沿着父輩鋪就的康莊大道穩步前行。他很早就展現出傑出的運動天賦，據說圖爾恰克曾跟隨普京學習柔道，16 歲時在市「宇航員」奧林匹克預備學校擔任柔道教練。此後，圖爾恰克就在父親的列寧涅茨股份公司開始了自己商業生涯。20 歲時在隆諾特工商業股份公司（列寧涅茨股份公司的子公司）工作，擔任總經理。21 歲時擔任家用電器廠股份公司總經理，該公司由聖彼得堡市資產管理委員會創辦，也隸屬於老圖爾恰克的列寧涅茨股份公司。

1998 年，23 歲的圖爾恰克畢業於聖彼得堡國立航空航天儀器製造大學（與老圖爾恰克就讀的是同一所高校），獲得經濟財務管理學士學位。2001 年，列寧涅茨股份公司成為能源機械銀行（俄羅斯最早的商業銀行之一）的股東，並宣佈打算將該銀行作為主要的金融合作夥伴，25 歲的圖爾恰克也隨即成為銀行的董事會成員。同年，圖爾恰克成為列寧涅茨股份公司重組項目負責人，在公司重組後成為公司政策主任。27 歲時，他擔任西北聯邦有限公司總經理。28 歲時成為父親的副手，出任列寧涅茨股份公司副總裁兼董事會成員。29 歲時，他獲得聖彼得堡最佳

青年企業家獎。

1990 年代的俄羅斯是混亂無序的，經濟不景氣迫使人們更依賴龐大的非正式關係網。這是一張縱橫交錯的網，連接着一個個家庭，連接着公寓樓和辦公室，連接着莫斯科和偏遠的省州。在制度本身無可供給時，讓人們藉以求生。圖爾恰克父子則是這個時代的受益者，有才幹的年輕人和人脈廣泛的官員賺得盆滿缽滿。

父親昔日的同僚成為國家的最高元首，羽翼漸豐的圖爾恰克也不甘心一直享受父親的庇護。他決定走出列寧涅茨股份公司的關係網，參與政治，做時代的弄潮兒。圖爾恰克選擇了與父親類似的道路 —— 政黨政治，老圖爾恰克為他鋪好了路。

在 2003 年 12 月舉辦的第四屆國家杜馬選舉中，統一俄羅斯黨獲 37.57% 的選票，位居第一。老圖爾恰克早年參與領導的「我們的家園 - 俄羅斯黨」，此時已併入統一俄羅斯黨，但他在統一俄羅斯黨的影響力猶在。2005 年 8 月，圖爾恰克加入統一俄羅斯黨，被任命為該黨的青年政策協調員，正式踏入政壇。同年 11 月，他加入統一俄羅斯黨青年近衛隊協調委員會，該青年近衛隊被視為統一俄羅斯黨的人才儲備庫。2006 年，統一俄羅斯黨最高委員會推薦圖爾恰克出任涅涅茨自治區議會代表。2007 年，圖爾恰克再次被統一俄羅斯黨推選為普斯科夫州議會代表，同時成為俄羅斯聯邦委員會成員。2007 年－2008 年，圖爾恰克擔任統一俄羅斯黨青年近衛隊委員會主席。

曾經最年輕的州長

2009 年 2 月 17 日，時任總統梅德韋傑夫表示，作為應對經濟危機的措施，對地方領導人的調整還將繼續。他強調，在經濟危機時期，更需要強調紀律和官員能力。此前一天，他一口氣撤掉了 3 個州長。圖爾恰克是此次州長調整的大贏家，僅在成為普斯科夫州議員兩年後，他被梅德韋傑夫總統任命為普斯科夫州代理州長。2 月 27 日，普斯科夫州議會根據國家元首的提議批准了對他的任命。33 歲的圖爾恰克成為安東·阿里漢諾夫（30 歲成為加里寧格勒州州長）之前俄羅斯最年輕的地方大員。同時，在 2009 年－2010 年間，他兼任俄聯邦國務委員會主席團成員。聯邦國務委員會成立於 2000 年。去年 7 月，俄羅斯通過憲法修正案強化聯邦國務委員會地位。12 月 23 日，聯邦國務委員會召開會議，總統普京在會議上向外界介紹聯邦國務委員會的職能，包括保障政府協調運轉、參與預算制定和人事安排、確定國家內政外交的主要方向及國家社會經濟發展的優先方向等。

莫斯科國際政治評估研究所負責人葉夫根尼·明琴科表示，作為新一代來自聖彼得堡的政治精英，圖爾恰克的未來值得關注。

普斯科夫州位於東歐平原，西鄰愛沙尼亞、拉脫維亞，南鄰白俄羅斯，東部與諾夫哥羅德州、特維爾州相鄰，北部與列寧格勒州毗鄰，曾經是俄羅斯西北部的戰略前哨。這裏保留了俄羅斯的傳統，見證了數百年歷史，迄今為止保存了 1721 個文化古跡。

歷史名城的定位，實際反映了該地區現代化進展緩慢，經濟

發展滯後。將初入政壇不久的商界精英安置在這裏，暗示着聯邦中央政府對其的栽培意圖。圖爾恰克沒有辜負克里姆林宮的期望。第一個五年任職期間，圖爾恰克推動了多個大型投資項目，包括建立莫格利諾工業園區，眾多大型酒店及旅遊基礎設施。2012 年，普斯科夫州與俄羅斯天然氣工業公司簽署協議，對地區供熱系統進行現代化改造，5 年間幾乎實現了整個地區的供熱系統現代化。圖爾恰克還主持了一系列重大農業項目的實施，當地農業發展呈現出積極態勢。在圖爾恰克離職後兩年，普斯科夫州牲畜和家禽業產量在俄羅斯西北地區排名第一。從 2009 年就任到 2012 年，當地居民的平均月工資從 12631 盧布增加至 17922 盧布。2011 年－2012 年期間，當地總死亡率下降了 7%，生育率上升了 6%。2010 年圖爾恰克在接受《俄羅斯報》採訪時表示，普斯科夫地區正在積極發展，他打算將教師工資提高到 14000 盧布。而彼時當地官員的平均工資僅為 10000 盧布。

總的來說，圖爾恰克在普斯科夫州的工作有功有過，一方面上促進了當地經濟發展，推動了居民生活水平的提高。另一方面，也有人指責他未能充分挖掘普斯科夫州的旅遊潛力，浪費了歷史名城的文化軟實力。2014 年，圖爾恰克首屆任期滿，總統普京提名他為普斯科夫州代理州長。同年 9 月，他以 78.36% 的高支持率成功連任。同年，作為青年幹部梯隊中的佼佼者，圖爾恰克以優異的成績從俄羅斯聯邦外交部外交學院畢業。2016－2017 年間，圖爾恰克繼續兼任俄羅斯聯邦國務委員會主席團成員。

保守派精英

雖然是在俄羅斯邊疆當政，但是圖爾恰克做好了向克里姆林宮靠攏的準備，他很早就展現出與中央一致的保守主義政治立場。2012 年，圖爾恰克幫助亞歷山大・安德烈耶維奇・普羅漢諾夫（Александр Андреевич Проханов）創建了伊茲博爾斯克俱樂部。

普羅漢諾夫是俄羅斯《明天報》的主編，國防部公共委員會副主席，著名作家、社會活動家。《明天報》持保守主義立場，多年來一直在宣傳愛國主義，是「專門針對反對派」的報紙。而伊茲博爾斯克俱樂部也是由保守派專家組成的研究俄羅斯外交及國內政策的智庫。它的成員有著名東正教作家、前俄羅斯科學院學研究所研究員維塔利・阿維良諾夫；普京的「大腦」、歐亞主義理論奠基人、莫斯科國立大學教授亞歷山大・杜金；曾經的總統候選人、前俄羅斯總統助理、經濟學家謝爾蓋・格拉齊耶夫等。該組織的主要任務是向俄羅斯當局和社會提交分析報告，致力於在國民生活的所有領域中形成以愛國主義為導向的國家政策；與俄羅斯各地區知識精英互動，在各聯邦區都建立了俱樂部分部；推動俄羅斯媒體新議程的形成；形成強大的愛國政治家的政治和意識形態聯盟，反對外國勢力對俄羅斯政治的操縱。該組織擁有大量的財政資源以及來自克里姆林宮以及各級政府的人脈，主管意識形態事務的總統助理梅金斯基也是該組織重要支持者。此外，許多地區的州長以及共和國的負責人都參與過伊茲博

爾斯克俱樂部籌辦的會議。

醜聞

2010 年 8 月，圖爾恰克被爆出一樁醜聞。

俄羅斯《生意人報》記者奧列格・卡申曾撰寫一篇文章，介紹加里寧格勒州州長喬治・布斯的辭職，在評論中提到了圖爾恰克。圖爾恰克認為報道過於偏激，而且語言粗鄙，在下面跟帖要求卡申在 24 小時內道歉，不過卡申沒有按照要求做，他甚至反駁說圖爾恰克的任命是對聯邦制的侮辱。他認為圖爾恰克與普京深層關係不足讓他領導該地區。「我相信，在任何地區的任何自由選舉中，您都不會贏得百分之五的選票。你認為我應該道歉嗎？如果我不道歉怎麼辦？」後來圖爾恰克刪除了自己的跟帖評論。

2010 年 11 月 6 日，卡申被人襲擊毆打，受傷嚴重。該事件迅速發酵。時任俄羅斯總統梅德韋傑夫承諾要找到罪魁禍首，稱無論背後是誰必將嚴懲。5 年後的卡申透露，襲擊者係聖彼得堡機械廠安全部門的負責人及安全警衛，該工廠是列寧涅茨股份公司的下屬公司，而襲擊事件的主謀則是前列寧涅茨股份公司的經理亞歷山大・戈爾布諾夫。但圖爾恰克堅稱襲擊與他無關，對他的指控是惡意誹謗。

此事困擾圖爾恰克多年，在他陞任統一俄羅斯黨高層後，仍有記者緊追不放，向總統新聞祕書佩斯科夫提問，對圖爾恰克的任命會不會有損統一俄羅斯黨的聲譽。佩斯科夫尷尬地表示這個

問題不合適，並拒絕回答。

細心的觀察者發現，自卡申案發生以後，圖爾恰克發生了很大變化。之前的他看上去是一個熱愛運動、充滿激情的官員，臉上常常掛着自信的笑容。之後，圖爾恰克變得嚴肅起來，做事常常三思而後行，低調而穩重，漸漸有了身居高位者的儀態和威嚴。

扶搖直上

2011 年年底因杜馬選舉舞弊事件而爆發的政治危機引發了民眾對俄羅斯精英壟斷權力和腐敗行為的不滿。2014 年烏克蘭危機以來，俄羅斯又面臨着巨大的危機。艱難的國際局勢，衰退的國內經濟促使俄羅斯政府必須作出大幅度調整，這無疑加劇了精英內部的矛盾，進而推動了近年來俄羅斯內部系統性、整體性、全局性的精英變遷。

圖爾恰克是這次大規模人事變動的受益者，作為年輕的技術型人才代表在地方和政府部門之間進行職務調換。

2017 年 10 月 12 日，俄羅斯總統普京簽署命令，解除圖爾恰克所任普斯科夫州州長的職務。當天，統一俄羅斯黨主席梅德韋傑夫任命其為統一俄羅斯黨總委員會代理書記。統一俄羅斯黨總委員會是負責黨內事務的常設機構，成員包括統一俄羅斯黨各地方及分支機構的代表。總委員會書記負責處理總委員會及主席團的各項活動，代表統一俄羅斯黨與其他政黨交流，確認統一俄羅斯黨在國家杜馬中的代表名單，提名黨所推舉的總統候選人等。

2017 年 11 月 2 日，圖爾恰克再次被普斯科夫州地方議會提名為議員。11 月 8 日，他被提名為聯邦委員會副主席。

有傳言稱，梅德韋傑夫等人反對對圖爾恰克的任命，但普京密友謝爾蓋·維克托羅維奇·切梅佐夫（Сергей Викторович Чемезов）等一些有影響力的大人物則為圖爾恰克的高陞出了力。一般而言，為保持政治平衡，政黨的領袖不能同時在議會身居高位，此前未有先例。而圖爾恰克被任命為統一俄羅斯黨高層後不久就再被任命為聯邦委員會副議長，其中透露的信息也是十分微妙的。

克里姆林宮的消息人士表示，普京總是在關鍵的人員任命上親自做決定。統一俄羅斯黨的人士也透露，對圖爾恰克的最終任命是由普京親自作出。他甚至將圖爾恰克稱為「普京之子」，稱其由總統府直接領導，與大內副總管、總統辦公廳副主任謝爾蓋·基里延科直接對接。俄羅斯政治技術中心首席分析師阿列克謝·馬卡爾金表示，可能是圖爾恰克與普京的私交造就了他在兩個系統（統一俄羅斯黨和聯邦委員會）被予以重用。但從另一方面來説，個人相識的因素也並沒有那麼重要。畢竟，普京有很多朋友，但並不是所有朋友的子女都能獲得青睞。這意味着儘管現代俄羅斯政治中的「家族」因素變得越來越重要，但在人員任命的過程中也要考慮個人素質，圖爾恰克在商界以及地方從政所表現的能力同樣不可忽視。

克里姆林宮的消息人士透露，2018 年總統大選是圖爾恰克的重要關口。儘管在 2018 年俄羅斯總統大選中，普京是以獨立

候選人的身份參選，但是圖爾恰克參與了提名普京為俄羅斯聯邦總統候選人的行動小組。2020 年 9 月 23 日，圖爾恰克被選為俄羅斯聯邦委員會第一副主席。1 個月後，他被授予亞歷山大‧涅夫斯基勳章，以表彰其為加強俄羅斯國家地位、促進議會制的發展和積極參與社會活動所作出的重要貢獻。

考慮到他的背景、年齡和經歷，這顆「聖彼得堡幫」新星或許可以走得更遠。他的前任維亞切斯拉夫‧維克特羅維奇‧沃洛金（Вячеслав Викторович Володин）曾在 2005 年—2010 年擔任統一俄羅斯黨總委員會書記，後歷任副總理，總統辦公廳第一副主任，現為國家杜馬主席，被視為普京的核心團隊成員。

家庭

圖爾恰克的妻子基拉‧葉夫根尼耶夫娜‧圖爾恰克（Кира Евгеньевна Турчак）1976 年出生於列寧格勒，12 歲開始練習柔道，因而與圖爾恰克相識。

基拉高中畢業後與圖爾恰克一同前往聖彼得堡國立航空航天儀器製造大學讀書，她在文化藝術學院就讀，大三時因為已經育有兩個孩子，不得不轉去通信系接受函授教育，後來她還在聖彼得堡國立大學修讀了心理學作為第二學位。

圖爾恰克夫妻感情很好，在普斯科夫的重大文化活動中，圖爾恰克總是在妻子的陪伴下出現。基拉現在是列寧涅茨股份公司

的董事會主席，還是許多其他公司的董事會成員。2010 年，她的收入達到 2108 萬盧布，位列十大最富有的州長夫人。2020 年她的收入為 1.11 億盧布，而圖爾恰克的收入為 560 萬盧布。

圖爾恰克夫婦兩人育有兩子兩女。大兒子安納托利生於 1996 年，在父母的母校就讀。二女兒奧莉加生於 1998 年，在國立聖彼得堡戲劇學院就讀。三女兒索菲亞生於 2002 年，小兒子菲利普生於 2009 年。

圖爾恰克和家人在一起

納比烏琳娜
俄羅斯央行掌門人

　　埃莉維拉・薩希普扎多芙娜・納比烏琳娜（Эльвира Сахип-задовна Набиуллина），1963 年出生於蘇聯巴什基爾蘇維埃社會主義自治共和國首府烏法市，是俄羅斯著名政治家。2013 年 6 月起擔任俄羅斯聯邦中央銀行行長，是俄羅斯榮譽經濟學家、聯邦一級公務員。

　　納比烏琳娜 1986 年畢業於莫斯科國立羅蒙諾索夫大學，獲經濟學學位。畢業後一直在經濟部門工作，先後就職於蘇聯科學工業聯盟經濟改革問題委員會、俄羅斯聯邦經濟發展與貿易部經濟改革司，1997 年成為經濟發展與貿易部副部長。在普京的第一個總統任期間，她成為經濟發展與貿易部第一副部長。2007 年出任該部部長。2012 年擔任總統經濟助理。2013 年在普京第三個總統任期時擔任央行行長。此後不久她就被英國《銀行家》雜誌評為最佳央行行長。在《獨立報》2021 年 5、6 月的百名政治

人物排行榜中，納比烏琳娜均位列第 10 名，在 4 月的排名中，位列第 8 名，是不折不扣的實力派。

早年時光

納比烏琳娜 1963 年 10 月 29 日出生於烏法市的一個工人家庭。父親薩希普扎多夫・薩伊特扎達耶維奇（Сахипзада Саит-задаевич）是一名汽車維修站的司機，母親祖列哈・哈瑪特努羅芙娜（Зулейха Хаматнуровна）是儀器製造工廠的機械操作員。納比烏琳娜的弟弟伊列克・薩希普扎多維奇（Ирек Сахип-задович）比她小 9 歲，因為父母工作繁忙，納比烏琳娜和伊列克均由祖母撫養長大。

納比烏琳娜的祖母是一位聰明勤勞的女性，在她的言傳身教下，孩子們一直很聽話，從不給老師和父母製造麻煩。據納比烏琳娜的同學反映，她是一位勤奮、禮貌的模範蘇聯女孩。她酷愛數學，一度想成為數學教師。課餘時間她愛讀書，喜歡白銀時代代表詩人安娜・阿赫瑪托娃和薩沙・切爾尼的作品，冥冥中為其日後的自由主義思想發展埋下了伏筆。1981 年，聰慧的納比烏琳娜以優等生的身份從烏法市第 31 中學畢業，但並沒有獲得金牌。

1986 年，納比烏琳娜畢業於莫斯科國立大學經濟學院，獲得經濟學學士學位。1985 年她加入蘇共。大學畢業後，納比烏琳娜繼續在莫斯科國立大學國民經濟史與經濟理論教研室攻讀研究

幼時的納比烏琳娜

生，她準備了副博士論文，但因為某些原因並沒有參加答辯。據了解，納比烏琳娜的部分研究成果與其他三位學者的文章共同發表在《勞動異化：歷史與現代》（1989年）一書中。

初入仕途

1991 年，納比烏琳娜進入蘇聯科學工業聯盟經濟改革問題委員會工作（蘇聯解體後更名為俄羅斯工業家與企業家聯盟）。1992 年她被任命為委員會首席專家。1994 年，她成為俄羅斯工業家與企業家聯盟專家研究所顧問。同年，鑒於其在經濟改革領域的豐富工作經驗，納比烏琳娜被任命為俄羅斯經濟發展與貿易部經濟改革司副司長。兩年後陞任司長，兼任該部部務委員會成員。1997 年，納比烏琳娜晉陞為該部副部長。

工作 6 年即成為副部長，這種飛速晉陞在當代俄羅斯歷史上也是極為少見的。的確，納比烏琳娜擁有極為突出的個人能力，專業素質極強，但她仕途的一帆風順背後少不了兩位貴人相助。

在莫斯科國立大學讀研期間，納比烏琳娜結識了國民經濟史和經濟理論教研室教師雅羅斯拉夫·伊萬諾維奇·庫茲米諾夫（Ярослав Иванович Кузьминов）和葉甫蓋尼·格里戈里耶維奇·亞辛（Евгений Григорьевич Ясин）。

庫茲米諾夫比納比烏琳娜年長 6 歲，1984 年於莫斯科國立

大學獲得經濟學博士學位。1979 年至 1989 年在莫斯科國立大學經濟史和經濟理論教研室擔任講師。在納比烏琳娜讀研期間，二人喜結連理。1989 年庫茲米諾夫進入蘇聯科學院工作，在科學院經濟研究所擔任高級研究員、經濟史研究室主任。1992 年 11 月，在納比烏琳娜仕途剛剛開始起步時，庫茲米諾夫創建俄羅斯國立高等經濟大學並任校長。發表校長任命聲明的，是庫茲米諾夫的好友、時任代總理的葉戈爾‧蓋達爾。

　　莫斯科高等經濟大學是俄羅斯政府和總統的重要智庫，負責為國家經濟和社會改革發展制訂規劃方案、提供智力支持，致力於為聯邦中央和地方起草立法草案、政府計劃和政策方案。該學院的專家們參與了多項重大項目，包括起草「2020 年俄羅斯社會經濟發展戰略」，「2025 年莫斯科社會和經濟發展戰略」，「2030 年俄羅斯長期科學技術展望」，「發展教育、科學和技術的政府規劃」，「國有企業的創新發展計劃」等。莫斯科國立高等經濟大學日後成為俄羅斯的頂級名校，多個專業排名常年位列全俄第一。2008 年之前，該大學一直由經濟發展與貿易部直管。值得注意的是，2007 年 9 月 24 日，納比烏琳娜被任命為俄羅斯經濟發展與貿易部部長。此後，大學正式由聯邦政府直管。

　　庫茲米諾夫不僅是一位經濟學家，還是資深的社會活動家，在上層具有一定影響力。1997 年，庫茲米諾夫提出了俄羅斯基於市場的教育組織和經濟改革概念，擔任多個國家戰略發展方向策劃的負責人，成為俄羅斯 1990 年代後期至 21 世紀初期國家公務員改革、行政改革和反腐敗改革的重要參與者，出任總統、政

府和部委各層級委員會和理事會的成員。他龐大的人脈資源、深厚的經濟學實踐經驗，在納比烏琳娜的職業生涯早期起到了重要的推動作用。

葉甫蓋尼·格里戈里耶維奇·亞辛 1963 年畢業於莫斯科國立大學經濟系。次年於蘇聯中央統計局研究所工作。1973 年開始在莫斯科國立大學任教。1991 年 5 月起，擔任俄羅斯工業家與企業家聯盟經濟政策局局長，納比烏琳娜此時在其手下工作。1991 年至 1995 年，亞辛擔任聯盟專家研究所所長。1994 年，在亞辛的賞識下，納比烏琳娜擔任專家研究所顧問。

作為 20 世紀末俄羅斯著名的自由派經濟學家，亞辛是葉利欽身邊的紅人和葉利欽領導下俄羅斯經濟改革的核心人物。1994 年 4 月至 11 月擔任俄羅斯總統領導的分析中心負責人，同年 11 月亞辛出任俄羅斯經濟發展與貿易部部長。

亞辛在 1990 年參與了制定經濟穩定和經濟改革的「500 天方案」，他提出的向市場經濟轉型方案被公認為是超激進的。亞辛在俄羅斯被視為納比烏琳娜的導師，是其經濟思想的重要影響人。他對納比烏琳娜評價極高，對其寄予厚望，因此也在多個重要關口對其大力提攜。在切爾諾梅爾金擔任總理期間，亞辛逐漸被邊緣化，1998 年 3 月退休，來到納比烏琳娜丈夫創建的莫斯科高等經濟大學任教。

亞辛後來在採訪中評價納比烏琳娜：「她從不尋求在政治和陰謀中扮演任何引人注目的角色，她是俄羅斯最好的專業人士之一。她不是公眾人物，不喜歡說話，不喜歡主持演講。但在必要

的時候，她會做得很好。除了非常能幹之外，她還是一個非常漂亮、有魅力的女人，儘管她很謙虛和克制，但男人們總是忍不住為其沉醉。」

幾經輾轉

1998 年普里馬科夫任俄羅斯總理期間，「8‧17」金融危機使整個國家陷入政治、經濟、社會的全面危機之中。自由主義經濟思想大受批判，普里馬科夫認為所有這一切都是「1992 年以來俄羅斯經濟發展方針造成的必然結果」，是「自由主義者」的經濟方針將國家帶進了死胡同，私有化過程「從總體上導致了社會、國家和民眾被洗劫、生產混亂和下降」。

作為自由主義經濟的大力推行者，納比烏琳娜不得不隨恩師一同離開政壇，她轉任俄羅斯工商銀行董事會副主席，後出任歐亞評級機構執行董事。1999 年前往戰略研究中心工作。該中心在制定和實施俄羅斯經濟長期發展戰略方面發揮着主導作用，其主要任務之一是監測和綜合分析國家社會經濟發展的指標。

此時納比烏琳娜幸運地遇到了自己的第三位貴人 —— 戈爾曼‧格列夫。納比烏琳娜被格列夫提議擔任新成立的戰略研究中心副主任，成為格列夫的副手。

1994 年，戈爾曼‧格列夫成為聖彼得堡市政府城市資產管理委員會副主席，之後是第一副主席。1997 年成為主席，並成為列寧格勒（列寧格勒市於 1991 年恢復舊名聖彼得堡市，而列

寧格勒州維持原名。）能源公司董事會成員。1998 年，格列夫又成為聖彼得堡海港公司和第五頻道公司的董事會成員。正是在聖彼得堡市政府工作期間，格列夫結識了普京、梅德韋傑夫、阿列克謝・庫德林、阿列克謝・米勒、德米特里・科扎克等人，而這些人也構成了普京擔任總統後幹部隊伍的重要支柱 ——「彼得堡幫」。

1999 年，格列夫擔任俄羅斯聯邦國有資產部副部長兼戰略研究中心主任。當時戰略研究中心的主要任務，就是為即將出任總統的普京制訂未來的經濟戰略與政策。格列夫在擔任部長期間，被人稱為「堅如磐石」的市場經濟擁護者和自由主義者，願意不惜一切代價實施難度極大的改革。他寄希望於私有經濟，認為應最大限度地減少國家對經濟的管制。以維護自由經濟著稱的納比烏琳娜自然受到其賞識，她追隨格列夫，一同成為普京經濟政策智囊團的重要一員。

2000 年普京當選總統，格列夫擔任俄羅斯經濟發展與貿易部部長，成為普京前兩個總統任期內經濟政策的重要制訂者。納比烏琳娜隨之出任第一副部長。作為格列夫的親信，她被公認為是該部的「灰衣主教」，實際負責聯邦經濟發展部的各項工作。在此期間，她大力推行改革以降低通貨膨脹，在改善俄羅斯經濟環境方面取得顯著成效。2002 年，納比烏琳娜因工作成果突出被授予二級祖國功勳勳章。

格列夫在採訪中稱讚納比烏琳娜非常誠實，是一個「工作狂」，對市場經濟原理了如指掌。

成為普京智囊

2003 年，納比烏琳娜已經成為公認的全俄宏觀經濟領域的權威專家，當年她榮獲蓋達爾經濟政策研究所授予的亞歷山大二世獎。此時她再度返回戰略研究中心，擔任主任職務。這次工作調動表面看似是將納比烏琳娜調離實權崗位，但實際是普京對其委以重任。

在此期間，納比烏琳娜在戰略研究中心率領近千名專家，撰寫普京 2004 年再度競選總統的經濟政策構想及 2020 年前國家經濟發展規劃。2003 至 2005 年間，戰略研究中心還發佈了俄羅斯正在進行的經濟改革影響分析報告。幾年中，納比烏琳娜在戰略研究中心主持撰寫的報告中所提出的一些政策建議，已經被從中央到地方的不同層級政府機關採納，其中包括日後引起軒然大波的「提高退休年齡」建議。

2005 年 10 月起，納比烏琳娜成為籌備次年俄羅斯擔任 G8 主席國籌備與保障組委會專家委員會主席，以及總統領導的國家優先項目和人口政策實施委員會專家委員會負責人。此時的納比烏琳娜已經成為普京團隊的核心人物之一。2006 年，她被授予二級祖國功勛勛章。

2007 年，納比烏琳娜完成在耶魯大學「世界學者」計劃的進修。該計劃旨在建立新的世界領導人網絡和增進國際了解，當年她被耶魯大學評選為 18 位世界「新興領袖」之一。

同年，格列夫調任俄羅斯聯邦儲蓄銀行行長。納比烏琳娜則

納比烏琳娜和格列夫

接任格列夫成為俄羅斯經濟發展與貿易部部長（2008 年經濟發展與貿易部更名為經濟發展部），直接對時任俄羅斯總理普京負責。2010 年後，她還兼任政府經濟發展與一體化委員會委員。其間她致力促進國內經濟多元化發展，改善營商條件，得到普遍好評。在 2007 至 2012 年，納比烏琳娜兼任俄羅斯國家技術集團監事會成員，她也是該集團的創建人之一。2008 年起，納比烏琳娜成為俄羅斯統一電力公司及俄羅斯天然氣工業股份公司董事會成員。

在擔任部長期間，納比烏琳娜組織撰寫了國家發展戰略規劃，制定一系列措施帶領俄羅斯走出 2008 年經濟危機。經濟發展部制定的政府反危機計劃包括支持實體經濟部門、保護國內市場的措施，幫助小企業和銀行系統。國家彌補了許多城市企業破

產的缺口，履行所有需承擔的社會義務，養老金、失業救濟金和國家僱員的工資均正常發放。納比烏琳娜致力於保護俄羅斯企業家特別是中小企業的利益，大力改善營商環境，吸引投資。在其倡議下，經濟發展部簡化監管評估制度，取消了一系列重複監管審查，大大簡化了檢查程序。她還一直為中小企業申請減稅，但收效甚微。

消除俄羅斯經濟與世界經濟之間的壁壘是納比烏琳娜擔任部長期間最主要的成就之一。在她主導下，俄羅斯經過 18 年的努力，終於在 2012 年 8 月成為世貿組織第 156 個成員國，而這也是其恩師亞辛多年來一直力推的。

2012 年，普京第三次當選總統。5 月 21 日，他提名納比烏琳娜為總統經濟助理。作為總統身邊最重要的人，總統助理已經是俄羅斯政界極為炙手可熱的職位。但是普京對納比烏琳娜的重用還不止於此。

平步青雲

2013 年初，納比烏琳娜受任俄羅斯國家金融委員會副主席一職。同年 3 月 20 日，普京提名納比烏琳娜擔任俄羅斯央行行長。4 月 9 日，俄羅斯國家杜馬批准該提名。6 月 24 日，納比烏琳娜成為 G8 國家中第一個女性央行行長。有專家指出，早前俄羅斯央行行長謝爾蓋‧伊格納季耶夫希望採取更為寬鬆的貨幣政策發展經濟，因而拒絕政府降低借貸成本的呼籲。此外，在伊格

納季耶夫領導下的央行一直存在嚴峻的監管漏洞。在普京看來，中央銀行需要一位精通宏觀經濟學並深入了解現代市場經濟的技術型官員，帶着「尚方寶劍」的納比烏琳娜是最合適的人選。毫無疑問，此次任命引起了俄羅斯國內乃至世界範圍內的轟動，在此提名之前，納比烏琳娜的名字沒有出現在任何候選人名單上。在某種程度上，普京很好地隱藏了他將央行的鑰匙交到一位女性官員手中的意圖。

儘管如此，上任之初，納比烏琳娜還是遭受了很多非議，經常在媒體上被爆出負面新聞，社會各界對其與普京的親密關係及其女性身份表示質疑。還有人質疑，俄羅斯中央銀行的所有行動都是受時任俄羅斯聯邦儲蓄銀行行長格列夫操縱的。但是幾年後，納比烏琳娜的工作成果證明了女性也可以在俄羅斯政界成為一名優秀的管理者，她有能力在國家遭受的危機中解決最困難的問題。比如在 2014 年的盧布危機中，她一手推動俄羅斯浮動匯率制度的確立，緩解了俄羅斯外匯儲備的壓力，緩解通貨膨脹，推動了國家經濟復甦。她妥善維繫了基準利率與 GDP 增速之間的平衡，也極力保持了央行的獨立性。正如她此前在接受採訪時指出：「要明確政府和央行的職責範圍，不要為一扇門製作兩把鑰匙，這一點非常重要。」

後來有學者總結，傑出的個人品質、強大的專業能力和對總統的絕對忠誠，是普京選擇她的原因。納比烏琳娜從不在爭論和衝突中使用「眼淚、發脾氣」等女性把戲，而這些恰恰是政府中其他女官員最為擅長的手段。《生意人報》則指出，納比烏琳娜

被任命的政治意義在於，當時俄羅斯蓬勃發展的自由經濟體制阻止了對格拉季耶夫的任命，只要央行行長不是格拉季耶夫，是誰大家都可以接受。

更為重要的是，納比烏琳娜堅信實踐出真知，在工作中杜絕教條主義、經驗主義。多年來她對於俄羅斯經濟發展的看法不斷與時俱進，從一個堅定的自由主義經濟學家到愈來愈重視宏觀經濟的穩定、公平的轉變就證明了這一點。一個懂得「窮則變，變則通」的央行行長，對多年來在經濟泥沼中苦苦掙扎的俄羅斯來說至關重要。

2014 年，俄羅斯廣播電台《莫斯科回聲》將納比烏琳娜評為俄羅斯百位最具影響力女性第二位。2015 年，《歐洲貨幣》雜誌將納比烏琳娜評為年度最佳央行行長。2016 年 9 月，《全球金融》雜誌公佈的全球最佳央行行長排名中，納比烏林娜名列第 6 位。2017 年 3 月 22 日，普京再次提名納比烏琳娜擔任俄羅斯央行行長，6 月 24 日，納比烏琳娜連任。2018 年，普京再度授予納比烏琳娜榮譽勛章，以表彰其為發展和加強俄羅斯銀行體系做出的巨大貢獻。2020 年 12 月 8 日，《福布斯》雜誌發佈了第 17 屆全球最具影響力 100 位女性年度排名，納比烏琳娜連續第三年成為俄羅斯唯一代表，位列 57 位。

近年來，在俄羅斯政治人物排行榜中，納比烏琳娜始終位列前十，是不折不扣的實力派人物。根據最新修訂的俄羅斯聯邦憲法，同一個人擔任央行行長職務不得超過 3 屆，俄羅斯央行行長的任期為 5 年。2022 年 4 月 21 日，兩度擔任行長的納比烏琳娜

毫無意外地再次連任,在俄羅斯經濟、政治事務中繼續發揮重要作用。

家庭

納比烏琳娜與庫茲米諾夫育有一個兒子瓦西里。瓦西里出生於 1988 年,2009 年畢業於父親創辦的學校 —— 莫斯科高等經濟大學社會學系,獲得社會學學士學位,後來繼續在莫斯科高等經濟大學人文歷史理論研究所進修,獲得社會學副博士學位。2010 年從英國曼徹斯特大學畢業,獲得社會學碩士學位。現為莫斯科高等經濟大學研究員。納比烏琳娜 2020 年申報的年收入為 3592.6 萬盧布,其丈夫為 4462.8 萬盧布。

納比烏琳娜會説法語和英語,鍾情藝術,喜愛古典音樂,熱愛白銀時代的詩人及法國電影。方巾和圍巾是其着裝的一大特色,據説,她的着裝在一定程度上可以反映俄羅斯的經濟狀況。2021 年 7 月 23 日,納比烏琳娜帶着「雷雲」形狀的胸針出席中央銀行的新聞發佈會,會上宣佈俄羅斯央行將關鍵利率加息至 6.5%,以此來限制通脹風險,這是自 2014 年 12 月以來的最高值。有記者指出這意味着盧布上方的「烏雲」可能已經變厚。

克拉斯諾夫
總統手裏的「刀把子」

伊戈爾·維克托羅維奇·克拉斯諾夫（Игорь Викторович Краснов），1975 年 12 月出生於阿爾漢格爾斯克州首府阿爾漢格爾斯克市，是俄羅斯著名政治家。2020 年 1 月起擔任俄羅斯總檢察長，年僅 45 歲。同年 2 月起成為俄羅斯聯邦安全會議成員和俄羅斯聯邦總統反腐敗委員會成員。2017 年晉陞司法中將。在《獨立報》2021 年 7 月的百名政治人物排行榜中，克拉斯諾夫位列第 33 名。

克拉斯諾夫 1998 年畢業於波莫爾國立大學，獲法學學士學位。畢業後一直在檢察部門工作。作為年輕低調的專業技術官僚，克拉斯諾夫先後參與了眾多大案要案的調查，其中包括 2005 年俄羅斯前第一副總理丘拜斯遭暗殺案，以及著名反對派政治家、前第一副總理涅姆佐夫謀殺案。此外，克拉斯諾夫還偵破了數起引起巨大社會反響並與激進民族主義者相關的案件。除

了其專業能力廣受讚譽外，還有專家稱他為「受控制的技術官僚」，是「俄羅斯聯邦權力集團中最強硬的人物」。

大學時光

克拉斯諾夫在陞任總檢察長之前，他一直十分低調，因此公開渠道並無其家庭和童年的資料。

1993 年，他進入波莫爾國立大學法學院（後併入俄羅斯北方聯邦大學）攻讀法學學士學位。1998 年波莫爾國立大學法學院舉行了第一屆學生畢業典禮，當年也被喻為該學院歷史上「黃金年份」。與克拉斯諾夫一同畢業的有著名律師丹尼斯·古德科夫和亞歷山大·科琴科夫、法官安娜·尼佐夫采娃、大學教授尼娜·斯克里普琴科。

律師丹尼斯·古德科夫日後成為俄羅斯西北部最大的律師事務所——Nortia GKS 律師事務所的合夥人，是國家杜馬專家委員會成員，負責為遠東地區以及北極地區的發展提供立法支持。

律師亞歷山大·科琴科夫大學畢業後繼續在聖彼得堡國立大學法學院攻讀碩士。自 1997 年以來不斷擔任各種商業公司的法律服務負責人，後成為《今日德維納》聯合創始人兼主編，該頻道是阿爾漢格爾斯克地區極具影響力的媒體之一。科琴科夫還兼任俄羅斯工業家和企業家聯盟仲裁中心仲裁員，曾多次主持以公共監督、保護人權、保護環境等為主題的社會運動。2021 年 7 月在亞博盧黨的支持下，作為 Stop Shies 聯盟的代表被提名參加第

八屆國家杜馬選舉。

　　法官安娜·尼佐夫采娃大學畢業後留校任教，2001 年起成為阿爾漢格爾斯克州仲裁法院首席專家、助理法官。2005 年 5 月起被任命為阿爾漢格爾斯克州仲裁法院法官，3 年後連任，此後任期不受限制。2013 年 3 月被任命為阿爾漢格爾斯克州仲裁法院司法協會主席，擁有聯邦一級仲裁員資格。2017 年，她被授予俄羅斯聯邦仲裁法院 25 周年紀念獎章。

　　教授尼娜·斯克里普琴科日後成為俄羅斯北方聯邦大學高等經濟管理與法律學院刑法與訴訟系教授，是未成年人刑事責任和處罰領域的權威專家。

　　據現任俄羅斯北方聯邦大學副校長、前波莫爾國立大學法學院院長娜傑日達·切爾托娃回憶，學生時代的克拉斯諾夫學習認真，成績突出，是一個勤奮、負責任的學生。他積極參加大學時代的體育活動，同時以優異的成績通過了所有考試和畢業論文答辯。「他和其他優秀的畢業生一樣有才華、負責任，在自己專業的行業作出一番成就，我們為他們感到驕傲！」

初入仕途

　　1997 年尚未畢業時，克拉斯諾夫就開始在阿爾漢格爾斯克州霍爾莫戈雷市擔任調查員，短短幾年間，他憑藉強大的專業能力迅速脫穎而出，因偵破多起案件獲得上級青睞。2006 年起陞任州檢察官辦公室特案要案調查員，成為他仕途的起點。

　　2006 年 3 月 17 日，時任俄羅斯統一電力公司總裁、前副總理丘拜斯在莫斯科遭遇暗殺。當時一個當量相當於 500 克 TNT 炸藥的爆炸裝置，在丘拜斯乘坐的防彈吉普車與其保鏢車輛之間爆炸。吉普車隨即迅速駛離爆炸現場。丘拜斯的保鏢下車查看情況時，遭到路旁兩名不明身份者的槍擊。保鏢立即開槍還擊。目擊者稱，兩名身着冬季迷彩服的人隨後逃進樹林，在離爆炸地點不遠處乘車逃離。作為俄羅斯統一電力公司總裁兼右翼力量聯盟黨主席，丘拜斯遭刺殺一案有着極為複雜的政治、經濟背景，多方勢力交錯其中。而且在 2002 年至 2006 年間，先後有莫斯科副市長奧爾忠尼啟則，馬加丹州州長茨韋特科夫，「自由俄羅斯」黨主席、國家杜馬代表尤申科夫，俄羅斯最大武器製造商「金剛石－安泰」公司代總經理克利莫夫，「新興質量」廣告公司總裁戈德曼以及重返商界的車臣前副總理謝爾古寧在莫斯科遭受暗殺身亡。首都幾年間頻發大案，引發時任總統普京不滿。在他的要求下，安全部門聯合檢察部門從全國各地抽調了一批項目精英協助調查丘拜斯遇刺一案。克拉斯諾夫迎來了命運的轉折點。

　　在基層磨礪了 8 年的克拉斯諾夫被調往莫斯科協助調查，他一如既往地展現出強大的專業能力、勤懇的工作作風、踏實的工作態度，在來自全國以及中央安全、檢察部門的眾多精英中脫穎而出，因此被調到俄羅斯聯邦總檢察院工作，並領導對丘拜斯被刺殺一案的偵察。克拉斯諾夫在這裏遇到了自己的貴人 —— 亞歷山大·伊萬諾維奇·巴斯特雷金和德米特里·帕夫洛維奇·多吉。

　　巴斯特雷金出身軍人世家，父親是參加過二戰的海軍軍官，母親則是波羅的海艦隊的高射炮手。巴斯特雷金 1975 年本科畢業於列寧格勒國立大學法學院（今聖彼得堡國立大學法學院），1987 年獲得法學博士學院。讀研期間，他是普京在大學時期參加的學習團體的負責人。1980 年代起巴斯特雷金任教於列寧格勒國立大學。1990 年代起，先後在內政部和司法部工作，2005 年－2006 年，他成為司法部西北聯邦區負責人。2006 年 10 月，被任命為俄羅斯聯邦總檢察長尤里‧柴卡的副手。次年被任命為俄羅斯聯邦第一副檢察長、俄羅斯聯邦檢察院偵察委員會主席。2010 年 1 月，偵察委員會從檢察院中獨立，巴斯特雷金被任命為俄羅斯聯邦偵察委員會主席，自此與檢察院分庭抗禮。

　　多吉則是巴斯特雷金的特別助理，當時在巴斯特雷金和多吉的要求下，一批獨立的、受總檢察長辦公室直接領導的檢察隊伍迅速組建。多吉後來表示，當克拉斯諾夫抵達莫斯科的那天起，他就已經成為總檢察長辦公室的一員。

　　2006 年 12 月 11 日，前新聞部長鮑里斯‧米羅諾夫之子伊萬‧米羅諾夫因涉嫌謀殺丘拜斯被捕。據其回憶，克拉斯諾夫親自參與了對他的拘留及審訊，並直接向多吉彙報。米羅諾夫多年後曾出版小說描述與克拉斯諾夫的相識，將克拉斯諾夫描述為「俄羅斯聯邦權力集團中最強硬的人物」。

　　儘管陪審團兩次宣告米羅諾夫無罪，而且另一名被逮捕的嫌疑人、俄對外情報總局退役上校克瓦奇科夫也被宣告無罪。但這並沒有影響克拉斯諾夫的職業生涯，不僅如此，克拉斯諾夫的工

作得到了巴斯特雷金的高度讚賞。2007 年，他被巴斯特雷金任命為俄羅斯聯邦檢察院偵察委員會主席直管的特別重要案件高級調查員，成為不折不扣的「大內密探」。消息人士透露，彼時的克拉斯諾夫不僅在檢察部門，同時在安全部門中也確立了自己作為一名「稱職檢察官」的地位，可以被委託處理微妙的政治刑事案件。

搗毀俄羅斯新納粹地下網絡

作為巴斯特雷金的得力幹將，克拉斯諾夫偵查了數起引起巨大社會反響並與激進民族主義者相關的案件，其中包括謀殺反法西斯主義者斯坦尼斯拉夫・馬爾科洛夫、《新報》記者阿納斯塔西婭・巴布洛娃的刑事案件。這是其職業生涯的另一個里程碑。

2009 年 1 月 19 日，在莫斯科市中心，律師斯坦尼斯拉夫・馬爾科洛夫、《新報》記者阿納斯塔西婭・巴布洛娃被槍殺。當時馬爾科洛夫被認為是俄羅斯民族主義者最主要的意識形態反對者、反法西斯主義的社會人士代表，此次謀殺造成嚴重的社會影響，迅速成為全俄媒體的焦點話題。時任總統梅德韋傑夫宣佈公開接管此案件，由俄羅斯聯邦檢察院偵察委員會牽頭成立特別調查行動小組，克拉斯諾夫擔任組長。

槍殺案背後暗藏玄機，偵察委員會的介入炸出了「俄羅斯民族主義者激進組織」這條大魚，整個俄羅斯新納粹地下網絡隨之被曝光。據悉，該組織的成員與光頭黨和納粹組織多有牽連，犯

下了許多駭人聽聞的罪行，包括數十起謀殺案，比如 2008 年反法西斯主義領導人費奧多爾·菲拉托夫和伊萬·庫托爾斯基被謀殺一案、2009 年泰拳世界冠軍穆斯林阿卜杜拉耶夫被謀殺一案、莫斯科市法院法官愛德華·楚瓦紹夫被謀殺一案等，甚至出現了一位移民被斬首其頭顱被丟到區議會挑釁的極端惡性案件。克拉斯諾夫極為負責地收集了躺在檔案櫃層層塵埃背後並沒有被真正研究過的案宗，抽絲剝繭，最終將犯罪分子一網打盡。

從接手案件到全面偵破，僅耗時不到一年。當時第一個向梅德韋傑夫作報告的，是俄羅斯聯邦安全局局長亞歷山大·博爾特尼科夫，但偵察委員會主席巴斯特雷金經常提攜後進，在不同場合的講話中提到他的部門成功偵破了這一起備受矚目的謀殺案，對克拉斯諾夫從不吝嗇讚美之詞。據工作人員回憶，克拉斯諾夫不知不覺中已經成為巴斯特雷金的「最愛」。不過也有消息人士表示，克拉斯諾夫還得到了更上層人士的「特別關照」。

再擔重任

2011 年，俄羅斯聯邦檢察院偵察委員會由檢察院直管改製成為獨立部門。根據同年 4 月第 398 號總統令，克拉斯諾夫被任命為偵察委員會主席領導下的特別重案高級調查員。2011 年 12 月，作為偵察委員會中最傑出的調查員，克拉斯諾夫被時任總統梅德韋傑夫授予二級祖國功勳勳章。次年 6 月，被授予司法少將軍銜。

2014 年 9 月，俄羅斯東方航天發射場爆發貪污醜聞，工人因

拖欠工資而數次罷工，甚至絕食抗議。該航天中心是俄羅斯重點
建設的新航天基地，普京曾多次在政府工作會上表示非常期待東
方發射場成為俄羅斯的首個民用航天發射場，無需再租用哈薩克
斯坦的拜科努爾發射場，因此普京十分重視此案件的偵破。克拉
斯諾夫沒有讓普京失望，20 多件刑事立案、工人的工資全部結
清，涉嫌挪用 13 億盧布的四名被告被依法監禁，因該案件涉及
國家機密，故庭審不對外開放。但此後，克拉斯諾夫成為了高層
領導的「香餑餑」，但凡涉及到高層、政治的刑事案件，他就是
最受青睞的「刀把子」。

2015 年 2 月 27 日，俄羅斯著名反對派政治家、右翼力量聯
盟創始人之一、前第一副總理鮑里斯・葉菲莫維奇・涅姆佐夫，
在莫斯科克里姆林宮附近遇刺身亡。而此次刺殺事件恰恰突發於
涅姆佐夫即將領導的大規模抗議示威活動前夕，一時間眾說紛
紜，俄羅斯多地爆發大規模游行示威。案件再度由克拉斯諾夫負
責。不久後，克拉斯諾夫親自向普京總統報告了調查結果。一名
參與偵察的前執法人員說，儘管涅姆佐夫親友對當局緝拿兇手的
政治動機提出了質疑，但他們對被判犯有謀殺罪的肇事者參與犯
罪活動這一事實並無異議。

正是在調查涅姆佐夫遇刺一案期間，克拉斯諾夫獲得晉陞，
他被委任領導一個由巴斯特雷金直管的特別設立的偵察部門。涅
姆佐夫遇刺一案，則被移交給克拉斯諾夫的下屬尼古拉・圖特維
奇負責。克拉斯諾夫似「救火隊員」一般再度投身到另一則大
案 —— 羅曼諾夫王室家族成員兇殺案中去。

2015 年 10 月，俄羅斯末代沙皇尼古拉二世全家被殺害一案重啟，俄羅斯聯邦偵察委員會主席巴斯特雷金與全俄大牧首基里爾共同參與調查，克拉斯諾夫則是委員會的代表。

2016 年 4 月 30 日，克拉斯諾夫成為巴斯特雷金的第一副手，被任命為俄羅斯聯邦偵察委員會副主席，實際上已經負責委員會的日常工作。2017 年，克拉斯諾夫被授予司法中將軍銜。

平步青雲

多年來克拉斯諾夫一直在巴斯特雷金的庇護下成長，長期對外呈現出專業、負責的技術官僚形象。2020 年，克拉斯諾夫終於開始獨當一面。出人意料的是，克拉斯諾夫一直被認為是最有可能接替巴斯特雷金的人選，但是他卻獲得了到偵察委員會的競爭對手——總檢察院擔任總檢察長的提名。

2020 年 1 月 20 日，俄羅斯總統普京提名克拉斯諾夫擔任俄羅斯聯邦總檢察長，前任總檢察長尤里‧柴卡轉任俄羅斯總統駐北高加索聯邦區全權代表。22 日，俄聯邦委員會通過了對克拉斯諾夫的任命，委員會主席瓦倫蒂娜‧馬特維延科向俄聯邦總檢察院介紹了新任領導克拉斯諾夫，「伊戈爾‧克拉斯諾夫知道總檢察長的任務，他在偵察機構工作過，擁有豐富的經驗和極高的專業素質。」她甚至將克拉斯諾夫比作米哈伊爾‧羅蒙諾索夫。羅蒙諾索夫是莫斯科國立大學的創建者，從偏遠的霍爾莫戈里來到首都並取得成功，被譽為俄國科學史上的彼得大帝。

克拉斯諾夫在宣誓就職時講道：「我宣誓，在行使俄羅斯聯邦總檢察長權力時，嚴格遵守神聖的俄羅斯聯邦憲法和法律，保護人和公民的權利和自由，捍衛社會和國家的利益。」在隨後的發言中，他表示將嚴厲對待任何腐敗現象，致力於在俄羅斯營造一種對腐敗「絕不容忍的氣氛」。

2月3日，克拉斯諾夫被授予聯邦司法執行顧問職銜，這是聯邦檢察院能夠授予的最高職銜，等同於陸軍上將。同日，他成為俄羅斯聯邦安全會議成員。

多方角力

能夠在年僅 45 歲便接班任期長達 20 年的老檢察長尤里·柴卡，克拉斯諾夫依靠的遠不僅僅是巴斯特雷金。

消息人士透露，多年來克拉斯諾夫和聯邦安全局保護憲法及打擊恐怖主義處的負責人阿列克謝·謝多夫建立了牢固的聯繫。此外，鑒於長期的工作交集，克拉斯諾夫和聯邦安全局經濟系統負責人謝爾蓋·科羅廖夫及伊萬·特卡喬夫也建立起私人友誼。科羅廖夫於 2021 年 2 月陞任聯邦安全局第一副局長，特卡喬夫則是普京重臣、俄羅斯石油公司總裁謝欽的親信，一度是聯邦安全局最有影響力的官員之一。早年在謝欽的安排下，其好友奧列格·費奧克蒂斯托夫將軍主持組建聯邦安全局第六處，建成後被謝欽牢牢掌控，很快就被冠名為「謝欽特種部隊」，後來特卡喬夫成為第六處處長。

　　據說，時任俄羅斯副總理謝欽曾因一筆軍事合同，與時任總檢察長柴卡、時任國防部長阿納托利‧謝爾久科夫（背後支持者是時任總統梅德韋傑夫）等為代表的勢力發生摩擦。從幾位當事人的後續職位變動看來，起初柴卡獲得了優勢。2012年5月23日，謝欽出任俄羅斯石油公司總裁，同年11月6日，謝爾久科夫因涉嫌挪用30億盧布被俄羅斯總統普京解除國防部長職務。

　　但是高層的鬥爭並無真正的贏家，此後柴卡家族多次遭受重創。梅德韋傑夫圈內的億萬富翁好友也接連被特卡喬夫送進監獄。有傳聞說，對克拉斯諾夫的任命是這場戰爭的延續。毫無疑問，特卡喬夫與克拉斯諾夫的友誼加強了安全系統與檢察院系統的聯繫。可以斷定，在克拉斯諾夫背後同時有着檢察院系統、安全部門的助力。政治學家阿列克謝‧馬卡爾金表示，該任命可能會進一步加大聯邦安全局對檢察院的影響。

梅德韋傑夫.

　　2020年1月，米舒斯京出任俄羅斯聯邦政府總理。此前，因偵察貪污案件需要，身為俄羅斯偵察委員會二把手的克拉斯諾夫，與長期擔任聯邦稅務局局長的米舒斯京互動也十分頻繁。因而也有消息人士指出，對克拉斯諾夫的任命可能與對總理米舒斯京的任命有關，而普京對兩者的任命提名也僅間隔3天。

　　此外，作為總統辦公廳主任安東‧

瓦伊諾及副主任謝爾蓋‧基里延科力推的年輕技術官僚儲備人才庫中的一員，克拉斯諾夫傑出的個人能力，低調務實的工作作風，以及公認的「可控的技術官僚」形象，都是其成功的重要因素。

與克拉斯諾夫本人相熟的《新報》副總編輯謝爾蓋‧索科洛夫認為，此次任命的動機較少是出於政治考慮。「我想總統最近一直在讓與特定利益集團無關的人擔任最高職位。在更大程度上，這可能是由偵察委員會和總檢察長辦公室之間進行了新的權力重新分配，以便高層更好地控制檢察系統。」

政治分析家塔季揚娜‧斯塔諾瓦婭指出，「總檢察長的更換是執法機構重大人事變動的開始。普京本應在總統選舉後立即舉行會議，但他實際上將會議推遲了。我認為這是因為他想確定自己的未來以及如何解決 2024 年總統大選的問題。現在這個過程已經開始，總統正在進行一場已經佈置多年的改組。我認為我們很快就會看到其他機構的人事變動，而不僅僅是執法機構。」政治分析家葉夫根尼‧明琴科也認為，柴卡的變動可能不是改革的結束，在強力部門任職的「老人」正在經受 2024 年佈局的考驗，追隨柴卡離開的下一位「老人們」可能會是聯邦安全局局長亞歷山大‧博爾特尼科夫，也可能是安全會議祕書尼古拉‧帕特魯舍夫。

不過塔季揚娜‧斯塔諾瓦婭也贊同謝爾蓋‧索科洛夫的觀點，自俄羅斯聯邦偵查委員會從檢察院獨立以來，檢察院的偵察、立案工作就分配了偵察委員會。前總檢察長常常主張加強對

偵查委員會的控制，因而兩個機構常常爆發衝突，這種對抗實際是當局暗中鼓勵的，正如政治分析家尼古拉·彼得羅夫所說，「柴卡和巴斯特雷金之間的爭吵是普京最喜歡的遊戲。」但是偵察委員會出身的克拉斯諾夫出任總檢察長暗示這種遊戲的結束，也預示着強力部門新老交替的開始。

穩中求進

2020 年 7 月，俄羅斯通過憲法修正案，規定了任命俄羅斯聯邦總檢察長、副總檢察長、俄羅斯聯邦主體的檢察官和與他們具有同等地位的檢察官的新程序。第 83 條中從「俄羅斯聯邦總統向聯邦委員會提名俄羅斯聯邦總檢察長人選；向聯邦委員會提出關於解除俄羅斯聯邦總檢察長職務的建議」改為「俄羅斯聯邦總統經與聯邦委員會協商後任命或解除俄羅斯聯邦總檢察長、俄羅斯聯邦副總檢察長、俄羅斯聯邦主體檢察官、軍事檢察官的職務。」實際上，總統提名的所有候選人都將得到支持。此外，總檢察院的職責被規定為確保在國家法院、國際法院、國際仲裁法院中代表和保護俄羅斯的利益。因而總檢察長辦公室可以要求國家機構、聯邦主體機構、地方自治機構提供必要信息，以維護俄羅斯在特定案件上的立場。此外，總檢察院也被規定為一個單一的聯邦中央機構，負責監督憲法的遵守和法律的實施，監督人權、公民權利和自由的遵守情況，根據其權力進行刑事起訴，以及執行其他功能。總檢察院的地位無疑得到了提高。

　　2021 年 3 月 17 日，克拉斯諾夫致信普京總統，請求將俄羅斯在歐洲人權法院以及其他國際法院和仲裁法院的代表權從司法部移交至總檢察長辦公室。5 天后，普京同意了這一請求。此前，俄羅斯在歐洲人權法院的全權代表權一直由俄羅斯聯邦司法部副部長加里別林行使。此次權利變動對於檢察院與司法部來說都是一次重大變動，總檢察長辦公室的權力進一步擴大，可以在外交領域發揮影響力。

　　近一年有關克拉斯諾夫的重要新聞頻頻出現，譬如 2020 年 10 月，克拉斯諾夫突訪南千島群島（北方四島）並與當地檢察官和居民進行了會談，他是自菅義偉就任日本首相以來首位訪問爭議島嶼的俄聯邦高級官員。2021 年 3 月，克拉斯諾夫因納瓦利內中毒案被列入歐盟、美國和加拿大的制裁名單。2021 年 7 月，歐洲國家檢察官代表會議在聖彼得堡舉行，克拉斯諾夫在會議上提及總統賦予檢察長辦公室的新權力，透露俄羅斯聯邦總檢察院將在法國斯特拉斯堡創建新部門，加強與歐洲檢察官組織的聯繫。

　　可以預見，克拉斯諾夫是普京 2024 年佈局中的重要一員。身為普京的「刀把子」，在當局的反腐、檢察、安全、甚至外交（人權）領域，克拉斯諾夫都有極強的話語權，未來也勢必發揮更大的作用。

佩斯科夫
克里姆林宮的「喉舌」

　　德米特里·謝爾蓋耶維奇·佩斯科夫（Дмитрий Сергеевич Песков），1967 年 10 月出生於莫斯科市，是俄羅斯著名政治家。2000 年開始在俄羅斯總統新聞局工作，同年 4 月開始擔任普京總統的新聞發言人。

　　佩斯科夫 1989 年畢業於莫斯科大學亞非學院，獲得東方學與翻譯學士學位，同年進入俄羅斯外交部工作，十歷任使館隨員、三祕、二祕、一祕。因為受到克里姆林宮內部人士賞識，33 歲的佩斯科夫被調往俄羅斯總統版辦公廳新聞局工作，此後一直跟隨在普京身邊，2008 年至今一直擔任普京的新聞祕書。作為總統發言人，佩斯科夫的發言在一定程度上代表着克里姆林宮的意志，他也因此被譽為克里姆林宮的「喉舌」。在《獨立報》2021 年 8 月的百名政治人物排行榜中，佩斯科夫位列第 19 名。

子承父業

佩斯科夫的父親是謝爾蓋·尼古拉耶維奇·佩斯科夫（Сер - гей Николаевич Песков），出生於 1948 年，於 2014 年去世。

佩斯科夫 1967 年 10 月 17 日出生於莫斯科，當時老佩斯科夫還在莫斯科大學亞非學院攻讀碩士研究生。但是早婚與兒子的出生並沒有影響他的事業。碩士畢業時老佩斯科夫已經 39 歲，仍被蘇聯外交部分配安置工作。1987 年起，先後任職於蘇聯亞非國家團結委員會、蘇聯對外友好協會，後輾轉蘇聯／俄羅斯駐巴勒斯坦、巴基斯坦和阿曼等伊斯蘭國家使館工作，2005 年－2009 年任俄羅斯駐巴基斯坦大使，2011 年－2013 年任俄羅斯駐阿曼大使。老佩斯科夫以 39 歲「高齡」進入外交部，有專家推測，或許外交部身份只是「掩護」，他實際上是克格勃安置在中東地區的情報特工。在公開信息中，老佩斯科夫以對國際關係、中東問題的熟稔著稱，曾被授予二級祖國功勛勛章。逝世後，被巴勒斯坦授予最高級別的巴勒斯坦榮譽勛章。

童年時期的小佩斯科夫跟隨父母在不同的國家生活和學習，這也造就了他遠超同齡人的閱歷與視野，同時掌握了土耳其語、阿拉伯語。少年時期，佩斯科夫展現出了與眾不同的專注與聰慧，他總是對新知識充滿好奇，知識面非常廣闊。據其老師回憶，佩斯科夫讀過很多書，尤其喜歡讀世界史與俄國史。老佩斯科夫非常重視對兒子的培養，一個專業外交官分析、判斷、處理問題的行為準也潛移默化地影響着佩斯科夫，這種薰陶在很大程

度上塑造了佩斯科夫的傳奇人生。

佩斯科夫母親的身份一直是一個謎，父子倆從未在公開場合談及這位女性。傳言佩斯科夫的母親來自烏克蘭，她的祖父是蘇共在阿塞拜疆的領導人之一、阿塞拜疆巴庫人民委員會第一任勞工委員雅科夫·達維多維奇·澤文（Яков Давидович Зевин）。1917 年 11 月，俄國臨時政府在十月革命中被推翻，布爾什維克黨取得了勝利，這一成果迅速在外高加索地區產生連鎖反應。1918 年 4 月，高加索人民委員、巴庫人民委員會主席兼外交人民委員斯捷潘·格奧爾吉耶維奇·邵武勉（Степан Георгиевич Шаумян）取得巴庫蘇維埃的領導權，當年 9 月 20 日，在保衛巴庫蘇維埃政權的戰鬥中，26 名巴庫人民委員被英國軍隊槍殺。被稱為「倖存的 27 委員」的阿納斯塔斯·伊凡諾維奇·米高揚（Анастаса Иванович Микоян）倖免遇難，後來成為蘇聯領導人之一。佩斯科夫母親的祖父雅科夫·達維多維奇·澤文是犧牲的 26 名巴庫人民委員中的一員。他在被捕前設法將妻子和兩個孩子送上了前往阿斯特拉罕的輪船。達維多維奇是猶太姓氏。消息人士透露，在佩斯科夫身居高位之後，或許是為了避諱「有烏克蘭背景的猶太人游說克里姆林宮」的流言，在所有公開渠道都刪除了其母親的信息。

1980 年代，老佩斯科夫回到莫斯科工作，佩斯科夫也得以進入莫斯科一所國際高中就讀，此間佩斯科夫掌握了第三門外語 —— 英語。1989 年，佩斯科夫從父親的母校、莫斯科大學亞非學院畢業，專業是東方學與翻譯。畢業時他曾表示想過去一家

土耳其報紙在莫斯科的辦事處工作，遭到父親的嚴厲批評。在父親的要求下，佩斯科夫子承父業，進入蘇聯外交部工作。

伯樂賞識

憑藉精通三門外語的天賦以及父輩的關係，佩斯科夫進入外交部後晉陞很快，歷任蘇聯／俄羅斯駐土耳其使館隨員、三祕、二祕和一祕。當然這背後除了老佩斯科夫的推動外，還少不了第二任岳父的助力。1994年，27歲的佩斯科夫與索洛欽斯卡婭喜結連理。岳父是弗拉基米爾・德米特里耶維奇・索洛欽斯基（Владимир Дмитриевич Солоцинский），時任外交部第四亞洲司司長（2011年－2013年曾擔任俄羅斯外交部副部長）。佩斯科夫因而被調回莫斯科，在外交部機關工作，兩年後以一等祕書

日里諾夫斯基

的身份派到俄羅斯駐土耳其大使館。1994 年，佩斯科夫還在俄羅斯自由民主黨創始人、主席弗拉基米爾・沃爾福維奇・日里諾夫斯基（Владимир Вольфович Жириновский）的介紹下，加入了當時最受歡迎的自由民主黨。

1999 年 11 月，時任俄羅斯總統葉利欽赴土耳其伊斯坦布爾參加歐安組織峰會期間，身為俄駐土大使館一祕的佩斯科夫擔任總統的翻譯。他巧妙地改譯葉利欽對土耳其總統無意的「冒犯性」言辭，化解了一場外交風波。最高層注意到了這個年輕的外交人才。佩斯科夫與葉利欽親密交談的合影出現在俄羅斯各大媒體，同月，佩斯科夫還擔任了時任總理普京與土耳其總理會晤時的翻譯，這也成為了年輕的外交官職業生涯的轉折點。

2018 年 1 月佩斯科夫曾回憶說，他完全沒有預料到自己的命運會和普京緊緊綁定在一起。當時他只是因為精通土耳其語而為俄羅斯多位領導人提供翻譯支持。

時任總統新聞祕書阿列克謝・阿列克謝耶維奇・格羅莫夫（Алексей Алексеевич Громов）十分賞識佩斯科夫在閃光燈前的優雅、從容、睿智和自製。同為外交系統出身的格羅莫夫，在普京的前兩個總統任期擔任總統新聞祕書，2012 年起任總統辦公廳第一副主任，比同為辦公廳第一副主任的基里延科排名要靠前，是普京團隊的核心成員，其主要工作是負責涉及總統的宣傳和新聞檢查。2019 年有媒體指出，格羅莫夫在總統辦公廳工作了 23 年，比任何一位同事都要長，享有總統無限的信任，只有他被允許在任何必要情況下直接進入普京的辦公室。在《獨立報》

2021 年 8 月的百名政治人物排行榜中，格羅莫夫位列第 12 名。

華麗轉身

2000 年，受格羅莫夫之邀，佩斯科夫赴總統辦公廳新聞局媒體關係處工作。有傳言說，葉利欽在同普京交接總統事宜時，向新任總統提供了一些人事安排的建議，佩斯科夫位列其中。

不過更可信的消息表明，格羅莫夫是佩斯科夫的伯樂。在他的安排下，佩斯科夫日後走上了與格羅莫夫極為相似的道路，堪稱「格羅莫夫 2.0」。在格羅莫夫的重用下，佩斯科夫一度擔任他的的副手，協助開展總統辦公廳的新聞工作。此外，我們之前也提到過，有傳言說佩斯科夫的父親可能是藉助外交身份掩護開展情報工作，而佩斯科夫可能也有類似背景。克格勃出身的普京對系統內的年輕人有種天然的好感，這也可能是佩斯科夫備受器重的重要原因。

初進總統辦公廳，佩斯科夫就組織了普京與媒體的第一次「直播連線」，他負責將普京的講話翻譯給外國媒體。與其他在各級崗位接受鍛煉而逐步晉陞的技術官僚不同，佩斯科夫可謂是「出道即巔峰」。2000 年 4 月起，佩斯科夫被任命為普京總統的新聞發言人。

2000 年 1 月 13 日，時任代理總統普京宣佈開始籌備聖彼得堡建城 300 周年慶典。儘管初入總統辦公廳，佩斯科夫仍被委以重任，是此次慶典籌備活動的重要參與者。2003 年 3 月，聖彼

得堡建城 300 周年慶典正式舉辦，時任中國國家主席胡錦濤與德國、英國、意大利、加拿大、法國、日本等 42 個國家的元首一同出席此次活動，而佩斯科夫是整個慶典的新聞工作負責人。有媒體評論，經歷這場大型活動的考驗，佩斯科夫證明了自己不僅是一名優秀的外交官，還是一位能擔重任的「領導人」。

克宮「喉舌」

2000 年－2004 年，佩斯科夫先後擔任總統辦公廳新聞局媒體關係處副主任、第一副主任，逐漸在總統辦公廳站穩腳跟。2004 年，佩斯科夫成為格羅莫夫的副手，擔任總統第一副新聞祕書。在這個位置上，佩斯科夫第一次獲得了在官方新聞發佈會上表達俄羅斯總統立場的權力。

佩斯科夫

　　作為格羅莫夫的副手，佩斯科夫主要負責信息協調工作，工作內容涵蓋籌備大型新聞發佈會，各種電視辯論及會議，以及總統辦公廳新聞處的「年度大戲」——總統與民眾「直播連線」電視直播欄目。佩斯科夫是從 2001 年開始的「直播連線」欄目的創立者，多年來也一直是該活動的負責人。「直播連線」是俄羅斯民眾了解克里姆林宮的一個重要窗口，俄羅斯總統會直播回答公眾向總統提出的涉及政治、經濟、社會、軍事、民生、科技、體育等各個領域的問題，平均每年回答近 70 個問題，時間長達 4 小時。多年來該活動有力拉近了總統與民眾的距離，成功塑造了普京的親民形象，在俄羅斯產生了廣泛而深遠的影響。

　　在負責重大新聞發佈會事宜時，佩斯科夫總是提前佈置現場，排查各種隱患，以確保活動順利開展。他自己也承認，在普京的大型新聞發佈會之前，他總是很擔心，生怕設備出現現場故障，幾乎徹夜難眠，即便到現在也是如此。在具體的活動中，這位精通話術的精英則會適時地調控現場的氛圍，使枯燥的新聞發佈活動變得生動有趣。普京並不是循規蹈矩的人物，常常在新聞發佈上「自由發揮」，如何控制好普京發言的政治、社會影響，如何為總統的「失態」打好補丁，這也是佩斯科夫的必修課。此外，儘管多年來佩斯科夫意識到「對普京來說，沒有令他不安的問題」，但他依舊兢兢業業地避免讓不合時宜的「冒犯性」問題出現。

　　得益於佩斯科夫出色的公關能力，俄羅斯開始與美國的公關公司合作，致力於在國際舞台上改善俄羅斯的形象，2006 年在

聖彼得堡舉行的八國集團領導人峰會就是佩斯科夫率領的公關團隊運作的重要成果。當時在很長一段時間內，世界對俄羅斯的態度都有了明顯的好轉，不過 2014 年克里米亞事件和隨之而來的制裁結束了這種態勢。除了針對俄羅斯形象的塑造，佩斯科夫也是普京媒體形象的塑造者。借佩斯科夫之口，普京變得更加「人性化」：人們開始看到，被「神化」的普京也會在西伯利亞原始森林度假，普京也是虔誠的東正教徒，普京與髮妻的離婚影響也在最大程度上被淡化。就普京的「親民形象」的成功塑造而言，佩斯科夫功不可沒。

2008 年 4 月 25 日，佩斯科夫被任命為總理維克多·祖布科夫的祕書，兼任聯邦政府辦公廳副主任，而這實際是為普京由總統轉任總理做準備，同年 5 月 8 日，普京就任總理。佩斯科夫再度成為普京意志的傳達者。從 2008 年至今，佩斯科夫親自參與組織媒體報道俄羅斯最重要、最敏感的事件，範圍包括政治、經濟、社會、軍事、安全、公共衛生等各大重要領域。克里姆林宮的公共關係部門也被移交給佩斯科夫打理，他負責協調俄羅斯和國外政府、企業的交往，打造克里姆林宮及普京的公關形象事宜。他的團隊還負責國內外重大新聞的審查、蒐集、匯總，定期會形成簡報交給普京審閱，這大大增加了他與普京親密接觸的機會，佩斯科夫的地位愈加穩固而顯赫。

2012 年 5 月 12 日，在普京的第三個總統任期開始時，佩斯科夫被任命為總統辦公廳副主任、總統新聞祕書，他幾乎是沿着格羅莫夫的職業發展軌跡走到了現在。唯一的不同是格羅莫夫是

辦公廳第一副主任，佩斯科夫則是排名第六的副主任。2008年起，佩斯科夫開始掌握一定的自主性。當俄羅斯各大媒體登出《克里姆林宮認為……》的標題時，往往都是由佩斯科夫發表的聲明與看法，在一定意義上，他是克里姆林宮的「使者」與「喉舌」。有專家指出，佩斯科夫總統辦公廳副主任加總統新聞祕書的身份意味着他被允許開始替普京分擔一些「責任」，那麼他的表態究竟在多大程度上代表普京的態度？他的發言有多少是屬於他自己的觀點？他在傳達總統意志的時候對信息的加工尺度是怎樣的呢？

在一些重要的場合恰當地替普京說出他作為總統不方便直接表達的想法，確實需要佩斯科夫強大的應變能力和表達能力。比如：「選舉的時候你我都投給了總統，所以讓我們關注一下他是個什麼樣的總統。而他是什麼樣的人，有沒有老婆——就交給他個人處理吧，我們不加干涉」；「在美國大選期間，普京從未談過自己的偏好。他只說過，我們尊重美國人民的選擇」；「沒有人會允許美國居高臨下地與俄羅斯談話，因為這不能容忍」；「烏克蘭總統澤連斯基譴責蘇聯與希特拉的德國一樣發動了第二次世界大戰是犯下了大錯，這不僅刺耳，而且重重刺痛了普京的心」。在俄羅斯和西方關係持續惡化的情況下，佩斯科夫往往在辯護與反擊之間表現得得體而有力，這一點深得普京賞識。「很明顯，美國的制裁仍在繼續。事實上他們已經對我國實施了90多次制裁。這是一種無止境的惡性循環。理論上我們需要擺脫這種循環，因為制裁並不可能實現任何目的。它們從來不是為了達成什

麼目的，制裁無助於實現任何事情，這對俄羅斯沒用。對俄羅斯唯一有效的，是基於相互尊重的對話。」

佩斯科夫對一些重大事件的判斷，在多大程度上影響克里姆林宮的判斷，也是外界關心的問題。比如，普京第二個總統任期開始時，社會各界對普京是否會繼續尋求連任議論紛紛，佩斯科夫則堅決地否認普京會連續三次參選總統。他強調國家的穩定不取決於誰任總統，而取決於憲法的穩定。

佩斯科夫十分謹慎地表示，雖然他每天都被委託發言並回答國內外媒體的問題，但是他的所有發言都是遵循普京的指示，不敢有半步逾越。2019 年初佩斯科夫在接受採訪時表示，新聞祕書了解很多祕密，最重要的就是要保持沉默。不過，作為總統辦公廳新聞局唱「黑臉」的那個人，佩斯科夫有些時候的情緒性表達難免與普京的想法有些許初入，顯得不合時宜。比如針對 2012 年國家杜馬選舉後開始抗議浪潮，佩斯科夫私下的講話被當時的國家杜馬代表伊利亞·波諾馬列夫（反對派人士）發送到推特，他表示，防暴警察的行動還是「太軟」了，「對於受傷的防暴警察而言，應該讓那些抗議者的肝汁流到柏油馬路上」。這種激進言論在俄羅斯引起了軒然大波，造成極其惡劣的社會影響。反對派甚至將其做成口號，在游行示威中挑釁當局。所以普京有時也會嚴厲批評佩斯科夫的工作。在接受俄羅斯著名電視節目主持人索洛維約夫的訪談時，佩斯科夫被問及「你有多少次處於被解僱的邊緣？」佩斯科夫則表示普京經常「責罵」他「大嘴巴」，在很多次普京對他嚴厲的批評之後，他「簡直不想活了」。

不過他深知，在最高領導層那裏，再微不足道的錯誤都會因為克
里姆林宮的影響力而放大無數倍，他對此也表示理解。佩斯科夫
聲音略帶顫抖地透露，普京在某些事情上表現得格外冷酷，尤其
是涉及到「背叛」。不過在多數情況下，普京總能很好地控制自
己，比如在了解到哈巴羅夫斯克邊疆區州長富爾加爾的刑事案件
細節時，普京極為憤怒，但還是不願干涉調查，致力於保證法律
的效力。

但無論如何，佩斯科夫很慶幸與普京共事如此之久。他曾透
露，普京是一個「真正的工作狂」，總統工作的很大一部分是非
公開進行的，因而克里姆林宮並無「休息日」一說，每天晚上十
點到十一點是真正的工作高峰期。他對總統的感情只有崇敬和欽
佩，畢竟普京是在俄羅斯歷史乃至世界史上留下濃墨重彩印記的
人物，他非常榮幸近距離觀察普京如何創造歷史，他自己的工作
也因此變得有趣且獨一無二。

佩斯科夫有時會在不經意中透露他和普京之間的親密關係。
普京總是親自在每年 10 月 17 日祝賀佩斯科夫生日快樂，並贈送
禮物。普京在工作中或工作之餘會經常和他開玩笑。這提醒着人
們，佩斯科夫並不只是新聞祕書，還是總統辦公廳辦公廳的重要
成員，是克里姆林宮核心團隊的一員。當俄羅斯人對前總統梅德
韋傑夫、總理米舒斯京、國防部長紹伊古、外交部長拉夫羅夫津
津樂道時，往往忽視了，這個每天在新聞上出現的官員對俄羅斯
所有「祕密」的了解，可能比那幾個「大人物」還要多。在《獨
立報》2021 年 8 月的百名政治人物排行榜中，佩斯科夫位列第

19 名,甚至比對外情報局局長謝爾蓋‧納雷什金(第 22 名)、
聖彼得堡銀行董事會主席尤里‧科瓦爾丘克(第 24 名)、俄羅
斯聯邦委員會(議會上院)主席瓦蓮金娜‧馬特維延科(第 28
名)排名還要靠前。進入排行榜前二十名,已然意味着佩斯科夫
在俄羅斯擁有強大的影響力。

有時佩斯科夫的影響力甚至令西方國家不安。比如在針對美
國前總統特朗普涉嫌「通俄」事件中,美國安全部門曾發現,特
朗普的律師邁克爾‧科恩給佩斯科夫發過郵件,希望就在莫斯科
建造特朗普大廈摩天大樓達成一致,兩人還通了電話。雖然佩斯
科夫後來澄清並沒有回覆該郵件,但佩斯科夫的獨特影響力可見
一斑:這個有着猶太血統的公關精英成了西方社會「游說」俄羅
斯的關鍵人物。此外,極為微妙的是,與普京其他的親密夥伴不
同,佩斯科夫並不在美國和歐盟對俄制裁的人員名單裏,在西方
社會對俄制裁的緊張時期,他不止一次以遊客的身份前往北約成
員國度假。

2019 年 2 月 25 日,西方媒體爆料,在法國巴黎高等商學院
學習法律的佩斯科夫之女伊麗莎白‧佩斯科娃,竟然在歐洲議會
做法國極右翼政客、歐洲議會議員肖布拉德的實習生。肖普拉德
是歐洲議會外交事務委員會、安全與國防小組委員會的成員,是
歐盟 - 俄羅斯議會合作委員會的代表,他從不隱瞞自己的親俄立
場。在 2014 年克里米亞事件期間,他是莫斯科組織的一次全民
「公投」的國際觀察員之一,與歐盟的立場相左,他在「公投」
後公開表示「公投」是合理的。此外,他還曾是法國民粹主義代

表人物勒龐的顧問。這引起了歐洲多國的嚴重不滿，有政界人士表示，伊麗莎白‧佩斯科娃出現在歐洲議會是對歐洲議會的「極大恥辱」，這樣的實習代表着歐洲議會極右翼團體與克里姆林宮之間的明確財務聯繫。次日，塔斯社刊登了佩斯科夫的聲明：「我們在這裏談論的是一個普通學生和普通實習，這與我的女兒有關，與我的公務和工作無關」。

這種表態自然無人相信，連俄羅斯人自己都不信。1994 年，佩斯科夫與日里諾夫斯基結識並加入自由民主黨，而日里諾夫斯基多年來也一直與歐洲乃至全世界的右翼團體有着千絲萬縷的關係。2003 年，當伊拉克面臨着美國入侵威脅的時候，日里諾夫斯基召集國際極右翼組織，在莫斯科舉行了第一次全球愛國主義政黨大會來聲援薩達姆。由此看來，佩斯科夫背後所代表的勢力更加微妙，讓人捉摸不透。

家庭

佩斯科夫有過三次婚姻、五個孩子。

佩斯科夫的原配是著名的蘇聯元帥謝苗‧米哈伊洛維奇‧布瓊尼的孫女阿納斯塔西婭‧布瓊妮婭。布瓊尼是蘇聯最著名的軍事領導人之一，1935 年晉陞為元帥。他參加過包括兩次世界大戰在內的四次重大戰爭，三次獲蘇聯英雄稱號，是人類歷史上最後一個著名的騎兵統帥。布瓊妮婭的父親曾擔任過外貿部高官，兼任俄羅斯馬術聯合會主席。佩斯科夫與布瓊妮婭於 1988 年結

婚，兩年後育有一子尼古拉。布瓊妮婭一向獨立且嚮往自由，並不願意做一個安靜的賢內助。當時佩斯科夫在蘇聯駐土耳其使館工作，布瓊妮婭在傳統的土耳其女性中顯得格格不入，她也不願因為佩斯科夫的工作受到限制，1994 年兩人離婚，布瓊妮婭獨自撫養兒子尼古拉。也有傳言說，1990 年代初期，布瓊尼家族因為蘇聯解體而失勢，這對於他們的婚姻是一個打擊。2012 年，尼古拉在父親的幫助下開始擔任《今日俄羅斯》的體育欄目記者。值得一提的是，尼古拉與佩斯科夫後來的其他子女保持着良好的關係，常和他們一同外出遊玩。

　　佩斯科夫的第二任妻子是葉卡捷琳娜·索洛欽斯卡婭。她的祖父和父親均是外交官。在她 14 歲那年，跟隨在俄羅斯駐土耳其大使館工作的父親一同在伊斯坦布爾生活。1994 年，佩斯科夫恰好在俄羅斯駐土耳其使館工作，27 歲的外交新星與剛剛年滿 18 歲的索洛欽斯卡婭喜結連理。同年在岳父的幫助下，佩斯科夫被調回外交部機關工作，兩年後以一祕的身份重回俄羅斯駐土耳其使館。夫妻倆育有一個女兒伊麗莎白，兩個兒子米克和丹尼斯。隨着佩斯科夫逐漸身居要位，每天在克里姆林宮工作的時間愈來愈久，留給家人的時間也越來越少。索洛欽斯卡婭表示，「我結婚不是為了地位，也不是為了錢，我不願意嫁給一個『待定』的人。」這段婚姻慢慢走向終結。此後索洛欽斯卡婭定居巴黎，擁有自己的公司並積極從事慈善事業。

　　佩斯科夫的第三任妻子是著名的花樣滑冰運動員塔季揚娜·納夫卡，除了拿到 2006 年都靈冬奧會的金牌外，她和搭檔還曾

奪得兩屆世錦賽金牌和三屆歐錦賽金牌。納夫卡在俄羅斯被譽為花滑女王，2014 年成為索契冬奧會的形象大使。

2010 年，佩斯科夫與納夫卡相識於一個共同好友的生日聚會上，奇妙的是，納夫卡不知道這位風度翩翩的男士就是大名鼎鼎的總統新聞祕書，佩斯科夫也不知道這位高貴典雅的女士就是俄羅斯花滑女王。據說佩斯科夫禮貌地親吻了納夫卡的手，說了句「很高興認識你」就離開了。但是兩人的命運慢慢交織在了一起，2014 年，這對佳人迎來了女兒娜傑日達，這是佩斯科夫的第五個孩子。2015 年 8 月 1 日，克里姆林宮新聞祕書與花滑女王在索契舉行了婚禮。毋庸置疑，這場婚禮引起了整個俄羅斯的轟動。

婚禮上，佩斯科夫被拍到戴着一塊價值 67 萬美元的理查德米勒手錶，這比他申報的全年收入還要多，反對派代表納瓦利內迅速抓住熱點，對佩斯科夫及其家人展開調查，儘管佩斯科夫說這是他夫人送的禮物，但人們認為「事屬可疑」。還有媒體披露，佩斯科夫夫婦還擁有大量豪華房產，來源也值得懷疑。不過這些傳聞到目前為止絲毫沒有影響佩斯科夫的地位。在這第三段婚姻裏，兩個大忙人也是聚少離多。但是每周日晚上，一家人總會聚在一起桑拿，佩斯科夫在接受訪談時表示，這樣的日子是短暫的，但也是格外幸福的。

巴斯特雷金
聯邦偵察委員會主席

亞歷山大‧伊萬諾維奇‧巴斯特雷金（Александр Иванович Бастрыкин），1953 年 8 月 27 日出生於普斯科夫州首府普斯科夫市，是俄羅斯著名政治家，聖彼得堡幫的重要成員，被公認為是普京的親密盟友。

1975 年，巴斯特雷金畢業於列寧格勒國立大學法學院，獲得法學學士學位。1987 年獲得法學博士學位。巴斯特雷金先後在蘇共黨團組織、列寧格勒大學、俄羅斯聯邦內政部、司法部等各級組織核心部門擔任要職，2006 年被任命為俄羅斯聯邦副總檢察長，次年被普京任命為俄羅斯聯邦總檢察院偵查委員會主席兼第一副總檢察長。2010 年至今擔任俄羅斯聯邦偵查委員會主席，該委員會由俄羅斯總統直接管轄，主要負責重特大案件偵查工作和對各級政府機關進行監督。2012 年至今，巴斯特雷金擔任俄羅斯總統反腐敗委員會主席團成員，2016 年被授予司法國

務委員職銜，等同於大將軍銜。在《獨立報》2021 年 9 月的百名政治人物排行榜中，巴斯特雷金位列第 15 名，是不折不扣的實權派人物。

軍人世家

巴斯特雷金出生於一個軍人世家。祖父伊利亞·卡利斯特拉托維奇·巴斯特雷金是一名海軍軍官，同時也是一名共青團員，二戰期間在前線與納粹侵略者戰鬥，於 1942 年在克拉斯諾達爾邊疆區英勇犧牲。

巴斯特雷金的父親伊萬·伊利亞維奇·巴斯特雷金出生於庫班，18 歲時在蘇聯共青團的影響下入伍，進入波羅的海艦隊服役，擔任海軍無線電操作員，曾參與蘇芬戰爭和偉大衛國戰爭，後被授予衛國戰爭勛章。1942 年，老巴斯特雷金加入蘇共，戰後留在列寧格勒，在一家造船廠擔任高級電焊工。據巴斯特雷金回憶，他的父親對身為列寧格勒這座偉大城市的工人階級的一員感到自豪，他為人謙遜低調，從未在工友面前炫耀自己的軍官勛章。

巴斯特雷金的母親葉甫根尼婭·安東諾夫娜·安東諾娃，出生於列寧格勒附近的一個農民家族，她是偉大衛國戰爭中列寧格勒封鎖的倖存者。當時她在一家國防企業工作，因參與保衛列寧格勒被授予獎章。1943 年，她成為波羅的海艦隊的一名防空炮手，參加過加柯尼斯堡戰役以及多場艱難的戰鬥。

二戰後，巴斯特雷金的父母在普斯科夫市定居。1953 年巴斯特雷金出生，五年後，全家搬回列寧格勒。少年時期的巴斯特雷金成績優異，他不僅愛好俄語、文學、歷史等人文學科，還有着廣泛的興趣，古典舞、吉他、話劇、排球等活動均有所涉獵。據其老師回憶，年輕的巴斯特雷金尤其喜歡閱讀馬雅科夫斯基的作品。1971 年，巴斯特雷金進入列寧格勒國立大學法學院就讀。

早年時光

大學期間，巴斯特雷金十分活躍，積極參與黨團組織的活動，並迅速脫穎而出。普京與巴斯特雷金同年入讀法學院，大學期間巴斯特雷金是法學院一個學習小組的負責人，而普京則是他的組員，兩人就此結緣，並建立起一生的私人友誼。值得注意的是，同年入學的還有多年後歷任聯邦安全局局長、第一副總理、國防部長、總統辦公廳主任的謝爾蓋·鮑里索維奇·伊萬諾夫。

1975 年，大學畢業的巴斯特雷金被蘇聯內務部選中，任刑事調查部門偵查員、列寧格勒市內務局偵查員，1977 年加入蘇共。而普京和伊萬諾夫則加入了克格勃，並在同一個小組工作。

1978 年，巴斯特雷金回到列寧格勒國立大學攻讀研究生。1980 年獲得法學副博士學位，論文題目是《外國公民參與刑事案件的偵查問題》。同年，巴斯特雷金任教於法學院刑法與刑事訴訟法系，同時仍積極參加共青團活動。1980 年－1982 年，他擔任列寧格勒大學共青團委書記。1982 年－1983 年，他陞任共

青團列寧格勒州委書記，負責青年教育、文化、宣傳等工作。當時，擔任第一書記的是馬特維延科（現任聯邦委員會主席），那時他們就建立了私人友誼並持續至今。

1985 年－1987 年，巴斯特雷金擔任列寧格勒大學黨委副書記。1987 年，他獲得法學博士學位，論文題目是《刑事訴訟領域國內法和國際法規範的相互作用問題》。

儘管早年因學業而離開了蘇聯內務部偵查部門，但巴斯特雷金與強力機構的聯繫始終沒有中斷。1988 年－1991 年，巴斯特雷金出任蘇聯最高檢察院下屬的列寧格勒高級偵查員培訓學院院長。

1992 年－1995 年，巴斯特雷金擔任聖彼得堡國立大學（由列寧格勒國立大學更名而來）法學院院長、教授。1995 年－1996 年，轉任聖彼得堡國立航運大學運輸法系主任、教授。

當時，巴斯特雷金昔日的校友有不少已經在政界嶄露頭角。巴斯特雷金也不甘落後，開始在司法部及內務部等強力部門游走。1996 年－1998 年，巴斯特雷金被任命為俄羅斯聯邦內務部西北區負責人助理。1998 年－2001 年他被司法部重用，擔任司法部直管的俄羅斯聯邦司法學院西北分院院長。2001 年－2005 年，巴斯特雷金被任命為司法部西北聯邦區司法總局副局長，一年後陞任局長。2006 年 6 月 12 日至 10 月 6 日，他從司法部轉任內務部中央聯邦區總局局長。當時有傳言稱，這只是一個過渡職位，巴斯特雷金是高層認定的內務部部長候選人。

與柴卡的爭紛

2006 年是巴斯特雷金職業生涯的轉折點。當年 10 月 6 日，他被總統普京任命為副總檢察長，成為總檢察長尤里·雅科夫列維奇·柴卡的副手，主要負責分管刑事案件的監察工作。

柴卡也是俄羅斯檢察系統不可忽視的一員大將，1951 年出生於哈巴羅夫斯克邊疆區阿穆爾河畔尼古拉耶夫斯克市，1976 年畢業於斯維爾德洛夫斯克法學院（現為烏拉爾國立法學院），從伊爾庫茨克州開啟仕途，先後擔任區檢察官辦公室實習生、調查員、區副檢察長、區檢察長、州副檢察長、州第一副檢察長、州檢察長。1995 年，業績出色的柴卡從西伯利亞被調往中央，擔任聯邦第一副總檢察長。1999 年，柴卡被任命為俄羅斯司法部部長。消息人士透露，此任命是時任總理普京的個人提議。在柴卡領導司法部期間，俄羅斯的在押囚犯人數減少了近 20 萬人。同時司法部對刑法、刑事訴訟法和刑事執行法進行了 59 次修訂，減少了規定拘留作為執法措施的條款數量。2006 年 6 月 23 日，柴卡被俄羅斯聯邦委員會任命為總檢察長。上任之初，他將聯邦檢察院的偵查和監察工作分開，各由專人負責，但這為兩個系統日後多年的激烈鬥爭埋下了伏筆。

巴斯特雷金就職後不久就和柴卡的另一位分管偵查工作的副手維克托·格林發生衝突。與初入檢察系統的巴斯特雷金不同，格林 1976 年大學畢業後就擔任鄂木斯克市蘇維埃區檢察院偵查員，30 多年一直在檢察系統工作。或許是同樣來自西伯利亞，

或許是同系統「戰友」天然的親近，柴卡在組建領導班底時親自提名格林擔任副總檢察長。柴卡將總檢察院最重要的刑事偵查工作分給了格林。負責監察工作的巴斯特雷金則在「大人物」的授意下公開與檢察院的偵查工作唱反調，兩位副總檢察長的衝突很快激化。據消息人士透露，這個「大人物」就是當時的副總理謝欽。所謂偵查權力之爭實際是「西羅維基」內部的分歧。（西羅維基俄語意為強力集團，其核心成員是俄羅斯情報、安全、司法、軍事等強力部門的要員，主要由普京在列寧格勒國立大學法學院的同學以及在克格勃工作期間的同事組成，對普京高度忠誠。）

暗流湧動

2007 年 3 月，俄羅斯國家杜馬（議會下院）憲法立法和國家建設委員會建議一讀通過一項法律草案。根據該草案，檢察長辦公室的監察和偵查職能將被劃分。同年夏天，普京簽署了一項法律，宣佈成立俄羅斯總檢察長辦公室直管的偵查委員會，委員會主席由俄羅斯聯邦檢察院第一副總檢察長擔任，且必須由總統提名。偵查委員會成立的目的就是要把偵查案件的權力從總檢察院分離，在人事、政策上都有強大的獨立性。

當時有媒體報道，成立偵查委員會的目的主要是為了削弱檢察院的政治影響力。檢察院的影響力在 2003 年尤科斯案啟動後急劇上升，引起了很多「老人」的不滿。當年總檢察院牽頭直接

凍結了尤科斯公司 44% 的股份，導致俄羅斯政壇和商界的大地震，時任總統辦公廳主任的梅德韋傑夫公開發聲，提醒總檢察長烏斯季諾夫不要做得太過火。

烏斯季諾夫又是何許人也？為何有這麼大的能量？

弗拉基米爾．瓦西里耶維奇．烏斯季諾夫，1953 年出生於哈巴羅夫斯克邊疆區阿穆爾河畔尼古拉耶夫斯克的一個檢察官家庭。1978 年從哈爾科夫國立大學法學院畢業後就進入檢察系統，歷任克拉斯諾達爾邊疆區科列諾夫斯基區檢察院實習生、區檢察長助理、區檢察長高級助理、區副檢察長。1997 年任克拉斯諾達爾邊疆區第一副檢察長，同年 7 月晉陞為代理聯邦副總檢察長。1999 年，他是葉利欽留給接班人普京的推薦班底「大名單」的一員。普京就任總統後不久，烏斯季諾夫就正式成為聯邦總檢察長。2001 年，時任總統辦公廳副主任德米特里．科扎克提出剝奪總檢察長辦公室掌握的偵查職能，只保留監察職能。手握近萬名檢察官的烏斯季諾夫對此表示強烈反對，面對來自克里姆林宮的壓力，他絲毫不懼。雖然科扎克也是「聖彼得堡幫」的大人物，但是烏斯季諾夫與克里姆林宮的「灰衣主教」、辦公廳副主任伊戈爾．謝欽不僅是密友，還是兒女親家。

「聖彼得堡幫」的「內戰」

2003 年 10 月，俄羅斯尤科斯石油公司總裁霍多爾科夫斯基被投入大牢。在整治霍多爾科夫斯基的過程中，謝欽充當了奪取

尤科斯石油帝國的總策劃和總指揮，之後又參與了對霍多爾科夫斯基的全套法律訴訟。之後，尤科斯石油公司的核心資產被俄羅斯石油公司獲得，而謝欽隨之出任俄羅斯石油公司董事會主席，成為石油大鱷。

這次「圍獵」霍多爾科夫斯基的副總指揮就是烏斯季諾夫。烏斯季諾夫的姪子安東·烏斯季諾夫也是謝欽集團奪取尤科斯石油帝國的重要功臣，此前他在聯邦稅務局法律司工作，尤科斯不得不因為巨額的稅收索賠而被迫破產就是由他一手策劃。上文提到，總檢察院的影響力在 2003 年尤科斯案啟動後急劇上升，引起了很多「老人」的不滿，這些「老人」其實也包括「聖彼得堡幫」。

安東·烏斯季諾夫成為這場內鬥的第一個犧牲品。在時任財政部長阿列克謝·庫德林（與梅德韋傑夫所代表的聖彼得堡律師、經濟學家親近）的壓力下，安東·烏斯季諾夫被迫辭職。但是謝欽迅速出面，2008 年－2012 年，安東·烏斯季諾夫成為謝欽的助理，2012 年，39 歲的安東·烏斯季諾夫的成為總統助理，直接為普京服務。2016 年後，安東·烏斯季諾夫被任命為俄羅斯天然氣工業保險股份公司負責人。而烏斯季諾夫家族始終與謝欽家族保持親密的聯繫。

總檢察院偵查權力之爭實際是普京兩位重臣伊萬諾夫和謝欽的鬥爭。早在 2005 年，伊萬諾夫的長子駕車撞倒一名老婦人，由於缺乏犯罪證據，該刑事案件被撤銷。但伊萬諾夫一方認為，這件事被謝欽一方勢力故意泄露給媒體，弄得人盡皆知，成為伊

萬諾夫的醜聞。此外，烏斯季諾夫曾發起一場「打狼」行動，在內務部、國防部、緊急情況部和檢察院這四大強力部門內開啟大規模反腐運動，身兼國防部長的伊萬諾夫對此極為不滿。而且烏斯季諾夫的親信、軍事總檢察長亞歷山大・薩文科夫對軍隊強大的干預能力，也是伊萬諾夫所不能容忍的。烏斯季諾夫毫無顧忌的強力反腐與某些勢力產生了激烈交鋒，同時總檢察長辦公室對檢察院的「燈下黑」視而不見，引起公憤。還有消息人士透露，憑藉着龐大的檢察官隊伍，總檢察長可能掌握着一些他不應該掌握的信息。2006 年，烏斯季諾夫被迫辭職，轉任權力小得多的司法部長。2008 年後任總統駐南部聯邦區全權代表。

敵人的敵人就是朋友，2006 年，出身相對乾淨的柴卡在伊萬諾夫的支持下順利就任總檢察長，但是伊萬諾夫和謝欽的戰爭遠未結束。檢察院的「燈下黑」被曝光同聯邦安全局的反腐行動關係緊密，情報系統出身的伊萬諾夫一直都對安全部門有着強大的影響力。

歷史上，俄羅斯的高層政治精英從不會永遠保持團結，他們總是會分裂成各種集團、部族，也正是他們持續不斷的利益衝突與妥協，塑造了當代俄羅斯政治以及國家政策。在普京即將結束第二個總統任期之際，這種衝突逐漸變得白熱化，不過作為仲裁者的普京依舊牢牢把控住了局面。或許是對謝欽一方的照顧，或許是對這位在奪取尤科斯石油帝國中立下大功的老檢察官的感謝，2008 年 5 月 14 日，梅德韋傑夫總統任命烏斯季諾夫為南部聯邦區全權代表。至今，烏斯季諾夫仍是封疆大吏。

機會與挑戰

普京選擇了他的大學同學、多年好友巴斯特雷金平衡兩大重
臣的分歧。巴斯特雷金既是伊萬諾夫的大學同學，同時與謝欽也
維繫着良好的關係。

2007 年 6 月 22 日，巴斯特雷金被聯邦委員會（議會上院）
批准成為俄羅斯聯邦第一副總檢察長、俄羅斯聯邦檢察院偵查委
員會代理主席。俄羅斯各級政府都將接受偵查委員會的「垂直」
調查。巴斯特雷金事實上成為普京在總檢察院的「眼睛」，向普
京彙報這個強力部門的重要情況。

之後，總檢察長辦公室將僅具有在法庭上支持檢方的職能，
以及通過向偵查委員會領導層投訴來質疑調查人員可疑行為的權
利。所以，雖然偵查委員會的負責人是第一副檢察長，但總檢察

巴斯特雷金與普京在克里姆林宮

長對其並沒有實際影響力。

　　總檢察長辦公室不得不接受這一點。在巴斯特雷金此前任分管監察事務的副總檢察長的六個月中，他們已經習慣了這只「總統的眼睛」。此外，據說巴斯特雷金有着非常聰明的領導方法，他對所有專業人士保持尊重，因此即便他與總檢察長辦公室高層產生糾紛，但是依舊獲得了中下層檢察官員的好感。

　　2007 年 9 月 7 日，巴斯特雷金正式出任聯邦檢察院偵查委員會主席，1.8 萬名檢察官歸巴斯特雷金管轄，6 萬多件刑事案件由偵查委員會負責。

　　來自統一俄羅斯黨的國家杜馬代表亞歷山大・欣施泰因表示，「亞歷山大・伊萬諾維奇是一位相當有文化、經驗豐富的人，他在檢察官的環境中長大。我希望他能夠維持偵查委員最近開始的系統有效運作。」

　　政治技術中心副主任阿列克謝・馬卡金表示：「巴斯特雷金是普京的人。這個項目最初就是為他創建的 …… 他正式隸屬於總檢察長辦公室，但在關鍵問題上他將與總統聯繫。因此，有關柴卡辭職的傳言不斷，實際上總檢察長的影響力正在被削弱。」

　　果不其然，巴斯特雷金與副總檢察長格林的衝突開始轉變為與總檢察長柴卡的衝突。聯邦偵查委員會與總檢察長辦公室在職能劃分、資金分配等方面出現矛盾。雙方背後的勢力不斷交鋒，以求在檢察系統發揮更大的影響力。柴卡表示他將在梅德韋傑夫政府中扮演發揮更重要的角色，而巴斯特雷金則強調自己在調查重大案件方面表現出色。據說巴斯特雷金和柴卡一度只用信件進

行交流，很少同席出席活動。

2007 年 10 月，當偵查委員會對聯邦麻醉藥品與精神藥物流通監管總局官員亞歷山大‧布利博夫中將組織非法竊聽進行調查時，總檢察長辦公室的一名代表直接拒絕支持調查人員的請求，同時向莫斯科市法院提交了翻案材料。這迅速成為當時的熱點新聞。最終時任總統普京出面，他批評了聯邦麻醉藥品與精神藥物流通監管總局局長維克多‧切爾克索夫在《生意人報》上講述此事的一篇文章，表示將此類問題公佈在媒體上是極不合適的。不過，布利博夫最終還是因個人退休金方面存在舞弊和非法向私營公司的汽車發放特權車證，在 2010 年被處三年緩刑。

2008 年 3 月，有消息稱，當局準備在當年秋天成立一個類似於美國聯邦調查局（FBI）的機構 —— 俄羅斯聯邦偵查委員會，此聯邦偵查委員會與原來的總檢察院偵查委員會不同，將徹底獨立於聯邦檢察院，直接對總統負責。檢察長辦公室一位不願透露姓名的消息人士稱，雖然正式法令還沒有簽發，但此事已經獲得高層批准，將在普京的繼任者 —— 梅德韋傑夫總統宣誓就職和新政府組成後做出正式決定。分析人士認為，當局決定成立聯邦偵查委員會或許存在兩方面的因素：一是當時俄羅斯反腐工作十分艱巨，有多名負責反腐工作的檢察官意外身亡，引發輿情；二是梅德韋傑夫已經開始在政壇安置自己的人馬，普京藉此機會安排自己的親信擔任要職，為將來工作的順利開展做準備。2008 年 5 月，巴斯特雷金被提名為俄羅斯聯邦總統反腐敗委員會委員，似乎已經暗示他要承擔更重要的工作。

由於涉及到偵查權力的最終分配，該想法的落實自然面臨重重阻力，聯邦偵查委員的獨立被拖了近三年。在此期間，2009年3月，俄羅斯聯邦最高法院還確認了總檢察長辦公室對聯邦偵查委員會的直管地位，總檢察長的命令對偵查委員會也有約束力，總檢察長有權推翻其第一副手的權力。在這一段時期，總檢察長辦公室隱隱佔得上風。

2010年9月，時任總統梅德韋傑夫宣佈成立聯邦偵查委員會，該委員會由總統直接負責，巴斯特雷金任代理主席，隸屬於檢察院的聯邦偵查委員會不復存在。2011年1月，巴斯特雷金正式就任聯邦偵查委員會主席。從此，聯邦偵查委員會與總檢察院分庭抗禮，不再受總檢察長辦公室約束。巴斯特雷金也真正成為聖彼得堡幫手握重權的大人物，他所領導的偵查隊伍不僅負責全國的刑事案件調查，還在內務部、國防部、聯邦安全局、緊急情況部等強力部門負責調查、反腐工作，成為普京用得極為順手的一把尖刀。

儘管如此，總檢察長辦公室與聯邦偵查委員會的衝突仍在繼續。2011年3月，在針對莫斯科地下賭場的調查中，多位檢察官因涉嫌充當「保護傘」被免職，總檢察長柴卡的長子也涉及其中，偵查委員會毫不留情向媒體公開，同時對柴卡之子開展審訊。

俄羅斯政治信息中心主任阿列克謝・穆欣認為，柴卡和巴斯特雷金之間的個人恩怨一直存在，這也是新衝突的誘因。上行下效，基層偵查人員也開始對檢察官的命令陽奉陰違，檢察官則不

批准偵查人員的起訴。柴卡和巴斯特雷金的衝突，在一定程度上
對全俄的檢察工作造成不良影響。很多體制內人士都認為，如果
克里姆林宮不做出一些嚴肅的管控安排，衝突會不斷上演，危及
全俄的檢察事業。於是克里姆林宮迅速介入，3 月 31 日晚，時
任總統梅德韋傑夫會見了總檢察長柴卡以及聯邦偵查委員會主席
巴斯特雷金，具體會晤內容並未公開，但之後總檢察長辦公室和
偵查委員會的衝突有所緩和，涉嫌經營非法賭博業務並與檢察官
串通的商人伊萬‧納扎羅夫的刑事案件被撤銷。

出色業績

　　作為一個學者出身的高級檢察官，巴斯特雷金在剛接觸工作
不久就迅速適應了身份的轉變。他總是強調需要向檢察官們學習
專業的偵查知識，用實際行動贏得了基層檢察官的尊敬。

　　2008 年 2 月，薩拉托夫州檢察官葉夫根尼‧格里戈里耶夫
被殺。巴斯特雷金親自領導了調查，並在三周內破案。同年，偵
查委員會調查組對所謂的「五日戰爭」──格魯吉亞武裝侵略南
奧塞梯進行了調查，為俄羅斯出兵格魯吉亞提供了「合法性」，
此案移交海牙國際法院審理。

　　2014 年，巴斯特雷金領導了對克拉斯諾達爾地區一個小鎮
特大兇案的調查。有 12 人喪生於一個在該地區橫行 20 餘年、組
織嚴密的犯罪集團之手，巴斯特雷金領導偵查委員會將其搗毀。
同年，他還對被控對烏克蘭東南部平民犯有戰爭罪和種族滅絕罪

的烏克蘭官員提起刑事訴訟。

2016 年，總統普京授予巴斯特雷金司法國務委員職銜，等同於大將軍銜。當年，位於莫斯科的俄羅斯聯邦偵查委員會學院成立並開始招生，巴斯特雷金要求學院開展法醫學、刑事案件調查等專業課程，以提升調查人員的專業素質。他還主持成立了蘇聯和俄羅斯聯邦英雄委員會，在文化部的組織協調下與年輕的調查人員以及學院學生一起開展愛國活動。

巴斯特雷金的一個重要成就，是培養出了一個傑出的接班人——克拉斯諾夫。2020 年 1 月，作為巴斯特雷金一手調教出來的心腹，克拉斯諾夫從偵查委員會第一副主席的位置上接任柴卡，成為俄羅斯歷史上最年輕的總檢察長。多年來總檢察長辦公室與聯邦偵查委員會的衝突終於告一段落。而柴卡轉任俄羅斯總統駐北高加索聯邦區全權代表。

在《獨立報》2021 年 9 月的百名政治人物排行榜中，巴斯特雷金位列第 15 名，柴卡位列 84 名。

家庭及經濟情況

巴斯特雷金的原配娜塔莉亞是他的大學同學，1988 年，這一段婚姻走向終結，但他們始終保持良好聯繫。娜塔莉亞畢業後在內務局工作，2000 年陞任聖彼得堡海軍內務局經濟犯罪處副處長，但不久後因為濫用職權被捕。巴斯特雷金念及舊情，幫前妻擺脫了官司。2003 年娜塔莉亞創立了一家出版社，專門出版

前夫的書。學者出身的巴斯特雷金可謂是著作等身，發表過 150多篇學術論文，還是多部文學、犯罪學著作的作者，2016 年成為俄羅斯作家協會成員。巴斯特雷金也被曝出過抄襲醜聞，不過他堅決對此表示否認。

巴斯特雷金的第二任妻子奧爾加·伊萬諾夫娜是他在司法部直屬的法學院工作時的同事，後來她接替丈夫成為法學院西北分院院長。

巴斯特雷金的兩段婚姻育有多個子女，但只有他的兒子為大眾所知。葉甫蓋尼·亞歷山德羅維奇·巴斯特雷金生於 1986年，是俄羅斯總統駐西北聯邦區全權代表辦公室首席專家。

2012 年，俄羅斯反對派政治家納瓦利內指控巴斯特雷金在捷克擁有房產和企業，還指出巴斯特雷金在捷克擁有居留許可。不過巴斯特雷金多次闢謠，「我正式聲明，我和我的家人都沒有參與過在俄羅斯或國外的企業活動。媒體傳播的信息與現實不符，換言之，這是一個嚴重的謊言，具有誤導性。」對於雙重國籍的指控，他表示自己只是擁有捷克簽證。

別格洛夫
大器晚成的
聖彼得堡市市長

　　2019 年 9 月 18 日，俄羅斯國務活動家、統一俄羅斯黨最高委員會成員亞歷山大・德米特里耶維奇・別格洛夫出任聖彼得堡市市長。之前，他曾分別於 2003 年 6 月 16 日至 10 月 5 日和 2018 年 10 月 3 日至 2019 年 9 月 18 日兩次擔任聖彼得堡市代理市長。2012－2017 年擔任總統駐中央聯邦區全權代表。2017－2018 年擔任總統駐西北聯邦區全權代表。

　　別格洛夫 1956 年 5 月 19 日出生於阿塞拜疆巴庫的一個軍人家庭。中學畢業後考入專業技校，之後又在工業師範學校就讀。1976－1978 年他緊急應召入伍並在蘇軍服役。1983 年，別格洛夫畢業於列寧格勒建築工程學院工業與民用建築專業，之後在列寧格勒建築機構擔任工程技術和領導職務。1986 年，他擔任列寧格勒蘇維埃執委會建設處處長，其間參與了 1988 年亞美尼亞大地震的搶險救援工作。1989 年，別格洛夫出任蘇共列寧格勒

州委社會經濟處處長，一年之後擔任列寧格勒蘇維埃執委會基建總局副局長。其間他參與了列寧格勒「白色淺灘」處理設施、奧爾金處理設施、雷巴茨基水泵站、列寧格勒鋁廠的建設，主管庫普奇諾、雷巴茨基、多爾加湖等多處住宅小區建設。此外，別格洛夫還領導了在巴爾瑙爾、鄂木斯克、克拉斯諾亞爾斯克、莫斯科、喀山、吉爾吉斯、北高加索等地區的一系列專項工程建設。

蘇聯解體使別格洛夫的人生軌跡也發生大的轉折，他從政府官員轉身投入商海。1991－1997 年，別格洛夫出任俄德合資企業「梅拉澤爾」的總工程師。有猜測認為，正是在這個時候，別格洛夫認識了當時擔任列寧格勒市對外聯繫委員會主任的普京。因為正是這個委員會註冊了這家俄德合資企業。1997 年之後的一段時間，別格洛夫在聖彼得堡國立建築大學攻讀博士研究生並同時任副研究員。

1999 年，別格洛夫受邀出任聖彼得堡市庫洛爾特區土地管理局局長。在他的主導下，這裏重建了自由廣場、樹立了彼得大帝紀念碑、修建了幾座城市噴泉。但當時他主導的拉茲里夫湖岸重建工程，引起了當地居民的抗議。據媒體報道，別格洛夫在不同時期還與他人共同註冊了多家商業機構，包括「航空紀錄」、「經濟技術」、「波羅的海建設」、「聯合生產運輸」等公司和「實業夥伴」出版社。

2002 年，時任聖彼得堡市長弗拉基米爾·雅科夫列夫推薦別格洛夫出任副市長，主管政府辦公廳工作。消息人士認為，這一任命是雅科夫列夫與時任總統駐西北聯邦區全權代表維克多·

切爾克索夫之間的妥協。有消息稱，儘管主管幹部工作的總統駐西北聯邦區副代表也同意推舉別格洛夫，但即便如此，聖彼得堡立法會議在第二輪才通過了對別格洛夫的提名。在擔任行政職務的同時，別格洛夫繼續在國家行政學院西北分院在職學習，於2003 年畢業。

2003 年 6 月，雅科夫列夫去職，別格洛夫短期代行市長職權。在此期間，他在發展經濟、學校與企業檢查、採暖季準備等方面推行了積極的政策。此外，別格洛夫於 2003 年 6 月參加了統一俄羅斯黨代表大會並當選為地區分部書記，11 月，他參加了第九屆國家杜馬選舉。有人認為，別格洛夫之所以作出這一決定，是因為在第一輪聖彼得堡市市長選舉中輸給瓦連京娜・馬特維延科。由於在擔任代理市長期間沒有打下良好的社會和政治基礎，他在新市長上任後沒能獲得副市長的職位。

在當年的杜馬選舉中，聖彼得堡是統一俄羅斯黨得票最低的城市之一。該黨高層認為別格洛夫應該對此承擔負責，因此不同意他出任統一俄羅斯黨杜馬黨團領導人或關鍵性委員會代表。無奈之下，別格洛夫只好繼續擔任統一俄羅斯黨聖彼得堡地區分部的領導職務，直到 2004 年 7 月。在這一階段，統一俄羅斯黨聖彼得堡地區分部的成員從 700 人迅速擴人到 1.6 萬人。別格洛夫也因此在 11 月召開的統一俄羅斯黨第五屆代表大會上當選最高委員會成員。

2003 年 10 月 5 日，馬特維延科在提前舉行的聖彼得堡市長選舉的第二輪投票中獲勝。10 月 15 日，別格洛夫被任命為總統

駐西北聯邦區第一副全權代表。而伊利亞・克列班諾夫於 11 月 1 日接替競選市長獲勝的馬特維延科，擔任總統駐西北聯邦區全權代表一職。

2004 年 5 月 24 日，別格洛夫被任命為俄羅斯總統辦公廳監察局局長。2005 年 10 月，他成為總統下屬的落實國家重點項目和人口政策委員會成員。2006 年 7 月，成為該委員會主席團成員。

2008 年 5 月 12 日，別格洛夫取代伊戈爾・謝欽出任總統辦公廳副主任，負責總統辦公室以及文件流轉工作。當時的總統辦公廳主任是謝爾蓋・納雷什金。2008 年 7 月 21 日，別格洛夫被任命為金剛石—安泰空天防禦集團公司董事會主席，眾所周知，這家公司專門從事短、中、遠程防空導彈系統的開發和生產。他的前任是於 2008 年 5 月被任命為國家禁毒署署長的維克多・伊萬諾夫。別格洛夫擔任這一職務一直到 2011 年。

2009 年，別格洛夫開始領導俄羅斯總統下屬哥薩克事務委員會。他構建了哥薩克社區內部的等級制度並對其職能進行了調整，哥薩克人開始保護國家財產、參與街道巡邏和驅散非法集會，為此他們可從地方預算獲得資金。

2010 年尤里・盧日科夫辭職後，別格洛夫曾被視為出任莫斯科市長的可能人選。馬特維琴科 2011 年辭職後，又曾有傳言別格洛夫可能接替她擔任聖彼得堡市長。但這兩個傳言均未落實。

2012 年 5 月 23 日，普京總統任命別格洛夫為總統駐中央聯

邦區全權代表。別格洛夫在這個崗位任職至 2017 年 12 月 25 日。在此期間，他主導了一系列國家級大型宗教節日慶典，還修復了阿索斯島上的教堂。

2017 年 12 月 25 日，普京總統任命別格洛夫為總統駐西北聯邦區全權代表。他重新回到聖彼得堡，辦公地點在瓦西里島靠近三號地鐵線的一棟樓房。可以説，別格洛夫的職業生涯與他在聖彼得堡和列寧格勒州的社會、政治活動密不可分。在此期間，他參與了克琅施塔德海軍大教堂的修復和愛國者公園的開發工作。

2018 年 10 月 3 日，別格洛夫被任命為聖彼得堡代理市長。此前一天，他在市政府任職的妻子和女婿為避嫌提出辭呈。2019 年 2 月 18 日，根據普京總統的命令，別格洛夫成為俄羅斯聯邦安全會議成員。

別格洛夫在擔任聖彼得堡代理市長這段時間似乎運氣不佳，一系列醜聞和麻煩接踵而至。2019 年冬季，城市服務的疏忽和協調不足導致了嚴重後果。從 1 月 1 日到 3 月 13 日，聖彼得堡有 3755 人因嚴寒凍傷，91 人因屋頂冰雪墜落而受傷，其中 1 人不治身亡。聖彼得堡市民紛紛吐槽城市的除雪工作。而恰在此時，別格洛夫為提高在市民中的威信搞了一系列做秀活動，親政府出版物對此進行了積極報道。但裝模作樣的星期六義務勞動等

活動以及社交網絡上頻繁出現的親政府言論,引起了市民們對代理市長的高度不滿。當官員們在其轄區分發帶有別格洛夫簽名的鏟雪鍬時,遭到了市民們的大肆嘲笑。2019 年 1 月,布爾什維克大街供暖管道破裂導致 485 所房屋無法供暖,別格洛夫安排了管道的維修工作。但維修工程結束後,管道又發生了兩次事故,因此人們將這條管道戲稱為「別格洛夫管道」。

2019 年 4 月,應別格洛夫的請求,普京總統批准了建設聖彼得堡和莫斯科之間價值 1.5 萬億盧布的高速鐵路方案。此外,普京還從儲備基金中撥款 1.5 億盧布用於修建「列寧格勒圍困博物館」,斥資 1060 萬盧布向私人開發商收購 24 所幼兒園、4 所學校和 16 處醫療設施。

在擔任代理市長期間,別格洛夫對聖彼得堡的權力結構進行了重大人事調整,解除了與原市長格奧爾基·波爾塔夫琴科過從甚密的幾位副市長、委員會主席和區長的職務,包括副市長伊戈爾·阿爾賓和米哈伊爾·莫克列佐夫。大規模調整官員的一個原因就是該年冬天市內除冰不力。許多媒體都注意到別格洛夫對教會事務的積極關注,但一些媒體認為,他拒絕將伊薩基輔大教堂轉交教會,這證明其對俄羅斯東正教會的態度是作秀,其行為具有機會主義性質。

2019 年 5 月 25 日,別格洛夫宣佈打算以自提名候選人的身份參選聖彼得堡市長。有分析認為這是由於他想與統一俄羅斯黨的負面形象保持距離。儘管如此,別格洛夫還是被認為是來自權力層的候選人。大家認為,從被任命為代理市長起,別格洛夫就

別格洛夫 2022 年認為西方期待俄羅斯垮掉，却低估了俄羅斯的團結能力

開始了他的非正式競選活動，這包括來自克里姆林宮對他的支持以及親政府媒體對他的大規模報道。

　　別格洛夫的副手柳波芙・索維爾沙耶娃在他的競選活動中扮演了重要角色，她對聖彼得堡的媒體施加了巨大壓力。此外，商人尤里・科瓦爾丘克所擁有的「國家傳媒集團」也對別格洛夫進行了大規模的正面宣傳。例如，在精密機械與光學研究所的六層樓房倒塌後，一些媒體報道稱別格洛夫親自從廢墟中救出了大學老師納塔莉亞・謝列布良斯卡婭，但實際上並無此事。

　　在市長選舉登記和正式選舉期間，別格洛夫屢次被指責偽造競選材料和濫用職權，包括在地鐵中有組織地收集簽名、以公益廣告的名義免費發佈競選視頻、強行收集學生和機關事業單位僱員的簽名等。有媒體報道，別格洛夫團隊出於個人目的使用在線機器人並播放不利於競爭對手的虛假廣告。負責運作這種「黑公

關」的人與商人葉夫根尼‧普里戈任有關係。6月，俄羅斯著名
反對派人士阿列克謝‧納瓦利內的地區競選總部公開了別格洛夫
團隊在維堡區偽造的提名表，但別格洛夫的競選總部否認了這種
說法。

根據全俄輿論研究中心的數據，到 2019 年夏季，別格洛
夫的支持率為 55%；而剛被任命為代理市長時，其支持率僅為
24%。在 2019 年 9 月 8 日的投票中，別格洛夫以 64.46% 的支持
率贏得了聖彼得堡市長選舉，其任期將於 2024 年結束。有分析
認為，別格洛夫的順利當選，很大程度上是由於缺乏真正的競爭
對手以及另一位候選人弗拉基米爾‧博爾特科臨時退選造成的。

2019 年 9 月 18 日，別格洛夫宣誓就職聖彼得堡市長。一周
之內，他組建了新的市政府機構，柳波芙‧索維爾沙耶娃、愛德
華‧巴塔諾夫、尼古拉‧邦達連科、葉夫根尼‧葉林、弗拉基米
爾‧基里爾洛夫、弗拉基米爾‧科尼亞基寧、尼古拉‧林琴科、
奧列格‧馬爾科夫、安娜‧米加寧娜、馬克西姆‧沙斯科爾斯基
被任命為副市長。但到 11 月底，索維爾沙耶娃就調任西北聯邦
區總統全權代表，其職務由俄羅斯前交通部長馬克西姆‧索科洛
夫接任。不久之後，曾負責普京在瓦爾代總統官邸安保工作的瓦
列里‧皮卡列夫，被任命為聖彼得堡市副市長。

1993 年，別格洛夫通過題為《曲面鋼筋混凝土元件的穩定
性》的論文答辯，獲得技術學副博士學位。2011 年，別格洛夫發
表了關於哥薩克問題的 41 篇學術成果，包括 5 部專著。這一度
被傳為笑談，人們說，「如此高產的學者真是舉世罕見。」2012

年，別格洛夫在莫斯科國立技術與管理大學通過題為《哥薩克社區的農業生產管理：地方可持續的社會經濟發展潛力》的博士論文答辯。2019 年，互聯網論壇出現了很多對別格洛夫論文抄襲的指責。

別格洛夫公示的 2017 年個人收入為 690 萬盧布，家庭總收入超過 2200 萬盧布。他名下有 3 輛汽車，11 套公寓和總面積超過 5000 平方米的土地。有媒體稱，別格洛夫還擁有四隻瑞士名錶：兩隻寶璣，一隻愛彼和一隻百達翡麗，估計價值為 1900 萬盧布。

2019 年 8 月底，納瓦利內的「反腐敗基金會」透露別格洛夫在莫斯科卡扎姆尼巷擁有一套 150 平方米的公寓，估價為 1.5 億盧布，相當於全家 5 年的收入。別格洛夫的新聞處回應稱，該公寓於 2005 年以 1650 萬盧布的價格購置，購房資金為以前經商時的收入。但是《新報》隨後發佈材料稱，該公寓於完工 4 年後的 2013 年在聯邦註冊、地籍和測繪局登記，而別格洛夫直到 2018 年才承認有這套房產。更重要的是，別格洛夫 1999 年出任公職前的收入並不足以購買這套房產。

別格洛夫的妻子是納塔莉亞‧弗拉基米洛夫娜‧別格洛娃，1955 年 11 月 12 日出生於克拉斯諾達爾邊疆區。2004－2018 年，她擔任聖彼得堡民事登記委員會的領導；2009 年，她獲得了「為祖國服務」二級勳章，並通過了莫斯科科技大學管理學專業的副博士論文答辯。截至 2013 年，她名下的財產包括兩塊總面積超過 1700 平米的土地，一套 242 平米的住宅，三套公寓和兩輛汽車。

　　別格洛夫的長女尤莉亞‧別格洛娃，2011－2017 年她擔任聖彼得堡文化委員會法律部門的負責人。其丈夫帕維爾‧亞歷山大羅維奇‧貝洛夫畢業於聖彼得堡體育學院和國家行政學院西北分院；2008－2012 年他在頂點（Zenit）足球俱樂部的商務部門工作，2012－2016 年任該俱樂部副主席；2016 年 9 月－2018 年 10 月任聖彼得堡市體育運動委員會主席；2019 年起出任俄羅斯天然氣工業股份公司聖彼得堡公司副總經理。

　　別格洛夫的小女兒奧爾加‧庫德里亞索娃，自 2009 年起一直在聖彼得堡國立大學憲法教研室擔任副教授，她擁有「列寧 91 租賃公司」9% 的股份。她的丈夫斯坦尼斯拉夫‧庫德里亞索夫，擁有瓦西里島汽車租賃公司的控股權。

列舍特尼科夫
平步青雲的經濟發展部長

列舍特尼科夫·馬克西姆·根納季耶維奇（Решетников Максим Геннадьевич），俄羅斯政治活動家。自 2020 年 1 月 21 日起擔任俄羅斯聯邦經濟發展部長。2017 年 9 月 18 日至 2020 年 1 月 21 日為彼爾姆邊疆區州長，統一俄羅斯黨最高委員會成員。他曾榮獲二級「為祖國服務勳章」、俄羅斯政府榮譽稱號和俄羅斯總統頒發的感謝狀。

有志青年

列舍特尼科夫 1979 年 7 月 11 日出生於彼爾姆市。父親根納季·列舍特尼科夫和母親瓦蓮京娜·列舍特尼科娃現已退休。列舍特尼科夫中學就讀於彼爾姆市第 17 中學。高中時，他就對市場經濟中的信息技術感興趣，並立志於成為「未來總理」。他

的中學校長埃莉諾‧尼古拉耶夫娜‧帕迪評價他是一個「始終如一且目標明確的學生，從不抱怨功課困難，並且喜歡獲得新知識。」

中學畢業後，列舍特尼科夫考入彼爾姆國立大學經濟控制論系。大學期間，他與一些對控制論感興趣的同學一起設計軟件，用以模擬和分析商業流程的有效性。2000 年大學畢業，獲得數量經濟學學士學位，2002 年又獲得語言翻譯專業學位。2003 年，在Л‧С‧波爾特內教授的指導下，通過《基於資金流的區域經濟管理：原理和模型 — 以彼爾姆邊疆區為例》的論文答辯，獲得經濟學副博士學位。

大學讀書期間，列舍特尼科夫曾在斯特林預測集團公司工作。這家公司的創始人是彼爾姆國立大學教授德米特里‧安德里阿諾夫。該公司將 IT 技術引入經濟分析領域，不僅為俄羅斯各級政府和企業服務，在國外也設有分支機構。在此期間，列舍特尼科夫將系統化管理的思想向主要客戶 — 彼爾姆邊疆區政府進行了推介。

2000 年大學畢業時，很多同學都去了銀行部門，而列舍特尼科夫卻考上了彼爾姆邊疆區政府公務員。當時，擔任彼爾姆邊疆區立法會議代表的尼基塔‧別雷赫（後曾擔任基洛夫州州長）幫了忙，而當時擔任彼爾姆邊疆區州長的是現任俄羅斯聯邦總統駐遠東聯邦區全權代表尤里‧特魯特涅夫。在邊疆區政府工作期間，列舍特尼科夫先後擔任預算收支規劃處處長、經濟管理總局副局長、地區規劃部第一副主席、地區規劃部主席等職務。2006

年至 2007 年任彼爾姆邊疆區政府辦公廳第一副主任。列舍特尼
科夫工作勤勉，甚至被同事稱為工作狂，他因此也受到了上層的
賞識。

從邊區到首都

2007 年—2009 年，列舍特尼科夫被調到俄羅斯聯邦經濟發
展部，先後擔任跨預算關係司副司長和聯邦主體權力機關活動績
效監測與評估司司長。

在從地方到中央乃至之後的仕途發展中，列舍特尼科夫得到
了不少人的幫助。現任莫斯科副市長、市長辦公室兼市政府辦公
廳主任拉科娃·阿納斯塔西婭，對他可以說有知遇之恩。拉科娃
是普京總統的親信—前任莫斯科市長謝爾蓋·索比亞寧（曾擔
任俄羅斯聯邦總統辦公廳主任、俄羅斯聯邦政府辦公廳主任）的
紅人，她在總統辦公廳任職時負責聯繫彼爾姆邊疆區，當時就關
注到了列舍特尼科夫。列舍特尼科夫第一次在拉科娃手下工作是
在地區發展部，第二次則是拉科娃邀請他到了莫斯科市政府辦公
廳，並繼續給了他不少關照。

列舍特尼科夫的另一位「貴人」是時任莫斯科市長索比亞
寧。在莫斯科市政府工作期間，列舍特尼科夫為索比亞寧鞍前馬
後，完成了不少急難險重的工作，從而也完全融入了索比亞寧的
團隊。直到如今，他也被認為是索比亞寧的嫡系。

2009 年 4 月 14 日至 10 月 12 日，列舍特尼科夫擔任彼爾姆

列舍特尼科夫和索比亞寧一起出席活動

邊疆區政府辦公廳主任，當時的邊疆區行政長官是奧列格・齊爾庫諾夫。在此期間，列舍特尼科夫主持制訂了《彼爾姆邊疆區社會經濟發展戰略》。列舍特尼科夫屬於年輕一代政治精英，善於在工作中充分利用社交媒體。在彼爾姆工作期間，他定期進行網絡現場直播，並在 Instagram 上回答市民們提出的問題。這種與公民直接互動交流的做法，引起了當時的俄羅斯聯邦總統德米特里・梅德韋傑夫的關注。

2009 年 3 月，梅德韋傑夫總統力主推出了「總統百名後備幹部計劃」，目的是為國家發現才華橫溢的各領域管理人才，作為高級後備幹部加以培養和重用。由於自身的工作業績以及與索比亞寧的關係，列舍特尼科夫順利進入了第一批「百名後備幹部名單」。

2009 年 10 月 12 日，列舍特尼科夫被任命為俄羅斯聯邦政府

辦公廳國家管理、地區發展和地方自治司司長，任職至 2010 年
12 月。當時的聯邦政府辦公廳主任正是索比亞寧。

莫斯科新星

索比亞寧擔任莫斯科市長後，列舍特尼科夫也跟隨他到莫斯
科市政府工作。2010 年 12 月至 2012 年 4 月，擔任市政府辦公廳
和市長辦公室第一副主任。期間，列舍特尼科夫為開設莫斯科國
際金融中心做了很多籌備工作，同時建成了「我們的城市」互聯
網門戶網站。該網站用於莫斯科市民直接與政府各主管部門的聯
繫交流，而無需排隊和繁文縟節，這為市民與政府官員之間的直
接互動提供了第一個互聯網空間。此外，他也是《2014－2025 年
莫斯科投資戰略》的主要起草者之一。

在成功主持了幾個項目之後，他於 2012 年 4 月至 2017 年 2
月出任莫斯科市政府經濟政策與城市發展司司長，所有莫斯科城
市建設項目的財政投資協調都要過他的手。這一時期，他支持以
項目目標原則進行預算佈局，還支持私營部門參與教育、醫療保
健和文化遺產保護等公用事業。

在莫斯科市政府工作期間，列舍特尼科夫與拉科娃配合默
契。在拉科娃的支持下，他繞開主管莫斯科市經濟問題的副市長
安德烈‧沙羅諾夫而直接向市長彙報工作。沙羅諾夫是戈爾曼‧
戈列夫（曾經擔任俄羅斯聯邦經濟發展部長，現任俄羅斯儲蓄銀
行行長）的人，與俄羅斯眾多大商人關係密切。而在市政府內

部，他與拉科娃勢不兩立、明爭暗鬥。沙羅諾夫始終主張將新的
經濟活動監管者與企業家進行協調，但拉科娃和列舍特尼科夫反
對這種做法，認為這是在搞院外活動。

有一段時間，莫斯科市區的很多商亭和季節性餐館，都是由
商人們自行租用土地並自行搭建的。列舍特尼科夫認為，未經授
權的小商小販會損害整個貿易行業的發展。因此，他在莫斯科主
導了「違章商亭」的拆除和改造工作，還親自參加了著名的「長桶
之夜」攤位的拆除。之後，他主持建立了市政商亭並把它們出租給
商戶。此外，列舍特尼科夫還在莫斯科引入了針對個體商戶的交
易費和特許證制度，提高了對豪華住宅業主徵收財產稅的額度。

在實施莫斯科城市建設項目的過程中，列舍特尼科夫也為自
己親近的一些機構進行游說。比如他讀大學時曾兼職的彼爾姆斯
特林預測集團公司，就成了莫斯科市政府一系列工程的重要承包
商，為莫斯科市政府搞的一系列項目和工程開發信息系統、提供
網絡服務，當然也參與了「我們的城市」電子政務項目的建設。
而列舍特尼科夫把自己在彼爾姆工作時的老部下納塔莉亞・卡塔
耶娃安排到了莫斯科市政府，專門負責這些項目的實施。

年輕的封疆大吏

2017 年，列舍特尼科夫在俄羅斯國民經濟與國家行政學院
完成了總統後備幹部培訓課程。總統後備幹部培訓班也被稱為
「州長學校」，畢業生有的會擔任地方領導人，有的會到國家部

列舍特尼科夫和普京在一起

委任職。俄羅斯現任總理米哈伊爾·米舒斯金曾為這個培訓項目
授課。

2017 年 2 月 6 日，根據普京簽發的總統令，列舍特尼科夫被
任命為彼爾姆邊疆區代理州長。2017 年 6 月 14 日成為統一俄羅
斯黨推舉的彼爾姆邊疆區州長正式候選人。9 月 10 日，列舍特
尼科夫以 82.06% 的得票率贏得選舉。9 月 18 日，正式就任彼爾
姆邊疆區州長。

任州長期間，列舍特尼科夫將市轄市政區合併入市區，增加
了定居點。他在彼爾姆較早廢除了以推算收入作為徵收標準的單
一稅。2017－2019 年，彼爾姆邊疆區地方預算自 2008 年以來首
次出現盈餘。列舍特尼科夫禁止在住宅樓附近和街道上設置非固
定式零售商亭。在彼爾姆更新了市政交通樞紐、建設了新的公共

活動場所。他還定期在他的 Instagram 頁面上進行直播，回答彼爾姆居民的提問。

2017 年 12 月，列舍特尼科夫正式加入統一俄羅斯黨，並在 2018 年 12 月 8 日舉行的該黨第十八次代表大會上被選為最高委員會委員。

平步青雲

2020 年 1 月 21 日，根據普京簽發的總統令，列舍特尼科夫被任命為俄羅斯聯邦經濟發展部長。同時，他辭去了彼爾姆邊疆區行政長官職務。不久，列舍特尼科夫又被選為俄羅斯風險投資公司董事長。

列舍特尼科夫不到 41 歲就被任命為經濟發展部長，引起了很多人的好奇。根據當代國家發展研究所所長德米特里·索洛尼科夫的說法，列舍特尼科夫在彼爾姆邊疆區工作時就廣受讚譽。他屬於在過去幾年中被吸收進入地方政府的年輕一代「技術官僚」。這些新一代精英確保了勞動生產率的增長、地方經濟的發展、引進了新技術並積極制定了地方戰略發展規劃。彼爾姆市杜馬代表、公正俄羅斯黨彼爾姆邊疆區黨部副主席米哈伊爾·別斯法米爾內強調，「列舍特尼科夫任州長期間的重要成就，是在從城市建設、交通運輸、環境開發等各個方面都力求高標準、高質量、更舒適。」俄羅斯政治學者馬拉特·巴希洛夫在一檔政治評論節目中說，「作為經濟發展部長，列舍特尼科夫應該創新地方

經濟發展模式，開始新的投資周期」，「也就是説，經濟發展部正在轉向國內任務。」另外一檔電視評論節目則認為，在經濟發展部部長的位置上，列舍特尼科夫的主要任務，是整理統計和宏觀經濟數據，對國家項目的實施情況進行深入分析。而實際上，俄羅斯新總理米哈伊爾‧米舒斯金交付給他的一項重要任務，就是制訂俄羅斯新的經濟政策。

　　然而，彼爾姆邊疆區杜馬代表納傑日達‧阿吉舍娃卻對列舍特尼科夫的工作持負面評價：「彼爾姆邊疆區處於低迷狀態，遠遠落後於其他具有競爭力的城市。列舍特尼科夫的確激發了許多樂觀情緒。但實際上，他只是一個上峰命令的執行者。他不善與人交流，獨斷專行，實際上是新一代官僚。顯然，他不了解立法和建立穩定規則的重要性。他打破了一些舊章程，但並沒有除舊立新。他所做的一切只不過是想得到進一步陞遷的機會。選民給予了他太高的期待—80% 以上的支持率，但他沒有推行任何一項善始善終的公共政策。他還粗暴干涉地方自治機構活動，壓制它們做出的所有決定。」

　　《新報》的一篇文章寫道：「彼爾姆當地人現在都在議論什帕金工廠工人的事，政府把這個工廠搞成了一個什麼『文化空間』，但工人們迄今為止也沒有像列舍特尼科夫當初承諾的那樣得到安置和再就業。在城市動物園建設和共青團員大道附近的老菩提樹街的拆遷改造工程中，有數十億盧布的資金被貪污。」

個人生活

列舍特尼科夫的夫人安娜畢業於彼爾姆國立大學，據說比他大 15 歲。兩人育有二女一子。

列舍特尼科夫工作之餘喜歡打網球、騎自行車，陪孩子們玩滑板。他熱愛繪畫，尤其是對列寧格勒小組海洋風格的作品情有獨鍾。到首都工作後，他喜歡徜徉於莫斯科老城，特別是在清泉區一帶散步、參觀希特羅夫卡附近的老教堂。

列舍特尼科夫大學畢業後立即開始了公務生涯，從未做過生意。2011－2019 年，他的總收入為 7500 萬盧布。他個人未持有股票，也不參與證券交易。

列舍特尼科夫一家在彼爾姆市擁有一套公寓，位於斯維爾德洛夫斯區的維多利亞小區，價值 2000 萬盧布。俄羅斯著名反對派人士阿列克謝·納瓦利內的機構證實，列舍特尼科夫在莫斯科「新屋」高尚社區擁有一套面積 254 平米的公寓，市價高達 2 億盧布。這是莫斯科政府分配給他的。

阿里漢諾夫
當今俄羅斯最年輕的州長

安東·安德烈耶維奇·阿里漢諾夫（Антон Андреевич Ал-иханов），1986年9月17日出生於蘇聯格魯吉亞阿布哈茲自治共和國首府蘇呼米市。他是目前俄羅斯最年輕的州長，青年近衛軍中的佼佼者。阿里漢諾夫畢業於俄羅斯全俄國立稅務學院，獲得金融與信貸、法學學士學位。隨後進入俄羅斯普列漢諾夫經濟大學求學並獲得經濟學副博士學位。畢業後曾在俄羅斯聯邦司法部、俄羅斯聯邦工業和貿易部工作。2018年他被委以重任，以俄羅斯歷史上最年輕州長的身份執掌俄羅斯在歐洲的飛地——加里寧格勒州。已婚，育有兩個兒子，一個女兒。

少年時光

阿里漢諾夫出生於一個知識分子家庭。父親安德烈·安東諾

維奇・阿里漢諾夫（Андрей Антонович Алиханов）曾就讀於
格魯吉亞蘇呼米農業大學，在那裏學習了有關亞熱帶農業的知
識，畢業後在生產茶葉和煙草的工廠工作，並從事創業活動。母
親利阿納・泰拉諾夫娜・阿里漢諾娃（Лиана Тейрановна Али-
ханова）畢業於格魯吉亞第比利斯國立醫學院，獲得醫學副博
士學位。父親擁有希臘與哥薩克血統，母親擁有俄羅斯與格魯吉
亞的血統。歷史上，哥薩克人總是沸騰着英勇無畏的血液。哥薩
克的血統似乎預示着阿里漢諾夫的不凡。若干年後，阿里漢諾夫
走上了與祖先相似但又不同的道路：他成為了俄羅斯聯邦飛地的
守護者。

1992 年，阿里漢諾夫時年六歲。因格魯吉亞—阿布哈茲戰
爭爆發，蘇呼米市居民不得不在地下室躲避持續不斷的轟炸，這
樣的生活持續了幾個月。阿里漢諾夫一家最終決定放棄在蘇呼米
的家產，舉家遷至莫斯科，一切從頭開始。他們與家族的其他成
員共計 9 人在一個地鐵站附近租了個單間公寓。1994 年，阿里漢
諾夫的弟弟喬治出生。在日後一次採訪中，阿里漢諾夫回憶，這
段時間在他的記憶中被深深打上冷漠和黑暗的烙印。但是，異鄉
漂泊的磨礪並沒有壓垮阿里漢諾夫一家，哥薩克的血液只會讓他
們愈挫愈勇。

憑藉出色的專業素養，母親很快在莫斯科找到工作，擔任
莫斯科市第四臨牀醫院腸胃科主任。父親決定下海經商，自主
創業。不久後，他創辦了肉類批發公司 Rusmyasomoltorg，並

持有 20% 的股份，該公司的主要業務是批發肉類產品，涉及家禽肉產品以及肉罐頭的批發貿易。在生意最好的幾年裏，Rusmyasomoltorg 與國防部、內務部療養院、聯邦生物醫藥署以及鮑曼大學等機構簽訂了巨額合同，據 SPARK 分析公司透露，Rusmyasomoltorg 的收益達到了 21 億盧布。多年來，安德烈‧阿里漢諾夫設法收購了六項商業資產。有關安德烈‧阿里漢諾夫白手起家的報道並不多，但有可靠消息表明，在莫斯科大展拳腳的同時，他與俄羅斯第一副總理伊戈爾‧伊萬諾維奇‧舒瓦洛夫（Игорь Иванович Шувалов）、第七屆國家杜馬議員候選人奧列格‧利沃維奇‧米特沃利（Олег Львович Митволь）等權貴建立起良好的私人關係。此外，20 世紀 90 年代，他曾與米哈伊爾‧維克特羅維奇‧巴比奇（Михаил Викторович Бабич）共同工作，巴比奇當時擔任 Rusmyasomoltorg 公司第一副總裁，現任俄羅斯聯邦總統駐伏爾加聯邦區全權代表。2015－2016 年間，安德烈‧阿里漢諾夫的企業都破產了。

　　知識分子家庭深知教育的重要性，因此，黯淡的童年並沒有阻礙阿里漢諾夫獲得出色的教育。抱着實用的目的，他選擇了當時最受年輕人歡迎的金融專業。他大學就讀於俄羅斯聯邦稅務總局直管的全俄國立稅務學院，獲得金融與信貸學士以及法學學士學位。兩年後，進入經濟名校俄羅斯普列漢諾夫經濟大學求學，2012 年獲得經濟學副博士學位，學位論文題目是《公司組織文化發展的成本管理》。

踏上仕途

2010 年，年僅 24 歲的阿里漢諾夫開始在俄羅斯聯邦司法部工作，擔任高級顧問。在這裏，他學以致用，充分磨練了自己在經濟學與國民經濟管理方面的實踐技能。3 年後，朝氣蓬勃的年輕人被調往俄羅斯聯邦工業和貿易部工作，先後擔任該部對外貿易活動法規部副主任、主任。在俄羅斯被西方國家經濟制裁的情況下，該部門負責確定各種設備、原材料和其他產品的進出口配額，職權大大增加。阿里漢諾夫領導該部制定了「歐亞經濟聯盟產品標準」，並且參與了關稅同盟國家之間農業機械領域合作項目的創建。同時，阿里漢諾夫兼任俄羅斯聯邦工業和貿易部工業協調理事會成員。

2015 年 8 月，他成為歐亞經濟委員會工業和生產諮詢委員會的正式成員。該委員會是歐亞經濟聯盟的常設監管機構，其決定對歐亞經濟聯盟的成員國具有約束力。不久後，阿里漢諾夫被任命為加里寧格勒州政府副主席，負責經濟、農業與工業。《生活》期刊評論家拉斯金・亞歷山大透露，是阿里諾夫父親的好友 —— 俄羅斯聯邦第一副總理伊戈爾・舒瓦洛夫在這一過程中發揮了關鍵作用。時任加里寧格勒州長尼古拉・尼古拉耶維奇・楚卡諾夫（Николай Николаевич Цуканов）對來自莫斯科的安排極為不滿。此前，總統普京就安排了自己的警衛葉夫根尼・尼古拉耶維奇・澤尼切夫（Евгений Николаевич Зиничев）擔任加里寧格勒安全局的負責人，不久之後，在克里姆林宮的網站

上出現了一條消息，指出楚卡諾夫已被解職，並被任命為該州的代理州長。這意味着他將不得不參加州長的提前選舉，但是突然這條消息從克宮網站上又消失了，官方解釋是出現了技術錯誤。總之，來自莫斯科的某些力量在試圖搞掉楚卡諾夫。目前尚不清楚幕後究竟發生了什麼，但楚卡諾夫最終被提前解職了，阿里漢諾夫在即將舉行的大選前夕到達了加里寧格勒。不得不承認，楚卡諾夫確實很難抵禦年輕首都「新貴」與當地精英建立的密切聯繫。

　　在加里寧格勒州，這位年輕的技術官僚充分運用自己的學識，深度參與制定了加里寧格勒中期戰略發展計劃。阿里漢諾夫取消了「經濟特區」（SEZ）的海關特權，並引入了補償這方面收入損失的機制。由於加里寧格勒州沒有聯邦預算分配資金的透明機制，因此阿里漢諾夫必須監控這些現金流。他認為，加里寧格勒商人在「海關特權」生效期間，少向政府繳納了約 50000 億盧布，而該地區的投資水平僅為 900 億盧布。2015 年 12 月 17 日，他開始領導加里寧格勒經濟特區的行政工作，監督制定有關加里寧格勒地區企業家活動特殊商業制度的法律法規。他在採訪中曾透露，他協調所有重要問題的方式，不是與楚卡諾夫政府的代表協調，而是與克里姆林宮的負責人直接協調。他決定在加里寧格勒地區的新法律中，減少關於經濟特區的所有規定和超前經濟發展區的規定。阿里漢諾夫與聯邦財政部和外交部進行了溝通，以協調該法律。在此過程中，他又繞開了州長楚卡諾夫。在 2016 年 4 月，當地的關稅豁免正式被直接的聯邦補貼所取代。

2016 年 7 月，楚卡諾夫被總統普京任命為西北聯邦區總統全權代表。他在加里寧格勒主政的結果被證明是相當消極的，許多加里寧格勒人都期待着他去職。2016 年 10 月 6 日，普京任命阿里漢諾夫為加里寧格勒的代理州長，與他進行了初步會晤。值得注意的是，阿里漢諾夫在在大選開始前兩周才剛滿 30 歲。上任伊始，阿里漢諾夫就表示將在加里寧格勒取消增值稅，包括將本國以及白俄羅斯、哈薩克斯坦、亞美尼亞的商品進口到該地區而不徵收增值稅。他還游說外交部為外國人進入加里寧格勒引入電子簽證。與他的前任相比，阿里漢諾夫試圖在工作方式上展示一種更為「先進」的方法，着重於提高政府機構的透明度。他曾特別批評加里寧格勒的旅遊發展公司缺乏透明度。

2017 年 9 月 10 日，阿里漢諾夫在加里寧格勒州的選舉以81.06% 的得票率當選，成為俄羅斯最年輕的州長。9 月 29 日，阿里漢諾夫正式上任。

同年 12 月 21 日，阿里漢諾夫於加入統一俄羅斯黨。

加里寧格勒州位於俄羅斯的最西部，南鄰波蘭，東北部和東部與立陶宛接壤，與俄羅斯本土並不相連。該地原為立陶宛的一部分，後來被德國瓜分，成為了東普魯士的一部分，二戰後割讓給蘇聯。1991 年蘇聯解體後，立陶宛和白俄羅斯相繼獨立，導致加里寧格勒與俄羅斯本土分開，而成為俄羅斯的飛地。加里寧格勒具有極其重要的戰略地位，它不僅是俄羅斯除聖彼得堡外唯一的波羅的海不凍港所在地，軍事上更是打入北約的一個楔子。加里寧格勒曾是前蘇聯實力最強的波羅的海艦隊司令部，如今加

里寧格勒外港波羅的斯克則駐紮着當下俄羅斯的波羅的海艦隊，是牽制北約的重要力量。2020 年 5 月 24 日，美國總統國家安全事務助理羅伯特·奧布賴恩在接受德國《圖片報》採訪時表示，加里寧格勒特殊的地理位置，本應使其成為西歐和俄羅斯之間的貿易樞紐，以及旅遊和人員交流的中心。不幸的是，俄羅斯政府把加里寧格勒打造成一個封閉的軍事基地，裏面塞滿了現代化武器和導彈。導彈針對的目標是以波羅的海國家為代表的美國盟國。對於俄羅斯和歐洲而言，當前的加里寧格勒，等同於一個被遺憾錯失的機會。這個俄羅斯的武器庫，就像是插入歐洲心臟的匕首。

剛過而立之年就執掌如此重要的戰略要地，阿里漢諾夫儼然已經成為俄羅斯總統辦公廳主任安東·瓦伊諾與副主任謝爾蓋·基里延科物色的新一代俄羅斯年輕技術官僚中的佼佼者，總統普京的青年近衛軍的領頭羊。加里寧格勒州似乎也只是其日後繼續

加里寧格勒地理位置示意圖

高陞的跳板。

　　加里寧格勒地區前杜馬議員、地區政策基金會主任所羅門·金茨堡認為，「阿里漢諾夫是一個自由主義者，他有民主傾向，他有現代的心態，他不會使用集體農場的方法來統治該地區」。「加里寧格勒州州長應具有總統與歐盟互動的特別代表的身份，所以阿里漢諾夫將能夠組建一支正常的團隊，以恢復這俄羅斯與歐盟破裂的關係。對於加里寧格勒地區來說，這種合作是必不可少的。」

　　阿里漢諾夫在青年時期是家道已經逐漸興盛，但雄心勃勃的年輕人並不貪戀財富，只想建立自己的事業。加里寧格勒地區杜馬代表伊戈爾·魯德尼科夫指出，「他的青年樂觀主義激發了他成長為體面的領導人的慾望。」阿里漢諾夫多次公開表示，「我想讓人們來都加里寧格勒州，讓他們喜歡這裏，想要留在這裏，而不是使用加里寧格勒作為臨時跳板。」阿里漢諾夫從不吝惜對加里寧格勒人的讚美之辭，這也迅速拉近了他與民眾之間的距離，「該地區非常有趣，與其他地區不同，它具有自己的魅力。而且居民具有一定的加里寧格勒性格。他們習慣於依靠自己，曾經是戰士。儘管困難重重，但他們始終樂觀地展望未來，並不會停止戰鬥。」這位留着哥薩克血液的年輕人不知不覺與加里寧格勒產生了深深的共鳴。

　　初來乍到，根基尚淺。在任職一周後，阿里漢諾夫就向杜馬地區委員會提交了重組地區政府的建議。政府的主要變化之一是在控制和審核服務，在房屋檢查以及建築和施工監督的國家檢查

的基礎上組建了地區監督部。此外，一些部委被合併為一個部門，許多地區性基金也發生了同樣的情況。

人脈資源

但是，大多數加里寧格勒人對阿里漢諾夫的人事政策並不感興趣，而對州長本人是誰比較感興趣。其妻子的家庭背景吸引了公眾的注意。

阿里漢諾夫在讀大學時與妻子達莉亞・維亞切斯拉沃夫娜・阿布拉莫娃（Дарья Вячеславовна Абрамова）相識。婚後兩人育有三個孩子，分別是兒子安德烈（生於 2012 年），女兒波琳娜（生於 2015 年），以及未曝光的小兒子（生於 2018 年）。

阿布拉莫娃畢業於莫斯科國際關係學院新聞學院，父親是俄羅斯聯邦內務部退役上校，母親則擁有兩家酒業公司。其祖父是俄科學院院士、蘇呼米斯克利福索夫斯基研究所所長、著名心臟外科醫生莫格利・沙羅維奇・胡布蒂亞（Могели Шалвович Хубутия），在其擔任研究所所長期間，曾與普京會見討論醫療問題。他在梅德韋傑夫擔任總統期間，與梅德韋傑夫和莫斯科市長謝爾蓋・索比亞寧緊密合作，同時為在莫斯科多莫傑多沃機場恐怖襲擊的受害者組織了援助。同年，梅德韋傑夫親自為其頒發了祖國三級功績勳章。

胡布蒂亞這個姓氏並不常見，人們似乎很快找到了阿里漢諾夫背後的另一位權貴 —— 米哈伊爾・米哈伊洛維奇・胡布蒂

亞（Михаил Михайлович Хубутия），他是羅斯托夫氏族的成員，俄羅斯最大的武器商店 Kolchuga 的控制者，被公認為是俄羅斯格魯吉亞僑民的領導人之一。2007 年，他發起組建了「俄羅斯格魯吉亞聯盟」。該組織的活動旨在維持和加強格魯吉亞和俄羅斯之間的歷史和文化聯繫，相關工作得到了俄羅斯東正教教會牧首的支持。他還是俄羅斯最大的狩獵與運動供應商之一的 Rosimpex 公司的擁有者，該公司另一位大股東愛德華・阿爾貝羅維奇・約法（Эдуард Альбертович Иоффе），是俄羅斯國家技術集團 Rostec 的卡拉什尼科夫公司總經理的商業顧問。因此，在有心人看來，阿里漢諾夫就與 Rostec 總經理謝爾蓋・切梅佐夫這個普京核心政治圈的大人物牽上了線。一些消息人士稱，切梅佐夫是推薦阿里漢諾夫出任加里寧格勒州長的幕後大佬。阿里漢諾夫本人否認與米哈伊爾・胡布蒂亞的關係以及切梅佐夫的關係。儘管如此，Rostec 近年來在加里寧格勒地區的活躍還是引起了人們的注意。

作為俄羅斯聯邦地區最年輕的領導人，阿里漢諾夫憑藉自己出色的個人能力以及深不可測的家庭背景，成為普京青年近衛軍中的佼佼者。與其他出色的技術官僚如安東・瓦伊諾、謝爾蓋・基里延科相似，阿里漢諾夫也習武多年，精通柔道、搏擊、空手道，獲得空手道黑帶。與他們不同的是，阿里漢諾夫的年輕意味着無限可能。阿里漢諾夫 2024 年 38 歲，2030 年 44 歲，2036 年 50 歲。日後，當這個政治明星積累了足夠的政治資本後，或許會真正大放異彩。

拉科娃
莫斯科的「女主人」

　　拉科娃‧阿納斯塔西婭‧弗拉基米羅夫娜（Ракова Анаст-асия Владимировна），1976 年 2 月 8 日出生於俄羅斯重要的石油城漢特曼西斯克。1998 年，畢業於秋明國立大學法學院並獲得法學學位。2000 年，她又獲得了金融與信貸專業第二學位。2001－2005 年，她擔任秋明州州長助理；2006－2008 年，擔任俄羅斯總統辦公廳主任的祕書處副主任；2008－2009 年，擔任俄羅斯地區發展部副部長、聯邦政府辦公廳副主任；從 2010 年起，擔任莫斯科市副市長。

石油城的「女總管」

　　拉科娃大學畢業之後立即開始了她的政治生涯。這位年輕的律師獲得了漢特曼西自治區杜馬辦公廳一級專家的職位。而

1994－2000 年擔任自治區杜馬主席的是謝爾蓋·索比亞寧。之前，他曾擔任科加雷姆市市長。

在當地杜馬，拉科娃晉陞很快。從最初的一級專家很快就當上了法案審查委員會負責人。從那時起，她的職業生涯就與索比亞寧密不可分。

2001 年 1 月，在擔任總統駐烏拉爾聯邦區副全權代表半年之後，索比亞寧參加了秋明州州長競選，而拉科娃是其競選團隊的重要成員。在競選過程中，拉科娃利用所掌握的法律知識，向選舉委員會投訴了索比亞寧的競爭對手、時任州長列昂尼德·羅凱茨基的選舉違規問題，幫助索比亞寧贏得了選舉，從而也得到了他的充分信任。

在秋明州州長選舉後，拉科娃在漢特曼西自治區副主席顧問的位置上幹了三個月的時間，之後便被已成為秋明州州長的索比亞寧任命為州長助理。在這個位置上，拉科娃充分展現出了自己的專業水準和政治素養。之後，她進入州法律工作委員會工作，並於 2004 年因「為秋明州地方立法發展做出巨大貢獻」而獲得州杜馬嘉獎。2005 年前曾長期擔任秋明市長的俄羅斯聯邦委員會成員斯捷潘·基里丘克評論道：「她是一流的專業律師，對法律非常熟悉。同時她也很負責任，既樂於助人，又堅持原則。如果法律上可行，她會幫忙；否則她會明確拒絕。」

拉科娃在秋明州政府工作期間，就已經成了州長索比亞寧的「影子顧問」。索比亞寧稱讚她是「一位稱職的法律工作者和優

秀的組織者。」

在秋明，拉科娃不太喜歡與媒體過多交流，當時她的照片幾乎沒有在媒體上太多出現過，她始終努力保持低調。盧克石油公司公共關係部原主任亞歷山大·瓦西連科清楚記得這位「年輕女孩」是如何融入秋明州政府的。他回憶說：「她向索比亞寧提供建議，但從未喧賓奪主……她是一位熟練的組織者，從不懈怠，幹什麼都是目標明確、有條不紊。」

當地的另一位政界人士指出，索比亞寧需要左膀右臂，而拉科娃成功地扮演了「技術官僚」的角色：「她是一個工作狂，幾乎每時每刻都在處理各種各樣的文件。她總結能力很強，能很快從枯燥乏味的公文中概括出最實質性的東西。可以說，拉科娃為州長完成了所有墨守陳規的例行公務，使他有更多時間從事更有意義的工作，當然也可以去幹他最喜歡的事——釣魚和打獵。」

當時拉科娃的職權範圍包括監督聯邦法律在當地的執行情況、支持優惠的政府投資項目以及進行市政改革，但州長索比亞寧在許多事情上都依賴拉科娃的意見，實際上州裏的大事小情都需要得到她的認可。此外，拉科娃還幫助她的上司與聯邦政府進行溝通，特別是在聯邦政府與州政府的聯合工作組中。有人說，州長經常是在徵得其女助手同意後才會在　些文件上簽字。到索比亞寧州長任期快要結束時，州議會已經將拉科娃稱為州政府不可替代的「總管」。

從此之後，索比亞寧無論走到哪裏，都會把拉科娃帶上。

進入聯邦中央

2005 年索比亞寧的州長任期結束後，拉科娃在秋明州政府辦公廳主任的位置上又工作了半年的時間。在許多人眼裏，拉科娃當時已顯然是秋明州州長的未來人選。2005 年 11 月 18 日，《秋明晚報》甚至在頭版刊登了拉科娃的大照片和她的簽名。

但是在 2006 年，已經當上俄羅斯總統辦公廳主任的索比亞寧將拉科娃召到了莫斯科，任命她為自己祕書處的副主任。

在總統辦公廳工作期間，拉科娃由於辦事有些死板，並不是很招同事們的喜歡，但大家都尊重她，視她為一個好的管理者。前總統辦公廳官員評論稱，「拉科娃的陞遷歸功於索比亞寧，她對他自然也非常忠誠。她很聰明，有條理，始終如一，辦事果斷，是一個不錯的管理者。但有時，她對政治和公關的感覺不太好，有時會招惹一些小麻煩並牽涉到自己的老闆。」

2008 年普京和梅德韋傑夫「王車易位」之後，普京任命索比亞寧為俄羅斯聯邦政府副總理兼政府辦公廳主任。而拉科娃跟隨索比亞寧也從總統辦公廳到了聯邦政府，出任國務祕書、地區發展部副部長，成了德米特里·科扎克的副手。秋明州杜馬前代表維克多·邦達爾說：「我從未設想過她會成為獨立的政治家。索比亞寧把她安排到科扎克那裏，是因為無法立即帶走她。」另一位前聯邦高級官員說：「她似乎沒想成為一個獨立的政治家。不過她的確是一位善於服務、值得信賴的副手。」

這一年，拉科娃加入了統一俄羅斯黨，該黨當時的總委員會

主席團祕書維切斯拉夫·沃洛金（現任總統辦公廳主任）親自向她頒發了黨證。

拉科娃「放單飛」持續了一年多的時間。當時曾有傳聞她有可能接替因坐直升飛機在阿爾泰山打獵墜機而亡的亞歷山大·科索普金出任總統駐國家杜馬代表，但最終並未落實。但她進入了時任總統梅德韋傑夫倡議選拔的「首批百名後備幹部名單」，為之後的發展進一步鋪平了道路。

2009 年 2 月，拉科娃被任命為俄羅斯聯邦政府法律工作部主任。這意味着，沒有她的簽字，聯邦政府的任何法令都不可能頒佈。同年 10 月 30 日，她又被時任俄羅斯總理普京任命為聯邦政府辦公廳副主任。

2010 年 9 月，俄羅斯全國性的電視台開始了一場針對時任莫斯科市長尤里·盧日科夫的批評攻勢。不久，梅德韋傑夫總統簽署命令，解除了在位已經 18 年之久的莫斯科市長的職務。當時很多人認為，代理市長弗拉基米爾·列辛會順理成章地接任市長，但最終接掌莫斯科的，卻是當時的總統辦公廳主任索比亞寧。

莫斯科的「女主人」

2010 年 10 月，索比亞寧就任莫斯科市長。他上任後，馬上組建新的市政府，並任命拉科娃為市政府辦公廳主任兼市長辦公室主任。

　　按照分工，拉科娃主管市政府辦公廳和城市社會發展，但一位曾在莫斯科市政府工作的人說，她的「權限比正式規定的要大得多，她經常干預其他副市長的職權範圍。她可以影響他們的活動，但他們不能影響她。」另一位前市政府高級官員稱，拉科娃不僅是莫斯科市政府的「二號人物」，實際上她才是真正的「市長」，對首都的政治擁有決定性的影響。而索比亞寧主要幹三件事：從普京那裏獲取指示、擺平各式大人物們在莫斯科的利益、出席各種各樣的會議。接近市政府的人士說，與市民的溝通對於索比亞寧來說過於「費心勞神」，在所有此類事項上，市長都依靠拉科娃。

　　上任之後，拉科娃主導了莫斯科城市公共服務中心的改造，使其變成了擁有現代辦公設施的多功能平台，組織了莫斯科城市

索比亞寧陪同普京一起乘坐地鐵

論壇以及「我們的城市」和「積極的公民」門戶網站。2017年，在其倡議下，莫斯科市發起了一項關於拆遷改造赫魯曉夫時期修建的五層老式居民樓的公民投票，主要目的是就該項目與莫斯科市民進行溝通，消除他們在拆遷過程中可能產生的不滿。這一項目使莫斯科很多地方終於去掉了1950年代的破爛與灰暗，展現出了現代化都市的風采。

拉科娃行事直率潑辣，對人不留情面，對下屬很少微笑。絕大多數莫斯科市政府的官員都很怕她，私下都把她稱為莫斯科的「女主人」。

在下屬們的眼裏，拉科娃性格直率強硬，擁有過人的組織與管理能力。「拉科娃是一位講求效率的官員，也知道如何激發下屬的潛力。凡事都逃不過她的眼睛，她會掌握每一個細節。開會的時候，她會認真傾聽，直到下屬把事情講得清清楚楚。她做事雷厲風行，注重結果導向。如果部署了一件五天完成的工作，第三天她就會打電話催問進展，詢問結果。」地區發展部地方行政機構監督司副副司長德米特里‧古謝夫說，「一切都在她的掌控之下。我也許半夜會被她的電話叫醒，我得立馬回答我在哪裏，在做什麼。」古塞夫認為拉科娃「在管理方面受過很好的教育」，「我們只有極少數的人具有如此高的管理水平。」

但她的不足之處在於過於獨斷，也正是因此，她所到之處樹敵不少。到莫斯科市政府上任不久，拉科娃就與負責莫斯科市經濟事務的副市長彼得‧比留科夫以及主管城市建設的馬拉特‧胡斯努裏內摩擦不斷。2013年，在與拉科娃發生衝突後，莫斯科

市副市長安德烈・沙羅諾夫被迫辭職。因此，一位統一俄羅斯黨高官評論道，「她很有政治直覺，懂得如何糾正錯誤……但她是一名戰術家，而非戰略家，因為她不怎麼考慮後果。」

2011 年，索比亞寧和拉科娃雙雙成為統一俄羅斯黨莫斯科市黨部政治委員會的成員。但統一俄羅斯黨莫斯科黨部似乎並不聽命於該黨的領導層，而是聽命於市政府。一位統一俄羅斯黨成員表示：「有了拉科娃和索比亞寧，莫斯科市執行委員會對黨中央執委會的指令可以置之不理，他們之間經常發生小爭執。」

接管莫斯科市政府之初，索比亞寧和拉科娃似乎並沒有馬上適應首都的政治氛圍和習慣。2011 年地方選舉的時候，莫斯科選舉委員會將寫着「為了生活，為了人民」的空洞口號和統一俄羅斯黨的招牌掛滿城市的大街小巷，給人一種「填鴨」般的不舒服感。也許這種手法適合在小城市搞，但在莫斯科卻造成了一種「他們不關注、也不會與普通民眾溝通」的強烈印象。結果，統一俄羅斯黨在莫斯科市杜馬選舉中大舉失利，並引發了大規模抗議示威。

好在索比亞寧和拉科娃很快汲取了教訓，並做出了及時調整。2013 年 9 月，莫斯科迎來 10 年來首次市長直接選舉。選舉之前兩個月，著名的反對派人物阿列克謝・納瓦利內因涉嫌犯有侵吞財產罪，面臨牢獄之災。但是索比亞寧想讓這場選舉具有政治合法性，因而提議讓納瓦利內參加競選並公開計票。俄羅斯政府對索比亞寧的提議表示同意，認為這是顯示其競選實力、讓抗議者閉嘴的穩妥手段。最終，納瓦利內獲得了 27.3% 的選票，對

得票剛過半數的索比亞寧確實構成了極大的壓力。但同時，這也是莫斯科歷史上最誠實、最透明、最激烈的市長選舉，很多民權活動人士和志願者一直在監督選舉，以防選舉最後會出現舞弊現象。索比亞寧也因而受到了民眾的好評。

儘管拉科娃大權在撐，但她並沒有什麼經濟上的醜聞。她不干涉街頭政治，與選舉預算無關，也不為商業利益游說。統一俄羅斯黨的一位消息人士說，「財務問題與她無關，也不適合她」。「她在選舉中不管錢，也不與任何人討論錢的問題。」拉科娃的一位熟人透露，拉科娃連手錶也很少戴，這樣也就沒人能夠指責她什麼。

拉科娃與索比亞寧一度都不太喜歡與媒體打交道。有人認為，這是由於市政府的工作經常受到媒體的批評，也是由於「莫斯科的領導人對這座城市沒有感情，他們不喜歡莫斯科，對民意也不感興趣」。為改變這種情況，莫斯科市政府在社會調查研究和政策諮詢上花費了數億盧布。一位與市政府關係密切的人士說，拉科娃本人現在很關注有關市政府消息的出版物，她每天登錄社交網絡，並觀看名為「莫斯科之夜」的電視辯論節目。

政治姻緣？

拉科娃身邊的人說她有丈夫，但她在任職公示中從未提及。一些新聞媒體傳言，索比亞寧和拉科娃是事實婚姻關係。

拉科娃有兩個孩子。2010 年，她在第一個孩子出生的時候

休了產假。之後，拉科娃在市政廳的頂層搞了一個兒童房，以便能夠在工作的同時照顧女兒。2016 年，拉科娃又休了一次產假。當時有人猜想，孩子出生後拉科娃大概不會再在莫斯科市政府工作了。但她產後一周便回到了自己的崗位上。

2010 年，索比亞寧宣佈離婚，前妻伊琳娜‧魯賓奇克到國外居住。伊琳娜的表哥亞歷山大‧魯賓奇克是科加雷姆前市長，曾在 2000 年代初擔任俄羅斯聯邦能源部長。俄羅斯一些媒體認為，在剛開始從政的時候，索比亞寧是藉助於妻子的關係才得以陞遷的。

拉科娃的同事們幾乎對副市長如何度過閒暇時光一無所知。她的一位熟人說，周末她喜歡穿着便裝和牛仔褲，「看上去比穿正裝更好」。

帕特魯舍夫
普京摯友的兒子

　　德米特里·帕特魯舍夫（Дмитрий Патрущев），1977 年 10 月 13 日出生於列寧格勒市。1999 年畢業於俄羅斯國立管理大學，獲得管理學學位。2002－2004 年在俄羅斯外交部外交學院學習，期間以《科研機構質量管理過程中的組織經濟基礎》為題通過論文答辯，獲得世界經濟副博士學位。2006 年，他又從俄羅斯聯邦安全局學院畢業。2008 年，他在聖彼得堡國立大學通過了《工業政策制訂與實施中的國家與市場調節：以燃料能源綜合體的自然壟斷為例》的博士論文答辯。

　　1999－2002 年，德·帕特魯舍大在俄羅斯聯邦運輸部工作。2004 年，加入對外貿易銀行。三年之後，也就是在剛剛 30 歲的時候出任該行高級副總裁。當時與他同在對外貿易銀行工作的，還有時任聖彼得堡市市長馬特維延科的兒子謝爾蓋和聯邦安全局長博爾特尼科夫的兒子傑尼斯。

2010 年，擁有俄羅斯農業銀行全部股份的聯邦資產管理局，提前解聘了該行董事長尤里·特魯申（Юрий Трушин），以德·帕特魯舍夫取而代之。而擔任監事會主席的，是曾經當過俄羅斯總理的維克多·祖布科夫，領導銀行安保部門的是曾在聯邦安全局供職的安德烈·巴拉巴諾夫。擔任該行大客戶部經理的則是奧斯卡努·魯特，他之前曾在俄羅斯技術集團擔任非專業股份局局長。

2018 年 5 月 18 日，41 歲的德·帕特魯舍夫被普京總統任命為俄羅斯聯邦政府農業部長。2020 年 1 月 21 日，他被再次任命為新一屆政府的農業部長。

德·帕特魯舍夫能夠平步青雲，不能不說與其父尼古拉·帕特魯舍夫（Николай Патрущев）有着密切的關係。老帕特魯

普京摯友老帕特魯舍夫

舍夫是普京總統的摯友，他自 1974 年加入蘇聯國家安全委員會
（克格勃）後，長期在國家安全機關工作。也正因如此，他與普
京結下了深厚的友誼。

從 1994 年至 1998 年，老帕特魯舍夫在俄羅斯聯邦反間諜局
和聯邦安全局任不同領導職務。1998 年被任命為俄羅斯聯邦總
統辦公廳副主任兼俄羅斯聯邦總統監察局局長。1998 年 10 月任
俄羅斯聯邦安全局副局長兼經濟安全局局長。1999 年任俄羅斯
聯邦安全局第一副局長。1999 年 8 月 9 日接替普京出任俄羅斯聯
邦安全局局長。2008 年 5 月 12 日，老帕特魯舍夫改任聯邦安全
會議祕書。

德‧帕特魯舍夫的母親葉蓮娜‧帕特魯舍娃（Елена Патру-
щева）曾當過醫生。1993 年，她與鮑里斯‧格里茲洛夫（Бор-и
с Грызлов，曾擔任俄羅斯國家杜馬主席，現為統一俄羅斯黨
最高委員會主席）及其丈夫的其他故舊組建伯爾格公司（Borg
LLP），專營廢舊金屬出口。

德‧帕特魯舍夫是家裏的長子。弟弟安德烈‧帕特魯舍夫
（Андрей Патрущев）擔任俄羅斯天然氣工業股份公司和盧克石
油公司的合資企業中部裏海油氣公司（CenterKaspneftegaz）的董
事會主席，該公司是負責同哈薩克斯坦油氣公司共同開發裏海中
部油氣資源的俄方全責公司。此前，安‧帕特魯舍夫曾先後擔任
俄越合資企業——「越蘇石油公司」和俄羅斯海外石油公司的第
一副總經理、俄羅斯天然氣工業股份公司南薩哈林大陸架項目的
副總經理。

　按照官方簡歷，德・帕特魯舍夫畢業於俄羅斯國立管理大學管理學專業。但當俄羅斯媒體聯繫了該校同年級、同專業的 36 個畢業生以試圖了解他當時的學習、生活狀況時，得到的共同答案竟然是對這個名字一無所知。

　小帕特魯舍夫曾長期領導俄羅斯農業銀行。根據公開的財務數據，當他從這一職位離任時，俄羅斯農業銀行的債務和不良貸款超過 500 億盧布。不過，其中相當一部分由國家承擔了。

　2016 年 10 月，由於「為農工綜合體的信貸支持組織做出了巨大貢獻」，德・帕特魯舍夫榮獲普京總統頒發的榮譽勛章。在擔任農業部長後，他強調國家農業政策的一個重要任務就是促進農場經濟的發展，為此，要利用提供國家支持、促進公司化經營、為農場主及其家庭提供舒適的生活條件等政策工具。

　在銀行任期期間，德・帕特魯舍夫並未公佈個人收入。但有俄羅斯媒體依據公開數據認為，任農業銀行董事長的他每月收入超過 200 萬盧布。而作為俄羅斯天然氣工業股份公司董事會成員，他每年從那裏獲得的收入超過 2500 萬盧布。據福布斯報道，2016 年和 2017 年，他分別以 676 萬盧布和 2200 萬盧布兩次購買了「俄氣」的股票。而在 2013 年老帕特魯舍夫作為安全會議祕書的財產公示中，其長子德・帕特魯舍夫的財產為 7280 萬盧布。

　德・帕特魯舍夫喜歡滑雪和網球，已婚，有兩個孩子。但除此之外，俄羅斯公眾對於這位年輕政治家的個人生活知之甚少。因為他像許多政治家一樣，不打算宣揚自己的私生活。

弗拉德科夫兄弟
高位而低調的總管與金融大亨

　　在今天信息氾濫的互聯網時代，人們似乎都在網絡上裸奔，人肉搜索也已經成了家常便飯。對位高權重的政府要員、富商巨賈而言，在網上搜索到有關他們的海量信息應該是再正常不過的事情。筆者開始寫作本書內容以來，在蒐集資料方面並未遇到過什麼困難。但今天要寫的這一對兄弟卻讓我頗費躊躇，因為網上有關他們的資料很少，而且大量重複。

　　高位而又低調，這恰恰映襯出了他們的重要性。

　　他們是誰？

　　他們是哥哥彼得·弗拉德科大和弟弟巴維爾·弗拉德科夫，而他們名字中間的父稱是米哈伊洛維奇，也就是說，他們的父親叫米哈伊爾·弗拉德科夫。

現代版宮廷總管：巴維爾·弗拉德科夫

巴維爾·弗拉德科夫

巴維爾·米哈伊洛維奇·弗拉德科夫（Павел Михайлович Фрадков），俄羅斯國務活動家，俄羅斯聯邦一級國務顧問。1981年9月3日出生。1995年考入聖彼得堡蘇沃洛夫軍事學校，1996年轉入莫斯科蘇沃洛夫軍事學校，1998年以優等生從該校畢業。之後，巴維爾·弗拉德科夫考入俄羅斯聯邦安全局學院，在學員隊任排長、副軍士長。2003年考入俄羅斯聯邦外交部下屬外交學院世界經濟系，掌握英語和法語。已婚，育有兩個孩子。

巴維爾·弗拉德科夫從2005年開始供職於俄羅斯外交部全歐合作司（負責與八國集團及歐盟相關事務），任三祕。有資料顯示，他2011－2012年曾在俄羅斯聯邦安全局負責金融信貸監管業務的K局任副處長，獲授聯邦安全局上校軍銜。

2012年8月27日至2015年5月，巴維爾·弗拉德科夫出任俄羅斯聯邦國有資產管理署副署長，協調並監督各國家機關的行政事務管理局、地方行政事務管理局的活動、政府採購、物資和技術保障領域的財務管理工作。

2014年，出身聯邦警衛局的亞歷山大·科爾帕科夫（Александр Колпаков）接替弗拉基米爾·科任（Владимир Кожин），出任俄羅斯總統事務管理局局長，後者從 2000 年開始就擔任這一職務。自 2015 年 5 月 21 日起，巴維爾·弗拉德科夫接替被普京總統任命為克拉斯諾達爾邊疆區代理州長的維尼阿明·康德拉季耶夫，出任俄羅斯聯邦總統事務管理局副局長。

俄羅斯聯邦總統事務管理局於 1993 年 11 月 15 日根據俄羅斯聯邦總統令成立，是獨立的聯邦行政機構，由俄羅斯聯邦總統直接領導。其歷史可以追朔至 1826 年建立的俄羅斯帝國宮廷與皇室領地部。之後，這一機構隨着俄羅斯歷史風雲變幻而幾經調整。如今的俄羅斯聯邦總統事務管理局於 1993 年 11 月在原蘇共中央機關事務管理局、原蘇聯部長會議機關事務管理局和原蘇聯衛生部第四總局基礎上重新組建。

俄羅斯聯邦總統事務管理局的主要職責是為俄羅斯總統參加和聯邦政府組織的活動提供物質技術支持、社會生活服務以及財政經濟保障，為俄羅斯總統和相關人員提供交通、醫療和療養等多種服務。總統事務管理局下屬的 110 多家機構遍及俄羅斯全境，甚至擁有海外資產。該局擁有專業化水平極高的專業服務團隊，匯集了包括科學院院士、醫生、建築師、工程師、經濟師、教師、律師、設計師、廚師、農藝師、飛行員、駕駛員、保育員、IT 專家、通信專家、芭蕾舞演員、圖書館員和導遊在內的 5 萬多名專業人員。

事實上，自 1993 年 11 月成立以來，總統事務管理局就承擔了為國家重要政治精英服務的責任，它精心照料着 1.2 萬名包括

部長、議員、高級法官、審計署領導和其他國家高級公務人員在內高級官員的生活起居。當然，按照公開的宣傳口徑，如今的總統事務管理局變得更加開放，不僅為國家元首、聯邦政府、總統辦公廳，聯邦委員會、國家杜馬和其他聯邦高級機關的活動提供保障，也為民眾提供廣泛的服務。俄羅斯公民可以使用管理局下屬的醫院、療養院、文化設施和農工聯合體提供的服務。

值得一提的是，普京總統本人在 1996 年 8 月至 1997 年 3 月期間曾擔任總統事務管理局副局長。

新金融大亨：彼得・弗拉德科夫

彼得・米哈伊洛維奇・弗拉德科夫（Фрадков Петр Михай-лович），1978 年 2 月 7 日出生於莫斯科。2000 年畢業於俄羅斯外交部下屬莫斯科國際關係學院世界經濟專業。2007 年畢業於

彼得・弗拉德科夫

英國倫敦國王學院商學院和俄羅斯聯邦政府國民經濟學院。2006年獲得經濟學副博士學位，論文題目是《俄羅斯參與世界經濟一體化的戰略方向》。

彼得‧弗拉德科夫 2000－2004 年先後任蘇聯對外經濟銀行駐美國副代表、處長。2004－2005 年任遠東海洋航運公司副總經理，負責擴大公司與銀行機構的合作以及新項目開發等業務。在其參與下，啟動了俄羅斯「三駕馬車」項目，其主要目的將遠東海洋航運公司和俄羅斯鐵路公司的優勢結合起來。2005－2006年，彼得任蘇聯對外經濟銀行（從 2007 年 6 月 8 日改稱「對外經濟活動與發展銀行，簡稱對外經濟銀行）高管，2006 年 1 月起出任該行結構金融司司長，同時擔任愛司卡爾公司董事長兼總經理。在一次採訪中，彼得承認是父親幫助他進入了對外經濟銀行，但之後並未再介入他的職業生涯。

2007 年 6 月起，彼得出任對外經濟銀行董事兼副行長，同年成為俄羅斯航空公司的子公司機場建設公司董事會成員。2011年起擔任俄羅斯出口信貸與投資擔保公司經理。

在上述機構任職期間，彼得致力於執行銀行的國家對外經濟政策，為俄羅斯產品的出口提供金融和擔保支持，在資本市場上吸引資源和銀行間借貸，並協調與外國投資者的關係。

2015 年 1 月，彼得‧弗拉德科夫被任命為俄羅斯對外經濟銀行第一副行長，同時擔任俄羅斯出口中心總經理。2016 年 6月，他從對外經濟銀行董事會離任，繼續擔任俄羅斯出口中心總經理。2018 年 1 月，彼得‧弗拉德科夫開始領導重組後的工業通

訊銀行，其主營業務是執行國防採購和大型國家合同。2018 年
4 月 24 日，他被任命為該行臨時行政主管。9 月 6 日，他當選為
工業通訊銀行董事長。

此外，彼得也擔任高等經濟大學世界經濟與國際政治系國際
商務教授。

彼得‧弗拉德科夫已婚，女兒於 2005 年出生。妻子維克托
莉婭‧伊戈列夫娜‧弗拉德科娃在莫斯科國際關係學院的國際關
係與俄羅斯對外政策教研室任教。

背後的靠山

巴維爾和彼得能在俄羅斯政壇和金融界迅速崛起，當然與他
們的父親 —— 曾經擔任俄聯邦政府總理、俄羅斯對外情報局局
長的米哈伊爾‧葉菲莫維奇‧弗拉德科夫（Фрадков Михаил

米哈伊爾‧弗拉德科夫和普京

Ефимович）分不開。

米哈伊爾‧弗拉德科夫 1950 年 9 月 1 日出生於古比雪夫州克拉斯諾亞爾斯克區。1972 年畢業於莫斯科機牀學院。通曉英語、西班牙語。大學畢業後，他在全蘇重工業出口外貿協會工作，作為蘇聯駐印度大使館經濟顧問的工程翻譯和南亞冶金廠高級工程師，在印度工作了 3 年。1978－1984 年，他在全蘇重工業出口外貿協會先後擔任處長和經濟計劃局副局長、局長，期間於 1981 年畢業於全蘇對外貿易學院。1984 年，米哈伊爾‧弗拉德科夫進入蘇聯對外貿易部工作，1991－1992 年任俄羅斯駐聯合國與日內瓦其他國際組織代表處參讚。從他的經歷可以看出，米哈伊爾‧弗拉德科夫應該有着深厚的蘇聯克格勃背景。

1993－1997 年，米哈伊爾‧弗拉德科夫出任俄羅斯對外貿易部第一副部長，自 1997 年起任部長。1998 年出任國家風險投資保險公司總裁。1999 年 5 月，再次出任俄羅斯對外貿易部長。2000 年 3 月 31 日起，擔任俄聯邦安全會議副祕書，負責經濟安全問題。2001 年 3 月底，出任俄聯邦稅務警察局局長。2003 年 3 月，被任命為俄羅斯駐歐盟代表。2004 年 3 月 5 日至 2007 年 9 月 12 日出任俄羅斯聯邦政府總理。2007 年 10 月 9 日至 2016 年 10 月 5 日接替謝爾蓋‧列別傑夫出任俄羅斯對外情報局局長。2017 年 1 月 4 日起擔任俄羅斯戰略研究所所長。此外，從 2016 年 11 月 14 日起他還擔任俄羅斯著名軍工企業「金剛石—安泰」集團公司董事會主席。

巴維爾和彼得的母親弗拉德科娃‧葉蓮娜‧奧列戈夫娜，

1957 年 8 月 1 日出生，現已退休。蘇聯時期，她曾在蘇聯外貿系統工作，蘇聯解體後，先後在對外經濟銀行和俄羅斯天然氣工業公司就職，曾任莫斯科國際貿易中心的首席營銷專家。

弗拉德科夫兄弟的崛起代表了俄羅斯社會的一個重要趨勢，那就是 1978－1990 年出生的新一代精英正在逐步取代當前的權力精英，這將決定俄羅斯未來 30 年的發展。如果說老一代精英的主要任務是解決政治權力問題，因此也更傾向於進入政權機關、參與政治生活、創建政黨組織的話，那麼新一代精英的任務則是解決社會的再分配和再組織問題。對他們來說，重心不再是權力與政治，而是實務與經濟，而弗拉德科夫兄弟正是做出了這樣的選擇。

科瓦爾丘克
家族顯赫的能源高管

科瓦爾丘克·鮑里斯·尤里耶維奇（Ковальчук Борис Юрьевич），1977年12月1日出生於列寧格勒（今聖彼得堡）。現任俄羅斯國際統一電力系統公司（Группа «Интер РАО »-Inter RAO Group）總裁。

優秀經理人

鮑里斯·科瓦爾丘克，1999年畢業於聖彼得堡大學法律系，當時的老師之一就是之後成為俄總理和總統的德米特里·梅德韋傑夫，當時為科瓦爾丘克所在班級講授「法學概論」等課程，兩個人就結下了很深厚的師生情誼。儘管科瓦爾丘克學的是法律專業，但他從未像很多同學一樣想要成為護法工作者，而是一心想成為成功的商界人士。他學習非常勤奮，因為他明白，要

想在商海中遨游，法學知識和理念將是非常重要的。讀書期間，他就對企業活動感興趣。實習的時候，他研究了股份公司的治理結構問題。1990 年代末，這類公司在新俄羅斯如雨後春筍般地冒了出來。大學畢業時，他的畢業論文題目是《不同類型的有限證券及其法律保障的特點》。

大學畢業後，科瓦爾丘克直接進入俄羅斯最重要的國營軍工企業之一——「花崗巖」中央研究院擔任法律顧問，直到 2006 年。同時，他還擔任俄羅斯銀行監察委員會成員、非贏利合作夥伴機構「榮譽領事聯盟」會長。「榮譽領事聯盟」的成員主要是在聖彼得堡和西北聯邦區擔任外國名譽領事的俄羅斯富商巨買、政要名流，包括擔任泰國名譽領事的尤里·科瓦爾丘克（俄羅斯銀行家），先後擔任菲律賓名譽領事的安德烈·富爾先科（曾任俄羅斯教育與科技部長、總統助理）和謝爾蓋·阿列克謝耶夫（聖彼得堡工商會主席），擔任孟加拉國名譽領事的謝爾蓋·富爾先科（曾任俄羅斯足球聯盟主席）和擔任巴西名譽領事的鐵木拉茲·博羅耶（曾任奧林匹克建設公司總裁）等人。

除擔任「花崗巖」中央研究院法律顧問外，科瓦爾丘克還從 2001 年起擔任西北諮詢有限公司（聖彼得堡）負責人，2002 年起擔任 Consult LLC 負責人。2004－2006 年，他領導了投資文化管理公司。該公司在列寧格勒州濱湖區建造了「競技」滑雪場。2006 年 1 月 28 日，滑雪場正式開業。在開業典禮上，當時的俄羅斯總統事務管理局局長、俄羅斯冬季奧林匹克運動協會主席弗拉基米爾·科任說，將在「競技」滑雪場的基礎上，為培養參加

冬奧會的運動員開辦高山滑雪和單板滑雪寄宿學校。

2006 年 3 月起，29 歲的科瓦爾丘克出任俄羅斯聯邦政府第一副總理德米特里·梅德韋傑夫的助理。同年 4 月 17 日，他被任命為俄羅斯聯邦政府國家重點項目司司長。該司擁有 30 至 40 名員工，隸屬於俄羅斯聯邦政府辦公廳。當時的聯邦政府辦公廳主任是謝爾蓋·納雷什金（現任俄羅斯對外情報局局長），2008 年謝爾蓋·索比亞寧（現任莫斯科市市長）接替了納雷什金的職位。2009 年 1 月，科瓦爾丘克離任司長，3 月初該司被宣佈裁撤。

自 2009 年 3 月起，科瓦爾丘克擔任俄羅斯國際統一電力系統公司董事會成員。當時的董事會主席是伊戈爾·謝欽，總裁是葉甫根尼·多德。當時就有人猜測，科瓦爾丘克最終會領導這家公司，而多德會被安排到其他位置。

2009 年 3 月，科瓦爾丘克被聯邦電網公司董事會主席安德烈·拉波波爾特提名為第一聯合發電公司董事會成員。第一聯合發電公司在秋明州註冊，資產包括上塔吉爾發電廠、下瓦爾多夫發電廠、烏連戈伊發電廠、伊裏克林斯克發電廠、彼爾姆發電廠和卡什爾四號發電廠。

2009 年 4 月至 11 月，科瓦爾丘克擔任俄羅斯國家原子能公司組織發展事業副總裁。該公司當時的總裁是謝爾蓋·基里連科，他曾在葉利欽時期擔任俄羅斯聯邦政府總理，現在則是俄羅斯總統辦公廳第一副主任。

從 2009 年到 2010 年，科瓦爾丘克擔任俄羅斯國際統一電力系統公司管理委員會執行主席。2010 年 2 月起，他同時擔任第一

聯合發電公司董事會主席。2010 年 6 月，科瓦爾丘克當選俄羅斯國際統一電力系統公司管委會主席、總裁。

俄羅斯國際統一電力系統公司是一家多元化的國有能源控股公司，總部位於莫斯科，主要提供能源、熱能、電力及能源設計解決方案，在 2014 年《福布斯》全球企業 2000 強中排名第 1325 位。該公司在俄羅斯、歐洲和獨聯體國家擁有眾多子公司、合資公司、水力發電廠和火力發電廠。公司同時也是唯一的俄羅斯電力進出口運營商，其電力進出口的國家包括芬蘭、白俄羅斯、立陶宛、烏克蘭、格魯吉亞、阿塞拜疆、哈薩克斯坦、中國和蒙古等。

擔任俄羅斯國際統一電力系統公司總裁的科瓦爾丘克管理着近五萬名員工，他不斷為公司發展注入新思想和新理念，並運用自己的管理才能和社會關係，迅速提高了公司的組織效率和經營業績。他自己也因此躋身俄羅斯百強經理人之列，並於 2011 年榮獲「榮譽能源工作者」稱號。但科瓦爾丘克本人一向低調，從不向媒體炫耀個人業績和家庭背景。

2010 年，科瓦爾丘克在俄羅斯能源系統高級研修班接受了在職培訓，這種研修班是專門為能源系統高級官員、高級經理人和專家開設的。有俄羅斯媒體認為，科瓦爾丘克與俄羅斯許多企業家不同，他不僅精通商業實踐，而且具有理論知識，正是對管理理論的出色運用，幫助他在職業生涯中取得了驕人的業績。

在科瓦爾丘克領導下，俄羅斯國際統一電力系統公司積極開拓中國電力市場。自 2014 年起，該公司就與中國國家電網公司

在阿穆爾州建設葉爾科韋茨基火力發電廠，並推動建設輸電線路以每年向中國出口 300－500 億千瓦時電力，項目估值 200 億－250 億美元。中方既是葉爾科韋茨基煤田開發和火電廠建設項目的投資者，同時也是消費者。如果建成，葉爾科韋茨基火電廠將成為俄羅斯最大的煤炭發電廠，發電量將達到 8 千兆瓦特，超過世界上最大的火電廠蘇爾古特第二火電廠（5.6 千兆瓦特）和中國台灣的台中熱電廠（5.5 千兆瓦特）。2017 年，項目的實施因中國電力消費下降而暫停。2018 年 6 月初，普京總統訪華前夕，俄羅斯國際統一電力系統公司董事會主席伊戈爾·謝欽和總裁鮑里斯·科瓦爾丘克會見中國商務部長鍾山，就重啟項目進行探討。同年 8 月，俄羅斯能源部部長與中國能源局局長商定，雙方將重啟葉爾科韋茨基火電廠項目可研，修正相關參數，保障項目實施方的商業利益。

除擔任俄羅斯國際統一電力系統公司總裁外，科瓦爾丘克還是俄羅斯聯邦三級國家顧問、全俄地區發展銀行監事會成員、俄羅斯工業家企業家聯盟執委會成員、數字能源發展學會監事會成員、中央陸軍冰球俱樂部監事會成員。曾被列入首批總統指定百名後備幹部名單。2015 年，他因在索契冬奧會的組織和舉辦過程中做出的貢獻而被授予勛章。

科瓦爾丘克已婚，有一個女兒。工作之餘，他喜歡與家人一起度過閒暇時光，從事戶外活動、與朋友與親戚聚會。但他不希望讓自己的私人生活暴露在公共視野之下，因此外界對他的家庭狀況知之甚少。

家族顯赫

能在當下俄羅斯政壇和商界迅速崛起的，少有出身寒門的素人，鮑里斯‧科瓦爾丘克也不例外。他的父親是普京總統的密友、俄羅斯聞名遐邇的銀行家、億萬富翁 —— 尤里‧瓦連京諾維奇‧科瓦爾丘克。

尤里‧科瓦爾丘克是聖彼得堡俄羅斯銀行的董事會主席，擁有該行 30.4% 的股份。據《福布斯》雜誌披露，其個人資產達 15 億美元，除俄羅斯銀行外，他還擁有保險集團以及先進的核工業裝備製造、造船和石化企業。此外，他還掌控着一個媒體帝國，是俄羅斯國家電視 1 台、獨立電視台、PEHTB三家聯邦級電視台以及重要紙媒《消息報》的大股東。

尤里‧科瓦爾丘克 1951 年 7 月 25 日出生於列寧格勒市的書香門第，父親是列寧格勒大學教授，母親也在該校工作。尤里學業優秀，1974 年畢業於列寧格勒大學物理系。之後繼續在母校攻讀研究生，並在 28 歲時獲得副博士學位、35 歲時獲得博士學位。在讀研的同時，他供職於列寧格勒約弗物理技術研究所，從事半導體和激光研究，並成為諾貝爾獎獲得者若列斯‧阿爾菲洛夫教授的助手。1987 年，阿爾菲洛夫當選研究所所長，尤里‧科瓦爾丘克成為其副手。後來進入普京核心圈子裏的很多人都曾在這家研究所任職，如前教育科技部長福爾先科曾任副所長，前俄羅斯鐵路集團總裁亞庫寧曾任國際交流處處長。蘇聯解體前夕，尤里‧科瓦爾丘克和福爾先科等人打着研究所的招牌開始經商，

主要是倒賣計算機。他們對阿爾菲洛夫說一切收入歸研究所，但實際上都落入了他們私人腰包。阿爾菲洛夫最終將科瓦爾丘克和福爾先科等人除名。

蘇聯解體時，尤里擔任先進技術研發中心主任，之後又成為聖彼得堡合資企業協會副會長，正是在這裏，他結識了普京。普京當時被聖彼得堡市長索布恰克任命為市政府外商投資管理委員會主任，是合資企業協會的頂頭上司。在不斷的交往過程中，科瓦爾丘克同普京逐漸成為密友。他們經常到當時聖彼得堡有名的「海鷗」德國酒館聚會，也經常在市政府辦公大樓普京的辦公室裏見面，而現在的俄羅斯石油公司總裁伊戈爾·謝欽那時正是普京的祕書。1992年，科瓦爾丘克也曾一度擔任聖彼得堡市政府外商投資管理委員會副主任。

俄羅斯銀行創立於1990年，原是一家公有制信貸銀行，原蘇共列寧格勒州委員會佔48.4%的股份，蘇聯國企「俄羅斯影像生產技術聯合體」佔43.6%的股份。最初，俄羅斯銀行行長是蘇共老黨員克魯琴納，他自1983開始在蘇共中央辦公廳任職，主管黨中央的財務工作。當時俄羅斯銀行計有蘇共儲備金5000萬盧布，是蘇共黨務建設所用資金的一個重要渠道。「8.19事變」之後不久，克魯琴納從自家陽台墜樓而亡，有媒體說他是被人從樓上推下來摔死的。1991年秋，聖彼得堡市長索布恰克下令對俄羅斯銀行做資產清查，同時成立有外國投資商參加、以俄羅斯銀行為基礎的基金會，以穩定地方經濟並吸引外國投資，而負責督辦清查工作和籌辦基金會的正是普京。1991年12月，俄羅斯

銀行正式改制為股份銀行，股權基本上被基金會裏的外資企業收購。1992 年，被充公的蘇共 5000 萬盧布曾在俄羅斯銀行賬上周轉。索布恰克也曾將歐洲人道主義援助的錢存入俄羅斯銀行，市蘇維埃代表們要求調查這筆資金的去處，此動議卻半路夭折。

1992 年 12 月，尤里·科瓦爾丘克出任俄羅斯銀行董事局副主席。1997 年，芬蘭國際石油產品公司（IPP）取得了俄羅斯銀行 20% 的股權。這家公司實際的擁有者是普京和科瓦爾丘克的兩位密友根納季·季姆琴科和安德烈·卡特科夫。早在 1990 年，科瓦爾丘克就認識了在聖彼得堡做石油生意的季姆琴科，並與經營石油產品出口的「金奈克斯」公司有了生意往來。這家公司是聖彼得堡市政府特許的唯一可以經營石油產品的企業。「金奈克斯」公司以及聖彼得堡的石油商做生意的時候，都通過俄羅斯銀行轉賬。1999 年，卡特科夫出任俄羅斯銀行董事局主席。2001 年「金奈克斯」公司取代了芬蘭國際石油產品公司（IPP）公司，成為俄羅斯銀行最大股東。

2004 年，俄羅斯最重要的大型國企——俄羅斯天然氣工業公司——準備出售旗下著名的「索卡斯」保險公司。早有多家企業對這家肥得流油的保險公司垂涎欲滴，準備收購。但當俄羅斯前能源部副部長米洛夫建議將保險公司賣給戰略投資夥伴時，普京卻直接拍板把它賣給了俄羅斯銀行。

2004 年 2 月，俄總統候選人伊萬·雷布金在競選時透露，他有大量證據可以證明普京參與經商，並且得到了寡頭科瓦爾丘克等人的支持。他所說的，是 1996 年普京和科瓦爾丘克、亞庫

寧、福爾琴科兄弟等人組建了一家名為「湖畔」的房地產公司，專營聖彼得堡市 100 公里之外共青湖湖畔的別墅用地，這些人都贏得了利益，而且在普京當選總統之後也都迅速飛黃騰達了。

俄羅斯總統新聞祕書佩斯科夫曾說，普京和科瓦爾丘克在聖彼得堡由於工作關係而結下友情，現在由於普京工作繁忙，他們並不常見面。但無論是否接觸頻繁，尤里‧科瓦爾丘克與普京總統的朋友關係毫無疑問成了他最重要的資產。當然，本章的主人公鮑里斯‧科瓦爾丘克也從中獲益匪淺。

除了有億萬富翁的銀行家父親之外，鮑里斯‧科瓦爾丘克的伯父米哈伊爾‧科瓦爾丘克也成就斐然。他是俄羅斯著名的物理學家、俄羅斯科學院通訊院士，曾長期擔任舒布尼科夫晶體物理研究所所長，後又擔任俄羅斯重要科研機構庫爾恰托夫同步加速器研究中心主任。在他的領導下，第一個也是唯一的專業化同步輻射源在俄羅斯投入使用，並製造了世界一流的新一代精密 X 射線設備。除了科研工作之外，米哈伊爾‧科瓦爾丘克還曾擔任俄羅斯總統下屬科技與教育委員會祕書長。

鮑里斯‧科瓦爾丘克的堂兄基里爾‧米哈伊洛維奇‧科瓦爾丘克同樣大名鼎鼎。2014 年，基里爾成為俄羅斯銀行的共同所有人，持有 14.62% 的股份。目前，他是國家媒體集團控股公司的總裁。

謝·謝·伊萬諾夫
世界鑽石大王

　　謝爾蓋·謝爾蓋耶維奇·伊萬諾夫（Сергей Сергеевич Иванов，下稱小伊萬諾夫），1980 年 10 月 23 日出生於莫斯科，現任俄羅斯阿爾羅薩股份公司總裁、管理委員會主席。其父謝爾蓋·鮑里索維奇·伊萬諾夫（Сергей Борисович Иванов，下稱老伊萬諾夫）是普京總統密友，曾任俄羅斯總統辦公廳主任、第一副總理、國防部長，現為總統環保、生態與運輸問題特別代表、俄羅斯聯邦安全會議成員。2015 年 6 月起擔任俄羅斯電信公司董事會主席。

平步青雲

　　小伊萬諾夫 2001 年畢業於莫斯科國際關係學院經濟學專業，第二年又在該校獲得金融與投資第二學位。2011 年通過副

博士學位答辯，通曉英語和德語。

2002 年，小伊萬諾夫剛剛畢業就被國家投資公司聘為高級專家。該公司根據葉利欽總統的命令於 1993 年成立，註冊資本 12.5 億美元，主要任務是吸引外資。小伊凡諾夫在該公司任職時，公司總裁是前克格勃官員弗拉基米爾·切爾諾夫，他曾與老伊萬諾夫在克格勃駐芬蘭諜報站一起共事。2005 年，切爾諾夫曾任當時是俄羅斯聯邦政府副總理的老伊萬諾夫的辦公室主任。

2003 年，國家投資公司被撤銷，小伊萬諾夫隨即改任俄羅斯天然氣工業股份公司的國際項目部首席專家。一年之後，他成為俄羅斯天然氣工業銀行行長助理。當時的銀行人事部門主管是曾在克格勃列寧格勒局工作的葉甫根尼·普柳辛，同樣是老伊萬諾夫曾經的同僚。

2005 年 1 月，25 歲的小伊萬諾夫火箭般地陞任俄羅斯天然氣工業銀行副行長，主管銀行國際業務的標準化工作。三年後，他接連擔任該銀行第一副行長和董事會副主席，負責與國家權力機關協調和專項工作監督。

2011 年 4 月 5 日，小伊萬諾夫從天然氣工業銀行第一副行長的崗位轉任COГАЗ保險集團公司總裁。COГАЗ保險集團公司成立於 1993 年，是俄羅斯最大的保險公司之一，屬於普京總統密友、億萬富翁尤里·科瓦爾丘克旗下資產。針對小伊萬諾夫的這一任命，當時的COГАЗ保險集團董事會主席、俄羅斯天然氣工業公司總裁米勒評論說：「儘管謝爾蓋·伊萬諾夫還相對年輕，但股東們給予他高度信任。他是一位專業的金融家，在與優秀的俄

羅斯公司協作方面擁有豐富經驗。他在天然氣工業銀行工作期間獲得的經驗將有助於СОГАЗ極大地擴大公司客戶群並增加市場份額。」果不其然，小伊萬諾夫在СОГАЗ做的第一件事就是促成該集團與國有俄羅斯公路公司簽署戰略夥伴協議，而後者的監事會主席正是他的父親。

在加入СОГАЗ的同時，小伊萬諾夫成為俄羅斯核保險集團監事會主席。該集團聚合了參與放射性輻射業務的保險公司與再保險公司。兩個半月後，他又出任俄羅斯農業銀行監事會主席。當時的總統助理阿爾卡季‧德沃爾科維奇確認了這一任命。但據克里姆林宮的消息人士說，總統辦公廳並未就小伊萬諾夫的候選人資格達成共識，因為當時擔任俄羅斯農業銀行行長、同樣是官二代的小帕特魯舍夫因經營不善已導致銀行大量虧損。

2011 年 6 月 23 日，小伊萬諾夫被任命為天然氣工業銀行董事會成員。當然，他同時還保留了自己在СОГАЗ的職務。

從 2016 年 4 月起，小伊萬諾夫開始擔任俄羅斯最大銀行 —— 儲蓄銀行副行長，主管銀行的福利性金融業務。而儲蓄銀行行長戈爾曼‧格列夫與老伊萬諾夫過從甚密。針對小伊萬諾夫的任命，格列夫當時評論稱：「謝爾蓋‧伊萬諾夫是一位優秀的高管。我相信，他的到來將加強儲蓄銀行的團隊，並將使銀行最重要部門的工作提高到新的水平。」

為了給小伊萬諾夫騰出空間，政府高官和大型國營公司的高管們可以說是煞費苦心。2017 年 3 月初，小伊凡諾夫離開儲蓄銀行，投身於他之前從未涉足的領域 —— 鑽石開採。時任俄羅斯

聯邦總理德米特里‧梅德韋傑夫簽署了任命小伊萬諾夫為阿爾羅薩鑽石公司總裁的政府令，並親自向他宣佈任命。小伊萬諾夫要求立即上任，總理回答說：「當然，馬上就可以上崗。」就這樣，37 歲的小伊萬諾夫當上了這家世界第二大鑽石生產商的總裁兼管委會主席。而之前的公司總裁 —— 與曾主管自然資源的副總理尤里‧特魯特涅夫交好的安德烈‧扎爾科夫，合同期未滿即遭解職。

在擔任阿爾羅薩公司總裁的同時，小伊萬諾夫還擔任俄羅斯珠寶生產商協會、天然氣基金公司、俄羅斯石油天然氣公司、天然氣工業銀行董事會成員。從 2019 年 6 月起擔任「鑽石之秋」非國家退休基金公司董事會主席，2019 年 7 月起擔任北方鑽石公募基金董事會主席、西伯利亞天然氣銀行董事會副主席。2019 年 3 月起擔任俄羅斯—安哥拉商會的俄方主席。

此外，小伊萬諾夫還曾兼任原子能建設出口公司、天然氣工業銀行投資公司、天然氣工業銀行租賃公司、亞美尼亞—俄羅斯進出口銀行、化學機械集團公司、聯合機械製造廠、儲蓄銀行資產管理有限公司、儲蓄銀行非國家退休基金保險公司、СОГАЗ保險公司、天頂公司、烏連戈伊天然氣公司、格奧天然氣運輸公司、阿爾羅薩紐倫堡公司、РЭП控股公司、領袖有限公司等企業董事。小伊萬諾夫曾多次受到俄總統和聯邦政府首腦的認可以及部門獎勵。在《福布斯》雜誌 2018 年俄羅斯最佳投資人排行榜上名列第 19 位。他擁有阿爾羅薩公司 0.0407% 的股份，估值 440 萬美元。

小伊萬諾夫已婚，有一個女兒。

鑽石桂冠

阿爾羅薩公司是俄羅斯規模最大的鑽石開採和加工企業，而俄羅斯境內礦源已探明儲量佔全球鑽石總儲量的 56%，其出產的鑽石 93% 都源自素有「地球寶庫」美譽的俄羅斯遠東雅庫特地區。阿爾羅薩公司鑽石開採量佔俄羅斯的 95%、世界總量的 28%。當然，它也是俄羅斯最賺錢的國營公司之一。

2013 年 10 月，阿爾羅薩公司成功進行 IPO，通過莫斯科交易所以每股 35 盧布的價格出售了 16% 的股份，總值達 13 億美元，成為該交易所史上最大一筆股份發行交易。所售股份中超過 80% 由外國投資者購買，14% 股份由俄投資者購買。2016 年 4 月，俄羅斯經濟發展部提出將阿爾羅薩公司國有股份出售 18.9%，從而將國有股份比重由 43.9% 降至 25%+1 股（董事會內具有否決權的最低持股數），被財政部否決。財政部提出縮減國有股份出售規模至 10.9%，使國有股份比重減至 33.001%，從而既能通過私有化方式解決國家財政資金問題，又能保證國有股份具備足夠比重。

2016 年，阿爾羅薩公司鑽石開採達 3740 萬克拉，銷售 4000 萬克拉（含以往庫存）。2017 年第一季度，公司鑽石銷售量為 1410 萬克拉（其中包括均價為每克拉 117 美元的寶石級鑽石 1100 萬克拉，以及均價為每克拉 7 美元的工業級鑽石 310 萬克

拉），銷售收入超過 13.09 億美元。

小伊萬諾夫上任後，公司生產與銷售規模保持穩定。他剛上任的時候，公司庫存鑽石 1440 萬克拉。他表示，2017 年公司鑽石銷量預計不少於 3920 萬克拉。2018 年，在上半年需求旺盛和價格上漲推動下，阿爾羅薩公司的鑽石銷售額增長 6% 至 45 億美元。下半年，儘管產量下降了 8%，但公司通過調整庫存，銷售額依然增長。2019 年 1－8 月，阿爾羅薩公司鑽石產品銷售額為 21.64 億美元。但這一年公司曾開採出 14.83 克拉的單顆橢圓粉鑽，這是俄羅斯史上最大的粉鑽。

小伊萬諾夫上任不久後的 2017 年 8 月 4 日，阿爾羅薩公司位於雅庫特共和國的和平礦井發生透水事故。事發時有 151 人在井下作業，後有 143 人獲救。根據該公司的官方聲明，事故原因是廢棄礦坑的水流量急劇增加，而當時正在進行設備檢修。但曾負責礦井建設的公司前高管尤里・多伊尼科夫不同意這一說法，他認為事故是違規作業造成的，而且該礦還存在許多安全違規行為。

事故發生後，阿爾羅薩公司在莫斯科證券交易所的股價應聲下跌。不過，承攬礦山保險的СОГАЗ保險公司迅速進行了賠付，事故直接責任人也受到了相應懲處。因此，事故也就很快得以平息，未對公司總裁產生任何不利影響。

在和平礦透水事故發生之前，俄羅斯強力部門搜查了阿爾羅薩公司莫斯科總部，試圖找到公司前任管理層勾結雅庫特共和國地方領導葉戈爾・鮑里索夫和維切斯拉夫・什德羅夫的女兒，通

過 MAK 銀行出售公司非核心股份交易的證據。有俄羅斯媒體認為，這是小伊萬諾夫要對公司前任領導進行清算。

小伊萬諾夫就任阿爾羅薩公司總裁後，從生產和銷售兩方面積極開拓國際鑽石市場。

2017 年 5 月，阿爾羅薩公司與安哥拉國家鑽石公司簽署世界第三大鑽石礦 —— 安哥拉羅克莎耶鑽石礦投資協議。小伊萬諾夫在簽字儀式上稱，羅克莎耶礦的鑽石儲量價值可達 350 億美元，開採預計在 2018 年底至 2019 年初啟動，阿爾羅薩將為整個開發過程提供技術解決方案。當時安哥拉的鑽石年產量為 900 萬克拉，羅克莎耶礦的開採和生產有望使安哥拉鑽石產量增加一倍。針對業界存在的產量大幅提高會拉低國際鑽石市場價格的擔憂，安哥拉國家鑽石公司總裁卡洛斯·山姆布拉說，未來幾年全球範圍內有若干鑽石礦將開採完畢，「我們將始終控制好平衡，不使過量鑽石進入國際市場」。

2019 年 1 月，小伊萬諾夫在同津巴布韋總統姆南加古瓦會晤後表示，在津巴布韋政府的支持下，阿爾羅薩公司準備在該國實施鑽石勘探和開採項目。小伊萬諾夫認為該項目很有發展前景，而且公司擁有豐富的在非洲運作的經驗。他表示：「我們還準備分享阿爾羅薩目前在鑽石分類和銷售方面的技術，讓津巴布韋在全球鑽石市場上佔據領先地位。」

在積極收購非洲國家鑽石礦產的同時，小伊萬諾夫也十分重視開拓鑽石銷售市場，尤其對中國市場寄予厚望。

2018 年 9 月，在第四屆東方經濟論壇開幕前夕，小伊萬諾

夫表示，随着中國珠寶市場快速發展，中國消費者對鑽石的需求正在增加，公司希望以此為契機與更多中國夥伴建立長期合作關係。他稱阿爾羅薩公司已經與 6 家中國大型珠寶銷售商建立了長期合作關係，2017 年在中國按照長期合同達成的交易額同比增加 18%。他強調，随着中國經濟快速發展，越來越多家庭步入中產階層，對鑽石珠寶等高端產品的消費需求快速增長。2018 年一季度亞太地區珠寶需求量同比增幅達 11%，中國內地與香港是主要增長點。他透露，阿爾羅薩公司 2017 年對大約 4000 名 25－55 歲的中國和美國消費者進行了調查。結果顯示，86% 的中國消費者計劃在第二年購買至少一件鑽石首飾，而美國消費者中有意購買的比例僅為 59%。他強調，「我們對中國市場寄予厚望」，「希望帶着俄羅斯高品質的鑽石與精湛的切割工藝，與更多中國夥伴建立長期合作關係。」讓小伊萬諾夫頗為興奮的是，2017 年阿爾羅薩公司首次與中國夥伴嘗試用盧布直接結算，通過俄羅斯銀行國外分支機構進行支付，省去代理機構結算的中間環節，大大加快和簡化了結算過程。

2019 年 3 月，小伊萬諾夫在首屆「連接歐亞大陸：從大西洋到太平洋」論壇上表示：「中國市場巨大，中國遊客在歐美各國的首飾消費下降。阿爾羅薩公司在華銷售鑽石前景良好，我們希望拓展中國市場。」為了擴大在中國市場的鑽石銷售，阿爾羅薩公司聯合 Everledger 科技公司和騰訊公司共同推出微信應用程序，推介阿爾羅薩公司生產的鑽石。消費者只需點一個按鈕，就可以追蹤到鑽石從產地到自己手裹的完整路徑。阿爾羅薩公司鑽

石分部經理巴維爾·維尼辛指出：「我們期望與中國最普及社交媒體平台的聯合項目能夠刺激產品的銷售。」

背靠大樹

小伊萬諾夫能夠平步青雲，迅速崛起為世界鑽石大王，當然離不開其父老伊萬諾夫。

謝爾蓋·鮑里索維奇·伊萬諾夫，1953 年 1 月 31 日出生在聖彼得堡市一個普通職員家庭。幼年喪父，在母親和舅父的撫育下長大成人。他從小深受當遠洋船長的舅父影響，對外面的世界充滿了嚮往和憧憬。少年時代，他進入列寧格勒唯一的英語專業學校第 24 中學學習，表現出極強的語言天賦並萌發了成為外交官的理想。

中學畢業後，老伊萬諾夫考取列寧格勒大學語文系翻譯專

謝爾蓋·鮑里索維奇·伊萬諾夫

業。而大他三個月的普京也於同年考入列寧格勒大學法律系。但大學期間兩人並無交往。在校期間，老伊萬諾夫成績優秀，1974 年曾被派往英國伊林斯技術學院進修英語。1975 年大學畢業時，他憑藉熟練的英語和芬蘭語被克格勃召募，與普京同年加入克格勃列寧格勒局。1976－1977 年，他在克格勃列寧格勒局一處工作，與普京同在一個小組，兩位年輕的克格勃中尉成為莫逆之交。

進入克格勃後，老伊萬諾夫又先後在明斯克市蘇聯克格勃高級培訓班、蘇聯克格勃紅旗學院接受專業培訓。

1981 年，老伊萬諾夫被派往蘇聯駐英國使館從事情報工作，公開身份是二祕。隨後幾年，他先在克格勃駐芬蘭、瑞典諜報站工作，主要從事西歐、北歐國家的政治情報蒐集，同時也負責招募間諜。後因奧列格·戈爾季耶夫斯基叛逃而轉赴肯尼亞工作。在海外從事諜報工作期間，他由於表現出色而多次獲得榮譽勛章。結束駐外工作後，他回到克格勃總部。

蘇聯解體後，克格勃被改組，俄羅斯情報系統出現對外情報局、聯邦安全局和總參情報總局三足鼎立的局面。老伊萬諾夫於1991－1998 年在由蘇聯克格勃第一總局演化而來的俄羅斯對外情報局工作，擔任下屬歐洲局第一副局長，克格勃少將軍銜。

1998 年，老伊萬諾夫迎來事業上的騰飛。8 月，他被任命為俄羅斯聯邦安全局下屬的分析、預測與戰略規劃局局長，負責向克里姆林宮提供情報。而當時的聯邦安全局局長正是當年的好友普京。此後，老伊萬諾夫的政治生涯就與普京緊緊聯繫在一起。

1999 年 11 月 5 日，時任俄羅斯總統葉利欽任命老伊萬諾夫為聯邦安全會議祕書。在這個位置上，老伊萬諾夫經常強調軍事改革的必要性，認為應任命一位文職國防部長。2001 年 3 月 28 日，已擔任總統的普京任命老伊萬諾夫為俄羅斯首位文職國防部長。老伊萬諾夫的堅定信念就是俄羅斯必須建設強大的國防力量。上任後，他積極推動增加軍費、更新軍隊裝備、提高軍人待遇、推動合同兵役制，並將義務兵服役年限由兩年減至 1 年。在國際舞台上，他常猛烈抨擊美國在東歐部署反導系統的舉措，批評西方在軍備問題上的雙重標準。在擔任國防部長期間，老伊萬諾夫與總參謀長科瓦什寧爭奪軍隊控制權，最後以科瓦什寧外放西伯利亞聯邦區擔任總統全權代表而告終。

2005 年 11 月，老伊萬諾夫被提拔為副總理兼國防部長。2007 年 2 月，與梅德韋傑夫一起並列第一副總理，並卸下防長職務。當時有很多人認為他是普京 2008 年卸任總統後的接班人，他本人也意氣風發地到各地視察。當年 6 月，他在聖彼得堡經濟論壇上發表講話，許多人將此解讀為他的競選綱領。但 12 月 10 日，普京正式提名梅德韋傑夫為總統候選人，老伊萬諾夫的希望破滅。但他對媒體表示，早就知道並完全支持這一決定。

2008 年普京擔任總理後，老伊萬諾夫繼續任副總理，主管軍工行業。在此期間，他着力打造俄羅斯自主開發的衛星定位系統 —— 格洛納斯，並積極推進俄羅斯軍隊的裝備現代化。

2011 年 12 月 22 日，時任總統梅德韋傑夫任命老伊萬諾夫擔任總統辦公廳主任，當時普京已決定參加 2012 年總統選舉。

2012 年 5 月，普京第三次入主克里姆林宮，總統班子大換血，但老伊萬諾夫成功留任總統辦公廳主任。俄總統辦公廳素有「影子內閣」之稱，總統辦公廳主任握有實權，是不折不扣的「大內總管」。在普京眼裏，老伊萬諾夫無疑是他最值得信任的人之一，他曾說自己視伊萬諾夫為左膀右臂。

擔任總統辦公廳主任期間，老伊萬諾夫與普京互動頻繁，對普京推行的政策措施積極配合。普京提倡大力反腐，老伊萬諾夫就表示，「我經常與民眾交流，總是聽到他們抱怨：抓住腐敗分子，雖然判了刑，但他貪污的財產都放在妻子、孩子甚至孫子的名下，最終連豪宅也還是他的。我個人認為，這些指責的確有道理。如果腐敗犯罪案件不是僅由法庭來裁決，而且貪官的非法所得都能被沒收，那就太好了。」

2016 年 8 月 12 日，老伊萬諾夫卸任總統辦公廳主任職務，被普京任命為總統生態環保和交通問題特別代表。

外界常以「值得信賴」來形容老伊萬諾夫。曾任俄共副主席、杜馬第一副主席的梅利尼科夫評價伊萬諾夫是「守信的人，不會在背後搞鬼」。美國前國務卿賴斯曾在自己的回憶錄中表示，老伊萬諾夫雖對美態度強硬，但對他可以託付，因為「他從來不會應允其做不到的事」，並稱他是「與普京聯繫的不可取代的渠道」。

特工出身的老伊萬諾夫多才多藝，大學時代酷愛籃球、冰球與足球，喜歡釣魚。空閒時，他喜歡讀英國原版偵探小說，聽甲殼蟲樂隊的音樂。他的妻子伊琳娜出生於 1953 年，兩人是列寧

格勒大學同屆校友，大學畢業後不久結婚。

　　老伊萬諾夫夫婦育有兩子。次子謝爾蓋就是我們本章故事的主人公、如今的阿爾羅薩公司總裁 —— 世界鑽石大王。長子亞歷山大‧伊萬諾夫曾任俄羅斯對外經濟銀行副行長，2014 年 11 月在迪拜休假時意外溺水身亡，成為當時震動俄羅斯國內外的一大離奇事件。

謝欽
能源界的青年近衛軍

　　謝欽・伊萬・伊戈列維奇（Сечин Иван Игоревич，下稱小謝欽），1989 年出生於列寧格勒，畢業於莫斯科大學高等商學院。他在那裏讀書的時候，俄羅斯科學院副院長、俄羅斯石油公司董事會成員亞歷山大・涅基佩洛夫正好兼任這所商學院的院長。大學畢業後，小謝欽曾在俄羅斯天然氣工業銀行擔任分析師。

能源「青年近衛軍」

　　小謝欽的父親 —— 謝欽・伊戈爾・伊萬諾維奇（Сечин Игорь Иванович，下稱謝欽），2012 年起任俄羅斯石油公司總裁。此前，1999－2008 年曾擔任過俄羅斯總統辦公廳副主任，2008－2012 年擔任俄羅斯聯邦政府副總理。2004－2011 年任俄

老謝欽

羅斯石油公司董事長。在 2014 年 3 月的時候，他持有該公司 0.1273% 的股份，當時價值近 30 億盧布。俄羅斯《導報》和《福布斯》等媒體認為，自 2009 年之後，伊爾戈‧謝欽就成為僅次於普京的俄羅斯第二號權勢人物。

2014 年 3 月，小謝欽被任命為俄羅斯石油公司一個海上油氣項目的副經理。當時，這一職位的月薪可達 30 萬－60 萬盧布，年終獎金可以與年薪齊平。針對這一任命，俄羅斯石油公司主管人力資源和社會關係的副總裁尤里‧加里寧表示，伊萬‧謝欽「接受過專門教育，曾在俄羅斯最優秀的銀行任職，他的教育背景與工作經驗完全可以勝任在俄羅斯石油公司的職位。」加里寧稱，「俄羅斯石油公司有一條不成文的規定，公司禁止親屬同時在公司總部工作。我們根據這一原則已經對公司進行了徹底的清理。」但他同時表示，「我們歡迎公司員工的親屬在公司的下屬企業、特別是生產部門工作。我們相信，這種生產上的王朝有助於傳承專業經驗、增強公司內部的凝聚力。」而俄羅斯獵頭公司 Top Contact 的經理沙皮洛夫則強調，這種做法在俄羅斯公司中非常普遍。他說：「這只是新任經理的第一步」，小謝欽未來的職業生涯會一帆風順、更加輝煌。

進入公司不久，小謝欽就參加了公司總裁伊戈爾‧謝欽率領的商務代表團出訪了亞洲。又過了不久，他就陞任俄羅斯石油公

司聯合海上項目事業部的第一副經理。當時，該部門由俄羅斯石油公司副總裁熱爾科‧魯涅主管。

海上項目是俄羅斯石油公司重要的投資方向之一，它曾與埃克森‧美孚、埃尼和挪威國家石油公司等國際知名能源跨國公司，共同實施大型海上油氣項目。但在 2014 年烏克蘭危機後，西方國家對俄羅斯實施制裁，俄羅斯石油公司與外國企業的大多數聯合項目被凍結，與埃克森美孚‧公司聯合進行的喀拉海大陸架項目也受到限制。

其實在進入俄羅斯石油公司之前，小謝欽就參與公司的商務活動了，他是 2013 年聖彼得堡經濟論壇上俄羅斯石油公司代表團的成員。2015 年 1 月 20 日，在俄羅斯能源部長亞歷山大‧諾瓦克的建議下，年僅 25 歲的小謝欽因「多年的認真工作以及對燃料和能源綜合體發展做出的巨大貢獻」，被普京總統授予二級「為祖國服務」勛章。與他一起獲得勛章的還有俄羅斯石油公司的其他 18 位高管。當時，伊戈爾‧謝欽就表示：「我很自豪，我的兒子參與了這一重要項目。碰巧的是，我們兩代人可以共同參與這樣的大型戰略項目。我的兒子有幸參與其中，並展現了他對這一領域的專業精神和負責任態度，這是一個巨大的成功。我非常感謝俄羅斯總統對我兒子的工作表示高度讚賞。」

小謝欽僅在公司工作不到一年時間，就因「多年的認真工作和巨大貢獻」而獲得如此殊榮，這在俄羅斯國內引發了巨大爭議。國家杜馬代表、俄共議會黨團成員瓦列里‧拉什金，很快就針就向小謝欽授勛的合理性發出了正式質詢，他稱這一事件「再

次證明了我的判斷，在俄羅斯，裙帶關係遠比個人的忠誠、能力和奉獻重要得多。」俄羅斯石油公司發言人列昂捷夫對此解釋說，小謝欽獲獎，是因為在喀拉海進行的一項探索性鑽探項目中監督了鑽井平台的運營準備工作，「鑽探準備工作的活躍階段，恰好是他擔任公司海上項目部第一副經理期間，他的工作對項目的開展至關重要。」而總統辦公廳給拉什金的回函則強調，小謝欽因為在極端艱苦的條件下參與在世界最北端的喀拉海的鑽探活動，並成功發現了「勝利」油田而脫穎而出。」據稱，該油氣田石油儲量達 1.3 億噸，天然氣儲量為 4992 億立方米。但實際上，俄羅斯石油公司用了一年半時間，花費了 6.5 億美元進行地震勘探並鑽了這口井。但西方對俄羅斯石油公司施加制裁後，公司又不得不花了三周時間封堵了這口未經測試的油井。

儘管小謝欽所在的海上項目事業部是俄羅斯石油公司曾經寄予厚望的新增長點，但在美歐因克里米亞危機對俄羅斯施加制裁以來，公司的海上油氣項目基本上被迫處於停滯狀態。俄羅斯能源分析機構專家伊戈爾·赫魯季欣認為，在大陸架油氣開發領域，俄羅斯石油公司面臨的困難不僅在於西方制裁，更重要的是「沒有專家，沒有技術，也沒有開發設備。」他透露，俄羅斯石油公司獲得了免費開發海上項目的權利，僅在黑海和卡拉海的石油勘探領域就投資了 34 億美元，但「他們在黑海一無所獲」，「在喀拉海鑽探的那口井最終也不得不封堵起來。」

老謝欽：俄羅斯「二號人物」

　　小謝欽能在俄羅斯能源界異軍突起，當然與他的父親伊戈爾·謝欽的大力扶持是分不開的。

　　伊戈爾·謝欽，1960 年 9 月 7 日出生在蘇聯列寧格勒市的一個工人家庭，父母都是冶金廠工人，後來離異。1977 年，他從列寧格勒 133 中學畢業並考入列寧格勒大學語文系，專攻葡萄牙語。同時，他的法語和西班牙語也不錯。他本應於 1982 年從大學畢業，但在五年級的時間被派到莫桑比克。當時，蘇聯軍事顧問積極參與到了莫桑比克的內戰當中，他在那裏當了兩年軍事翻譯。之後，他從非洲返回列寧格勒並於 1984 年畢業。

　　大學畢業後，老謝欽緊急應召入伍，在土庫曼斯坦服役了幾個月。那裏有一個蘇軍的國際防空專家培訓中心，來自安哥拉和莫桑比克的軍人正在那裏學習。1985 年 1 月，他又被派赴內戰正酣的安哥拉擔任軍事翻譯。1986 年從非洲回國後，他開始在蘇聯外貿部下屬的技術出口協會工作，該協會的主要職責是把蘇聯的工業設備出口到社會主義國家和發展中國家。之後不久，老謝欽又轉到列寧格勒大學外事處工作，負責學校師生的出境進修、學習和交流工作。正是在這個時候，他與當時擔任列寧格勒大學外事副校長助理的普京結識。老謝欽有着濃厚的情報部門背景。與普京一樣，兩人都當過克格勃軍官。但不同的是，普京當過克格勃中校的故事眾所周知，而謝欽在克格勃服役的細節卻鮮為人知。

　　1988 年，老謝欽轉到列寧格勒市執委會工作，負責列寧格

勒與里約熱內盧的友好城市工作。後來，在一起陪同列寧格勒州委會主席索布恰克訪問巴西過程中，他與普京進一步拉進了距離。1991 年 6 月 12 日，索布恰克當選聖彼得堡市市長，普京出任市外經委主任並進而陞任副市長，而老謝欽也被普京任命為自己的辦公室主任、助理等職。

　　1996 年，索布恰克競選失敗，普京也離開聖彼得堡前往莫斯科，成為總統事務管理局局長博羅金的副手。而老謝欽也追隨普京到了總統事務管理局，擔任該局對外經濟聯繫局海外資產處副處長。後來，普京在談到這段歷史時曾說，「謝欽在我們聖彼得堡工作過，在文件記錄部工作。我當副市長的時候，組建自己的辦公室，看了很多人，我只喜歡謝欽。我去莫斯科工作的時候，他想跟我一起去。我把他帶上了。」1997－1998 年，他擔任總統事務管理局監查局綜合處處長。1998 年，他在聖彼得堡礦業大學通過經濟學副博士論文答辯，論文題目是《石油及石油產品運輸投資行為的經濟評估》。

　　1998 年，老謝欽出任俄羅斯總統辦公廳第一副主任的辦公室主任。1999 年 8 月，出任俄羅斯聯邦政府第一副總理的辦公室主任。1999 年 12 月 31 日，葉利欽宣佈辭職，將俄羅斯的權柄交與普京。普京當天就組建辦公廳，老謝欽被普京任命為辦公廳副主任。2000 年 5 月 7 日，普京正式入主克里姆林宮之後，老謝欽的職位得以穩妥地保留下來。2004 年除了辦公廳副主任之外，還兼任俄羅斯總統助理。儘管職位不斷輪換，但老謝欽服務的對象只有一個人 —— 普京。

　　老謝欽之所為普京長期重用，是因為他從不違反辦公室政治的準則：不替領導做決定，不覬覦更多的權力，也從不流露沒有必要的情緒。有俄羅斯專家評論説，他對普京來説有種特殊功能，他經常會完成普京交辦的一些微妙任務，發揮着特殊管道的作用，疏通自己上司與他需要溝通的人之間的關係。

　　2003 年 10 月，俄羅斯尤科斯石油公司總裁霍多爾科夫斯基被投入大牢。在整治霍多爾科夫斯基的過程中，老謝欽充當了奪取尤科斯石油帝國的總策劃和總指揮，之後又參與了對霍多爾科夫斯基的全套法律訴訟。之後，尤科斯石油公司的核心資產被俄羅斯石油公司獲得，老謝欽隨之出任俄羅斯石油公司董事會主席，成為俄羅斯石油大鰐。

　　2008 年普京轉任俄羅斯聯邦政府總理後，老謝欽被任命為副總理。自 2008 年 12 月 12 日起，他又出任俄羅斯國際統一電力系統公司董事會主席。儘管由於金融危機導致世界石油價格下跌，俄羅斯財政也面臨巨大壓力，但在 2008 年和 2009 年兩次與歐佩克談判期間，老謝欽都斷然拒絕減少俄羅斯石油產量。2020 年 3 月 6 日，也是聽從了老謝欽的建議，俄羅斯代表在 OPEC+ 機制中拒絕了沙特的減產建議，從而引發價格戰並導致國際油價斷崖式跳水。

　　普京開始自己的第三個總統任期後，老謝欽於 2012 年 5 月 23 日被任命為俄羅斯石油公司總裁。《福布斯》雜誌稱，老謝欽當時的年薪約為 2500 萬美元。同年 6 月，他又被任命為俄羅斯總統下屬能源發展戰略與生態安全委員會祕書長，從而成為俄羅斯能源行業事實上的「掌門人」。

回顧老謝欽的政治生涯，他的發跡得益於普京，而他也是普京最信任的「近臣」。正是憑藉與普京的密切關係，他在俄羅斯事實上發揮着「二號人物」的作用，因此也被外界稱為克里姆林宮「灰衣主教」。前俄羅斯和烏克蘭政府顧問，瑞士經濟學家安德列斯·斯倫特認為，老謝欽就是克里姆林宮的馬基雅維利，是君王的得力助手和智囊人物，也因此而得到蔭庇和赦免。

石油帝國 —— 俄羅斯石油公司

謝欽父子掌管和供職的俄羅斯石油公司，是俄羅斯最大的石油公司。

蘇聯解體後，俄羅斯石油行業經歷了一輪暴風雨般的私有化過程。然而，私有化既沒有實現收入目標，也沒有達到效益目的，實際上成為國有資產的世紀「大拍賣」，財富迅速集中到少數金融寡頭手中。

1995 年 9 月 29 日，俄羅斯聯邦政府決定成立國有的開放式股份企業 —— 俄羅斯石油公司。最初幾年，公司經營步履維艱，無法適應新的市場條件。1998 年俄羅斯金融危機期間，公司財政狀況嚴重惡化，對所屬企業的資產失去控制，面臨是否能夠繼續存在下去的巨大風險。1998 年末，由 30 個大企業組成的俄羅斯石油公司的總資產竟然不足 5 億美元。1998 年末，公司新領導集體走馬上任，提出了改變現狀、恢復市場份額和使公司步入持續發展軌道的任務。公司用了將近一年的時間稽核資產

和消除公司內部的離心傾向，到 1999 年末成功恢復了對主要資產的控制，統一的生產和經營政策得以在公司範圍內實施。1999 年俄羅斯石油公司扭虧為盈，從此步入穩定發展軌道。2000 年，俄羅斯石油公司各項生產和經營指標均取得了大幅度增長。在 2001 年俄國內外石油市場行情走低的情況下，公司生產指標不僅沒有降低，反而持續增長。2002 年公司業績達到 1995 年成立以來的最高水平。

普京執政後，採取多重措施重振俄羅斯經濟賴以生存的石油工業，努力削弱私有石油資本，擴大國有石油資產。其最重要的舉措就是以偷稅漏稅為名整肅霍多爾科夫斯基的尤科斯公司，將其核心資產收歸國有。俄羅斯石油公司成為這場「重新國有化」運動最大的獲益者，從原來的中等規模一躍成為國內最大的石油企業，2004 年生產經營實現質的飛躍。當時公司新管理層確定的目標不僅是恢復失去的市場份額，更要在現有資源基礎上建立有效生產鏈條，成為世界級能源企業。

2012 年 10 月 22 日，俄羅斯石油公司與英國石油公司和俄羅斯私人財團 AAR 達成協議，從兩個大股東手中各購買其所持俄羅斯第三大油企秋明 - 英國石油公司（TNK-BP）50% 的股權，收購總額約為 550 億美元。收購完成後，俄羅斯石油公司的油氣產量超過美國埃克森‧美孚公司，成為當時全球最大的上市企業。

2014 年烏克蘭危機後，隨着油價下行以及西方制裁，俄羅斯經濟每況愈下，聯邦財政赤字嚴重。而俄羅斯石油公司也成為同時被歐美制裁的企業，不僅缺乏必要的資金、技術以及設備進

行新區塊勘探開發，更失去了融資能力，短期償債壓力驟增。在此背景下，俄政府又推行新一輪私有化行動並出售俄羅斯石油公司中的國有股。2016 年 12 月，俄羅斯政府發出公告，宣稱將其持有的俄油 19.5% 的股份，以 105 億歐元的價格出售給卡塔爾以及大宗商品交易商嘉能可（Glencore）。然而，僅僅過去 9 個月，當時中國最大的私營能源企業中國華信能源就從卡塔爾及嘉能可手中買走了俄油 14.2% 的股權，合同金額約 91 億美元。但這椿交易最終因華信的落幕而無果而終。

面對西方制裁，俄羅斯石油公司使盡渾身解數，試圖突破圍堵。自 2014 下半年以來，公司先後與 PDVSA、BP、Essar、中化等簽訂長期石油供貨協議，確保市場份額，鞏固在國際市場上的地位。與此同時，俄羅斯石油公司收購了巴西區塊、德國煉化廠、與中化公司洽談合作公司，通過併購有增長潛力的資產實現全球網絡化經營。

在西方制裁背景之下，「向東轉」成為俄羅斯對外能源戰略的重要選擇，而俄羅斯石油公司也將開拓亞太市場作為至關重要的業務增長點，通過加強原油和成品油銷售、進行技術合作和資產交換等舉措，加強了在亞太市場的地位。由於中國油氣需求和進口的迅速攀升，中國市場對俄羅斯能源企業的吸引力日益上升，而俄羅斯石油公司從中也獲益頗豐。在與老對手沙特阿美公司圍繞中國市場的競爭中，俄羅斯石油公司不遺餘力、後來居上，對華石油出口一度大幅超過對手。

格列夫
虎父無犬子的商界新銳

格列夫·奧列格·戈爾曼諾維奇（Греф Олег Германович），1982年3月20日出生於鄂木斯克。父親戈爾曼·格列夫（Герман Греф），母親葉蓮娜·維利卡諾娃（Елена Великанова）。

1999—2002年，格列夫在聖彼得堡大學法律系學習，但未畢業。2004年從莫斯科大學法律系民法專業畢業。

商務新銳

2002—2003年，格列夫在瑞士信貸第一波士頓銀行的倫敦辦事處工作。2003—2009年，先後在德意志銀行駐倫敦和莫斯科辦事處工作，負責該行與俄羅斯儲蓄銀行及俄羅斯外貿銀行的業務來往。他的頂頭上司是俄羅斯外貿銀行總裁的兒子小科斯金，當時他擔任德意志銀行的俄羅斯債務部主任。德意志銀行俄羅斯和

獨聯體地區事業部負責人伊戈爾·洛熱夫斯基稱讚，格列夫是債務部門的優秀青年專家。

2009 年春天，格列夫收到獨立鑒定和評估中心諮詢公司（NEO-Center）創始人阿爾焦姆·阿維基揚的邀請，成為該公司的合夥人並出任副總裁，負責公司的發展戰略以及在俄羅斯和國際市場的業務推廣。該公司的大量業務與俄羅斯儲蓄銀行的抵押客戶有關，受俄羅斯儲蓄銀行的委託為有國家參與的大型投資項目進行技術培訓、監理和審計。格列夫到任兩年後，公司的評估收入為 6.51 億盧布，諮詢收入為 9 億盧布，在俄羅斯最大的信用評級機構 Expert RA 的排行榜上名列俄諮詢公司第一名。

這期間，格列夫在其父親的支持下，通過俄羅斯儲蓄銀行向大西洋公司貸款 35 億盧布。藉助這筆貸款，格列夫和尤里·茹科夫獲得了沃羅涅日州巴甫洛夫斯克花崗巖公司的控制權。而大西洋公司在將後者的股權轉讓給塞浦路斯的離岸公司後被註銷。此事引起了不小的糾紛。2017 年 5 月，美國特拉華州的 PPF 管理公司在紐約南區對獨立鑒定和評估中心和俄羅斯儲蓄銀行提起訴訟，要求 5 億美元的材料損失和 2.5 億美元的精神損害賠償，原因是他們被非法剝奪了對巴甫洛夫斯克花崗巖公司的控制權。但紐約法院在 PPF 管理公司提供的材料中沒有發現有力的證據。

2017 年 3 月，格列夫辭去獨立鑒定和評估中心副總裁的職務。同年 8 月，他成為成立於 2015 年的 Brayne 管理公司的執行合夥人。Brayne 管理公司提供資產管理、併購交易和 PPP 項目服務，業務領域涉及從農業到 IT 的各種行業。格列夫、俄羅斯

對外經濟銀行前總裁弗拉基米爾‧德米特里耶夫的兩個兒子斯捷潘、帕維爾以及尼古拉‧日丹諾夫和弗拉季斯拉夫‧馬祖爾克各佔 20% 的股份。

與格列夫一同進入該公司的，還有他在獨立鑒定和評估中心的 12 名同事，他們大多數都做過與俄羅斯儲蓄銀行有關的業務，其中包括阿拉布加經濟特區工業園建設（俄羅斯儲蓄銀行提供貸款）、納塔爾金斯克金礦建設（俄羅斯儲蓄銀行提供貸款）、蘇霍伊超級 -100 噴氣飛機項目（向俄羅斯儲蓄銀行的租賃公司提供飛機）、「紅色林中空地」度假村開發項目（俄羅斯儲蓄銀行為共同所有人）等。

Brayne 公司參與了莫斯科地區中央環路第五區段的建設。該項目的資金來自政府預算（199 億盧布）、國家福利基金（228 億盧布）以及俄羅斯儲蓄銀行和俄羅斯對外經濟銀行的貸款。而這項業務正屬於俄羅斯儲蓄銀行總裁戈爾曼‧格列夫的兒子和俄羅斯對外經濟銀行的前總裁弗拉基米爾‧德米特里耶夫的兒子。而且，Brayne 公司的其他一些道路項目也與這兩家銀行的貸款相關。中央環路第五區段工程於 2014 年開工，原定於 2018 年完工。但由於各種原因，完工日期被推遲。據說其賬目上發現了一些違規情況，除了建設時間延長外，建築成本也有所增加。

另外，Brayne 公司正在開發一項獨立的業務 —— 綠色發展計劃下的基建項目。綠色發展項目的創始人是格奧爾基‧古謝瑟夫，他曾擔任俄羅斯儲蓄銀行參股的 RTK 租賃公司的總經理。2020 年 1 月，該公司更名為綠色有限責任公司，公司一名僱員

的親戚奧爾加‧馬祖爾成為註冊法人代表。

　　綠色公司承攬了四個道路建設項目，都由俄羅斯對外經濟銀行、俄羅斯儲蓄銀行或俄羅斯天然氣工業銀行提供貸款。

　　第一個是聖彼得堡的西部高速收費公路。西部高速公司屬於聖彼得堡市政府。包括俄羅斯對外經濟銀行（貸款超過 900 億盧布）在內的銀行財團為這條收費公路的建設提供了資金。2019 年 12 月，綠色公司得到西部高速公司的訂單，負責與舒瓦洛夫大道連接立交橋建設的施工監理（合同金額為 2950 萬盧布），並在 2018 年負責另一座與新公路連接的立交橋施工監理（合同金額為 600 萬盧布）。

　　第二個項目是新西伯利亞的跨鄂畢河大橋。總投資為 409 億盧布，其中聯邦撥款為 262 億盧布，其餘是地方政府投資、社會投資以及俄羅斯天然氣工業銀行提供的貸款。

　　第三個項目是哈巴羅夫斯克外環 13-42 公里高速公路，由俄羅斯天然氣工業銀行為項目提供 140 億盧布的貸款。

　　第四個項目是莫斯科—聖彼得堡收費公路段，該工程由俄羅斯對外經濟銀行和俄羅斯儲蓄銀行提供 290 億盧布貸款。

　　俄羅斯儲蓄銀行是 Brayne 公司的重要金融合作夥伴。透明國際俄羅斯負責人伊利亞‧舒曼諾夫表示：「俄羅斯儲蓄銀行在一定程度上參與了俄羅斯大部分地區的經濟生活，因此，戈爾曼‧格列夫的兒子在俄羅斯的生意始終與俄羅斯儲蓄銀行有直接的聯繫。」他指出，傳統上，銀行高層管理人員的親屬參與銀行的交易都需要經過反覆商討，銀行家們都儘量避免出現這種情況，以免陷

入道德醜聞中。「國家高層領導的子女要麼選擇與其父母沒有明顯交集的領域，要麼就在國外立業。但在這方面，俄羅斯例外。」

2019 年 12 月，格列夫被任命為阿爾法集團公司旗下的 A1 投資公司執行董事。

老格列夫：從經濟部長到金融大亨

奧列格‧格列夫的父親戈爾曼‧格列夫 1964 年 2 月 8 日出生於哈薩克斯坦巴甫洛達爾州，他的祖輩因是德裔而於 1941 年從頓巴斯被強制遷徙到那裏。

老格列夫在校的學習成績一直優異，高中時曾夢想進入莫斯科國際關係學院學習，但由於他的德裔出身而未能如願。為了得到上大學的資格，他聽從了別人的建議去參軍，在蘇聯內務部下屬內務部隊第 28 師的駐地庫比雪夫州恰帕耶夫斯克市服役，負責保護國防設施。退役後，他進入鄂木斯克大學法律系預科學習，並於 1985 年正式成為該校學生。1990 年，老格列夫從鄂木斯克大學法律系畢業並留校任教。

老格列夫的命運轉折開始於聖彼得堡。1990 年，在鄂木斯克大學法律系主任謝爾蓋‧巴布林的推薦下，他進入列寧格勒大學（現聖彼得堡大學）法律系讀研究生，導師是後來成為聖彼得堡市長的阿納托利‧索布恰克。當時，普京在該校擔任外事副校長並與索布恰克過從甚密。讀研期間，老格列夫於 1991 年在聖彼得堡擔任彼得宮區經濟發展和資產委員會的法律顧問。1992 年擔

任聖彼得堡市政府資產管理委員會彼得宮區負責人；1992－1994
年，擔任聖彼得堡彼得宮區資產管理委員會主席、彼得宮區副區
長。由於過多地從事行政工作，老格列夫未能在聖彼得堡大學答
辯副博士學位論文。他於 2011 年在俄羅斯總統下屬國民經濟學
院通過了有關「俄羅斯經濟機制改革前景」的論文答辯。

1994 年，老格列夫成為聖彼得堡市政府城市資產管理委員
會副主席，之後是第一副主席。1997 年，他出任聖彼得堡市城
市資產管理委員會主席，並成為列寧格勒能源公司董事會成員。
1998 年，老格列夫又成為聖彼得堡海港公司和聖彼得堡第五頻
道公司的董事會成員。

正是在聖彼得堡市政府工作期間，老格列夫結識了弗拉基米
爾·普京、德米特里·梅德韋傑夫、阿列克謝·庫德林、阿列克
謝·米勒、德米特里·科扎克等人，而這些人也構成了普京擔任
總統後幹部隊伍的重要支柱 ——「彼得堡幫」。老格列夫與當時
擔任聖彼得堡市副市長的普京，都曾是由聖彼得堡市政府倡議成
立的一家名為 SPAG 的德國房地產公司的顧問。

1998 年，老格列夫出任俄羅斯聯邦國有資產部副部長。1999
年擔任聯邦有價證券市場委員會委員、戰略研究中心主任。當時
戰略研究中心的主要任務就是為即將出任總統的普京制訂未來的
經濟戰略與政策。

2000－2007 年，老格列夫擔任俄羅斯聯邦經濟發展部部長，
成為普京前兩個總統任期內俄羅斯經濟政策的重要制訂者。此
外，在不同時期，他還是幾家國有企業如俄羅斯天然氣工業股份

公司、通信投資公司等大型國有企業的董事會成員。

老格列夫在擔任部長期間，被人稱為「堅如磐石」的市場經濟擁護者和自由主義者，願意不惜一切代價實施難度極大的改革。他寄希望於私有經濟，認為應最大限度地減少國家對經濟的管制。此外，他還力主俄羅斯加入世界貿易組織。

2007 年 11 月 28 日，俄羅斯儲蓄銀行臨時股東大會上同意該行行長安德烈‧卡茲明提前離職，並選舉老格列夫擔任新行長。德意志銀行俄羅斯區首席經濟學家雅羅斯拉夫‧利索沃利克說：「我傾向於對任命格列夫做出積極評價。老格列夫本人是技術管理者，他要組成的團隊將是權威、有力和技術性的團隊，將積極促進銀行的工作。」利索沃利克同時認為，老格列夫的任命對於市場是積極的信號。果然，在銀行股東做出這一決定之後，儲蓄銀行在俄羅斯的股價立即上漲了 1.5%。俄羅斯國家杜馬信貸和金融市場委員會副主席阿納托利‧阿克薩科夫表示，格列夫上任可以幫助儲蓄銀行更加積極的參與能影響宏觀經濟指標的國家級項目。

老格列夫上任後，將俄羅斯儲蓄銀行的經營管理提升到了一個新水平，極大地擴展了客戶群、豐富了大客戶服務項目、增加了網上銀行服務、積極使用大數據和人工智能技術，銀行的國際業務也迅速擴大並增強了在國際上的影響力。自 2017 年起，俄羅斯儲蓄銀行對法人實體的貸款開始增加，針對中小型企業和個人的貸款組合也出現增長。2017 年 8 月 10 日，俄羅斯儲蓄銀行宣佈降低抵押貸款利率，這是銀行設立該項業務以來最大規模的

一次。老格列夫表示,「我們已經看到房地產和抵押貸款市場恢復到危機前的水平。尤其是抵押貸款市場上半年同比增長了約30%。」

他在俄羅斯儲蓄銀行的另一項重要舉措是減員增效。2017年,銀行宣佈裁員4.5萬人的計劃。當年上半年,銀行的淨利潤就達到3170億盧布,同比增長38%。

老格列夫對俄羅斯經濟有着深入見解,而且敢於直面問題。2014年9月,在西方因克里米亞危機對俄羅斯施加制裁不久、國內很多人對此還滿不在乎的時候,他就在「俄羅斯24」電視台節目中表示,「我們大家都需要明白的是,如果西方制裁加大,當局提振經濟確保增長將變得非常困難。因此,當前最重要的是,一方面要確保國內流動性,另一方面要通過各種方式穩定局勢。」

在2016年1月舉行的蓋達爾論壇上,他又指出俄羅斯已經在全球經濟中失去競爭力,並預言2028－2030年俄羅斯的原材料將耗盡,石油和天然氣的世紀即將結束。他表示,擺脫這種經濟狀況的道路非常艱難,可能會陷入革命、內戰或對其他國家的嚴重依賴。

老格列夫的這番話遭到一些人的激烈反對。國家杜馬副主席尼古拉·列維切夫敦促他辭職。聯邦國際事務委員會委員伊戈爾·莫羅佐夫指責他對政府的進口替代政策漠不關心。俄羅斯總統顧問謝爾蓋·格拉濟耶夫則表示:「如果俄羅斯輸掉了競爭,這要歸功於格列夫及其同事們」,因為是他們「在1990年代形成了反國家的發展模式」。針對這場爭論,俄羅斯總統新聞祕書德米特

里·佩斯科夫表示，克里姆林宮「不加入任何陣營」。

他人的非議一定程度上改變了老格列夫的表達方式，但他的核心觀點並未動搖。2017 年，他在談到俄羅斯經濟時開玩笑地說，「增長率將取決於聯邦統計局的領導是誰」，並表示俄羅斯通貨膨脹率的下降並不表明經濟狀況良好。

家族

2013 年，戈爾曼·格列夫入圍福布斯富豪排行榜，位列俄羅斯薪酬最高的前五名企業高管，年收入為 1500 萬美元。他持有俄羅斯儲蓄銀行 0.003096% 的股份（219 萬美元）。2014 年，他以 1600 萬美元的收入再次榮登福布斯排行榜第 4 位；2015 年以 1350 萬美元的收入位居第六；2016 年以 1100 萬美元的收入排名第三。

戈爾曼·格列夫

　　老格列夫發達之後，他的家族也開始隨之顯赫起來。格列夫家族在俄羅斯最富有的家庭中排名前 100 位。

　　老格列夫的第二任妻子亞娜・格洛維娜擁有一家從事藝術品買賣的 Dar.ru 公司。她這項業務的合作夥伴是俄羅斯一家高科技企業 Sitronics 公司的副總裁奧列格・謝爾巴科夫。而這家公司在與亞娜・格洛維娜合作後不久，就在儲蓄銀行的銀行卡生產招標中勝出，交易金額超過 1000 萬美元。

　　老格列夫的小兒子奧斯卡爾・格列夫在英國私立學校學校讀書，外界很少知道他的消息。

　　老格列夫的哥哥葉甫根尼・格列夫，是鄂木斯克的大商人，家用電器有限公司總經理，索菲亞技術公司、西伯利亞陶瓷公司、Geomart 和 Letur 等連鎖購物中心的合夥人。老格列夫向他哥哥的生意投資了 5 億盧布。而葉甫根尼・格列夫與俄羅斯儲蓄銀行至少簽署了 70 筆交易。葉甫根尼的女兒從鄂木斯克到莫斯科後，成為克拉斯諾夫藝術設計公司的項目經理。僅在 2010 年，這家公司就為俄羅斯儲蓄銀行舉辦了五次公司晚會，包括新年慶祝活動、勞動婦女節、情人節和「儲蓄銀行天才」音樂會。

　　老格列夫的姐姐埃琳娜・別列德里也是一位銀行家，擁有濱海銀行 6.21% 的股份。埃琳娜的女兒奧爾加・特申科在俄羅斯儲蓄銀行擔任首席人力資源專家。

馬特維延科
「新俄羅斯人」的代表人物

　　馬特維延科・謝爾蓋・弗拉基米羅維奇（Матвиенко Сергей Владимирович），俄羅斯著名富商。1973 年 5 月 5 日出生於列寧格勒。其母親是聖彼得堡前市長、俄羅斯聯邦委員會（即議會上院）現任主席馬特維延科・瓦連京娜・伊萬諾夫娜（Матвие-нко Валентина Ивановна）。

　　謝爾蓋・馬特維延科 1996 年畢業於現代商業學院對外經濟活動管理專業，1999 年畢業於聖彼得堡服務和經濟學院金融和信貸專業。之後，他到美國實習了一段時間，積累了一定經營和管理經驗。2002 年，他獲得經濟學副博士學位。2007 年，他在聖彼得堡國立工程經濟大學通過題為《以創新為基礎的區域經濟發展理論和方法論》的博士論文答辯，獲得經濟學博士學位。

「新俄羅斯人」的代表人物

「新俄羅斯人」，是對在蘇聯解體後俄羅斯社會轉型過程中各顯神通躋身上流階層的人士的通稱。謝爾蓋·馬特維延科無疑是「新俄羅斯人」的典型代表。

1992 年，年僅 19 歲的謝爾蓋·馬特維延科出任奧古斯丁投資基金經理。1995 年，他創建北方神話公司。1997 年，他創建名為「建築師」的建設公司。1997 年，他在俄羅斯 Inkombank 銀行聖彼得堡分行任職。1998~2000 年出任 Maya 公司副總經理。2001 年擔任聖彼得堡銀行信息技術部顧問。2003~2010 年，他擔任聖彼得堡銀行副總裁。除在聖彼得堡銀行任職外，2004~2013 年，他還在俄羅斯外貿銀行工作。2005 年，成為該行高級副總裁。2006 年，他開始兼任外貿銀行開發股份公司總經理並主導了外貿銀行資本公司的設立。

謝爾蓋·馬特維延科 2003 年開始在聖彼得堡創建自己的企業，取名為「帝國」，而這一年也正是其母親瓦蓮京娜·馬特維延科被任命為聖彼得堡市長的時候。到 2009 年，「帝國」公司已成為聖彼得堡最大的控股公司之一，估值為 10 億美元。該公司開設了至少 25 家子公司，從事地產開發、貿易、醫藥和電信等業務，並根據政府採購提供計算機設備和軟件及運輸服務、在聖彼得堡主辦東歐音樂大會。

謝爾蓋·馬特維延科的主要生意，還是聖彼得堡市政府分配給他的開發項目。2007 年，謝爾蓋·馬特維延科控股的 M 公司

和外貿銀行開發股份公司啟動了涅瓦河市政大樓項目,為聖彼得堡建造市政府辦公大樓。謝爾蓋·馬特維延科與當時的市長顧問亞歷山大·科任一道,負責在濱海大道聖彼得堡建市 300 周年紀念公園的 6 公頃土地上,建造一座多功能綜合大樓。大樓建成後,市政府的許多部門在這裏辦公。同年,他還獲得了聖彼得堡的兩處古建築修復工程。謝爾蓋·馬特維延科還擁有聖彼得堡銀行的不少股權和聖彼得堡市中心的商業地產,包括位於喀山大街 7 號的商務中心、聖彼得堡阿芙樂爾號巡洋艦上多功能中心。

俄羅斯《導報》2010 年曾刊文稱,謝爾蓋·馬特維延科的公司在從 2003 年開始的 6 年間獲得了 28 億盧布的國家訂單。其中,他控股 55% 的固網公司收入 21.4 億盧布。

謝爾蓋·馬特維延科也曾試圖在聖彼得堡以外開展業務。他與諾瓦泰克公司的合夥人列昂尼德·米赫爾松於 2005 年共同註冊了 Brand 公司,試圖一道從事石油開採。謝爾蓋·馬特維延科佔股 18%,米赫爾松佔股 75%。該公司成為涅涅茨自治區沃爾加-米修爾斯科礦區的投資方。但最終該項目並未實際實施,謝爾蓋·馬特維延科於 2010 年離開了 Brand 公司,一年後米赫爾松註銷了這家公司。

謝爾蓋·馬特維延科個性張揚,行事高調,社會上有很多有關他的醜聞流傳。2011 年,謝爾蓋·馬特維延科的財富估值為 49 億美元。多家俄羅斯媒體稱,謝爾蓋·馬特維延科藉助母親的政治威望發財致富。

據媒體報道,2020 年 5 月,謝爾蓋·馬特維延科旗下的

Erkafarm 生態製藥公司，因一樁收購案而被要求償還超過 50 億盧布的債務。

2020 年 4 月，聯邦反腐敗局對謝爾蓋‧馬特維延科進行調查，俄羅斯衛生部檢查了他的薩姆森製藥公司和斯托爾托夫醫生連鎖藥店。據稱在新冠疫情流行的情況下，上述機構存在囤積和高價銷售醫療口罩和防護物品等問題。

2016 年，聖彼得堡市長波爾塔夫琴科將聖彼得堡市財政預算資金存進俄羅斯銀行和聖彼得堡銀行，而謝爾蓋‧馬特維延科據稱擁有聖彼得堡銀行 59% 的股權。

2015 年 2 月，一家名為「維爾西亞」的公司以投資項目的名義，租賃了聖彼得堡位於芬蘭灣岸邊的一塊 20 公頃帶有湖泊的土地，據稱這家公司的幕後老闆是謝爾蓋‧馬特維延科。有媒體稱這是「母親送給兒子的復活節禮物」。

謝爾蓋‧馬特維延科與妻子尤莉婭

2014 年 11 月，聖彼得堡市調查委員會宣稱在一家名為彼得蘭德的公司所有權仲裁糾紛中發現偽證。公司有爭議的財產為 6 億盧布，但其所牽涉的資產卻遠遠不止該金額。謝爾蓋‧馬特維延科即是其中的關鍵人物，

瓦蓮京娜‧馬特維延科始終否認幫助兒子做生意。謝爾蓋‧馬特維延科也堅稱母親沒有參與他的商業活動，所有的業績都是他自己努力的結果。

2011 年，瓦蓮京娜‧馬特維延科辭去市長職務並被任命為聯邦委員會主席。謝爾蓋‧馬特維延科的企業就好運不再了，在這之後的 3 年之內，他幾乎丟掉了在聖彼得堡的全部業務。

從這以後，謝爾蓋‧馬特維延科轉而從事吸毒者的法律保護活動。2011 年，他成為世界無毒品思想聯盟的副主席。2013 年 12 月，他出任保護世界吸毒者聯盟人權項目的負責人。該聯盟的一位僱員稱，謝爾蓋‧馬特維延科為該組織提供 160 萬盧布的贊助費。他提出利用線上虛擬服務幫助世界不同國家的吸毒成癮者戒毒。

謝爾蓋‧馬特維延科自小受到良好的教育，他熱愛文學和古典音樂，他最喜歡的作曲家是肖邦、貝多芬和莫札特。

在他年輕的時候，因涉嫌鬥毆和盜竊曾被提起刑事訴訟。據稱，他和朋友毆打了一位欠他債的人，並試圖搶走他的財產來抵債。謝爾蓋‧馬特維延科在犯罪當天被捕並承認了一部分罪行。據說他應被判處 4~10 年監禁，不過他僅在預審拘留所關押了三天就被釋放。這一事件恰好發生在其母親瓦蓮京娜‧馬特維延科

擔任聖彼得堡市長期間，事情後來被公開，對她的政治威信造成不小影響。

謝爾蓋‧馬特維延科的個人生活也豐富多彩。他在 31 歲時結婚，第一任妻子是俄羅斯著名歌手扎拉，但兩人的婚姻持續時間不到兩年。他的第二任妻子名叫尤莉婭，曾經是一位模特。二人育有一女阿麗娜。

母親：俄羅斯政壇「鐵娘子」

瓦連京娜‧馬特維延科，1949 年 4 月 7 日出生於烏克蘭赫梅利尼茨基州。父親是軍人，母親是劇院的服裝師，有兩個姐姐。瓦連京娜‧馬特維延科 7 歲時父親過世，由母親獨自撫養長大。瓦連京娜‧馬特維延科從小就有着別的孩子所沒有的幹練，

瓦連京娜‧馬特維延科

她學習非常努力，成績名列前茅，在班內幾乎沒有人能夠超過她。她後來考入了列寧格勒醫藥化學學院，成績優秀。

上大學後，瓦連京娜‧馬特維延科漸漸發現自己在政治方面的興趣。因此，在大學畢業後，她並沒有進工廠當工程師，而是進入了共青團開始了自己的政治生涯。

大學時代的瓦連京娜‧馬特維年科

自 1972 年開始，瓦連京娜‧馬特維延科在列寧格勒的共青團和蘇共機關工作。1972 年至 1977 年間，她擔任共青團列寧格勒彼得宮區委處長、書記和第一書記。之後她被調到共青團列寧格勒州委，1977 年至 1978 年擔任書記，1978－1981 年擔任第二書記，1981－1984 年擔任第一書記。

1984 年至 1986 年，她擔任蘇共列寧格勒紅色近衛軍區區委第一書記。1986 年至 1989 年出任列寧格勒市人民代表大會文化與教育問題執行委員會副主席。從 1989 年到 1991 年，她擔任蘇聯人民代表，並領導蘇聯最高蘇維埃婦女事務及保護家庭、母親和兒童委員會。同時，她也是最高蘇維埃主席團成員，而當時的主席團主席是葉夫根尼‧普里馬科夫。

蘇聯解體使很多人的命運面臨轉折。當時有很多人都不知道自己應該何去何從，馬特維延科的很多同伴甚至從此不再從政。在那段艱難的日子裏，馬特維延科堅持留在政壇。

1991 年 2 月 20 日，在接受了高級外交人員培訓後，她被蘇聯總統米哈伊爾·戈爾巴喬夫任命為蘇聯駐馬耳他共和國特命全權大使，從而繼亞歷山德拉·科隆泰和佐婭·諾沃茲洛娃之後，成為俄羅斯外交史上的第三位女大使。同時，她也是駐馬耳他共和國的最後一使蘇聯大使和第一任俄羅斯聯邦大使。

1994 年秋天，瓦連京娜·馬特維延科奉召回到莫斯科，擔任俄羅斯外交部特使。1995－1997 年，她擔任俄羅斯外交部與聯邦主體、議會和社會政治組織關係司司長、外交部部務會議成員。1997 年 10 月 2 日至 1998 年 9 月 24 日，出任俄羅斯聯邦駐希臘共和國特命全權大使。

1998 年 9 月 11 日，葉夫根尼·普里馬科夫出任俄羅斯聯邦政府總理，瓦連京娜·馬特維延科受邀加入政府，從此走上了政治生涯的坦途。1998 年 9 月至 2003 年 3 月，她擔任俄羅斯聯邦副總理，先後與謝爾蓋·斯捷帕申、弗拉基米爾·普京和米哈伊爾·卡西亞諾夫三位總理共事，主要負責社會政策、宗教事務和僑務工作。

2003 年 3 月 11 日至 10 月 15 日，她擔任總統駐西北聯邦區全權代表，為普京藉助這一機制重塑垂直權力體系立下汗馬功勞。2003 年 6 月，她成為聯邦安全會議成員。

2003 年 6 月，由於當時的市長弗拉基米爾·雅科夫列夫工作調動，聖彼得堡提前進行市長選舉，瓦連京娜·馬特維延科以自提名候選人的身份參選，「統一俄羅斯」黨對她的選舉提供了支持。在第一輪投票中，她贏得了 48.73% 的選票，大大超過了

其餘八名候選人。她與該市副州長安娜‧馬爾科娃進入了第二輪選舉，並最終以 63.2% 的支持率勝出。10 月 5 日，瓦連京娜‧馬特維延科當選為聖彼得堡市長，從而成為當代俄羅斯第一位女性聯邦主體領導人。

2006 年 12 月 20 日，在俄羅斯廢除地方行政長官直接選舉後，聖彼得堡立法會議根據普京總統的提議，決定瓦連京娜‧馬特維延科擔任聖彼得堡新一任市長，任期五年。

2011 年 6 月 24 日，在俄羅斯總統德米特里‧梅德韋傑夫召集的地方領導人會議上，巴什基爾共和國總統魯斯塔姆‧哈米托夫建議，考慮讓瓦連京娜‧馬特維延科擔任俄羅斯聯邦聯邦委員會（議會上院）議長。總統支持這一提議，並稱瓦連京娜‧馬特維延科是「有豐富國務經驗的人」。聯邦委員會主席臨時換帥，是由於自 2001 年以來就一直擔任這一職務的米羅諾夫謝爾蓋‧米羅諾夫，其聯邦委員會議員席位被聖彼得堡市撤回了。

7 月 27 日，瓦連京娜‧馬特維延科向聖彼得堡市彼得羅夫斯基和小紅河市政委員會提交了參加補選的申請，並在之後的選舉中順利當選為「小紅河」第四屆市政委員會副主席。8 月 22 日，她向梅德韋傑夫總統遞交辭呈，總統駐西北聯邦區全權代表格奧爾基‧波爾塔夫琴科接替她出任聖彼得堡市長。

2011 年 8 月 31 日，波爾塔夫琴科簽署了法令，賦予瓦連京娜‧馬特維延科在聯邦委員會中代表聖彼得堡市執行權力機關的資格，也就是說，瓦連京娜‧馬特維延科成了議會上院議員。9 月 21 日，她當選為俄羅斯聯邦聯邦委員會主席，從而成為俄羅

斯第一位議會上院女議長。2014 年 10 月 1 日，她再次當選聯邦委員會主席。2019 年 9 月 18 日，亞歷山大‧別格洛夫擔任聖彼得堡市長，再次授予她在聯邦委員會中代表聖彼得堡的權力。

從某種意義上說，她和普京都與普里馬科夫有師生之誼。從 1990 年代末共事以來，她和普京政見相合、相互支持，也結下了深厚的友誼。

瓦連京娜‧馬特維延科性格堅強、辦事果斷，被稱為俄羅斯政界的「鐵娘子」。普京曾一度想過讓她擔任總理，這一想法雖未能實現，但她依然是俄羅斯國內真正的實權派，是俄羅斯權力核心中的重要成員。俄羅斯國內對她的支持率很高，很多人認為，如果俄羅斯會有女總統的話，那一定非瓦連京娜‧馬特維延科莫屬。

小普里馬科夫
俄羅斯公共外交新掌門

　　普里馬科夫・葉夫根尼・亞歷山德羅維奇（Примаков Евг-ений Александрович，以下稱小普里馬科夫），1976 年 4 月 29 日生於莫斯科，俄羅斯記者、政治和社會活動家。自 2020 年 6 月 25 日起擔任俄羅斯聯邦獨聯體事務、海外僑民及國際人文合作署（以下稱俄羅斯國合署）署長，成為俄羅斯公共外交的新掌門人。他是統一俄羅斯黨成員，曾經是第七屆國家杜馬議員，2018 年 9 月 9 日至 2020 年 6 月 25 日擔任國家杜馬國際事務委員會委員。

　　小普里馬科夫的祖父，是當代俄羅斯著名政治家、曾任聯邦政府總理的葉夫根尼・馬克西莫維奇・普里馬科夫（以下稱老普里馬科夫）。小普里馬科夫的父親亞歷山大・普里馬科夫在他 5 歲那年離世，為紀念父親，他在媒體上常以葉夫根尼・桑德羅作為筆名。

從戰地記者到外交高官

1999 年，小普里馬科夫畢業於俄羅斯國立人文大學歷史和語言系歷史學專業。之後他在「莫斯科回聲」廣播電台、塔斯社、《生意人報—金錢》雜誌工作，同時在《公報》上發表文章。

2002 年之後，他轉入電視媒體工作。最初在TBC電視台擔任「新聞」節目和「總結」節目的軍事記者，曾赴以色列和伊拉克報道伊拉克戰爭。2003 年 5 月，他從TBC電視台轉到HTB電視台，為「今日」、「國家與世界」、「專業—記者」節目作策劃。2003 年至 2005 年，他大多數時間在莫斯科工作，偶爾也作為特派記者去中東和南亞採訪，足跡遍及以色列、巴勒斯坦、阿富汗、巴基斯坦、黎巴嫩和伊拉克。在以色列和巴勒斯坦，他報道了巴勒斯坦極端主義組織在以色列城市中的恐怖襲擊活動。

2005 年至 2007 年，小普里馬科夫擔任HTB電視台中東部主任。他多次深入戰區工作：進入黎巴嫩和以色列報道第二次黎巴嫩戰爭；報道發生在約旦河西岸加沙地帶的事件，特別是哈馬斯發動的政變和以色列軍隊的軍事行動。2007 年夏哈馬斯發動政變時，他組織俄羅斯公民從加沙地帶撤離，因此被俄羅斯緊急情況部和聯合國難民署授予「緊急人道主義行動參與者」獎。2007 年 6 月，他從HTB電視台離職。

2007 年秋至 2011 年 10 月，小普里馬科夫擔任「第一頻道」電視台的「新聞」、「時間」和「另類新聞」節目記者。2008 年 4 月至 2011 年 1 月，他也是「第一頻道」駐以色列辦事處負責人。

期間，他於 2011 年夏天到利比亞採訪了的黎波里之戰。

2011 年至 2014 年，小普里馬科夫在聯合國難民署駐土耳其和約旦辦公室工作。期間，他於 2011 年至 2013 年擔任聯合國難民署駐土耳其辦公室城市難民政策特別顧問。2013 年至 2014 年，在聯合國難民署設在約旦首都安曼的駐中東和北非辦事處擔任媒體和交流事務專員。

2015 年 3 月之後，小普里馬科夫擔任「俄羅斯 -24」電視台國際評論節目撰稿人和主持人。2017 年 3 月 20 日，他經普京總統推薦成為俄羅斯聯邦社會院成員（任期從 2017 年到 2020 年）。2017 年 5 月，他出任第七屆國家杜馬主席維切斯拉夫・沃洛金的國際問題和人道主義項目顧問。自 2017 年 11 月起，他擔任俄羅斯記者協會祕書長。2018 年之後，成為普京總統的密友。

2018 年 7 月，小普里馬科夫被統一俄羅斯黨推舉為薩拉托夫州第 165 號巴拉紹夫單一制選區第七屆國家杜馬議員補選的候選人。9 月 9 日，他在補選中獲得 65.15% 的選票，當選為杜馬議員。在杜馬中，他是國際事務委員會成員，也是統一俄羅斯黨杜馬議會黨團成員。

2018 年 9 月 25 日，他取代謝爾蓋・熱列茲尼亞克成為俄羅斯聯邦議會間聯絡小組（與外國議會和國際議會聯盟保持聯繫的聯邦議會機構）的聯席副主席。2020 年 6 月 25 日，根據普京總統的命令，他接替 67 歲的埃列奧諾拉・米特羅法諾娃出任俄羅斯國合署署長。

據媒體稱，對小普里馬科夫的這一任命醞釀了四個月。杜馬

主席沃洛金力挺，強力部門也大力支持。但外交部竭力反對，不希望外來人主持該機構的工作。當時，小普里馬科夫拒絕就此事發表評論，只是說「國家哪裏需要，我就去哪裏。」

小普里馬科夫已婚，有四個女兒。2018 年，他申報的收入總額為 730 萬盧布，妻子的收入為 1400 萬盧布。

俄羅斯政治傳奇：老普里馬科夫

小普里馬科夫的爺爺普里馬科夫・葉夫根尼・馬克西莫維奇（Примаков Евгений Максимович），是蘇聯晚期和當代俄羅斯著名的政治家、外交家、情報機關主管和學者，在當代俄羅斯政治生活中發揮過舉足輕重的作用。今天活躍於俄羅斯政壇的很多政治家，都可說是老普里馬科夫的門生故舊。

老普里馬科夫 1929 年 10 月 29 日生於基輔，少年時期在第

2003 年老普里馬科夫與沃洛金一同出席活動

比利斯度過。他自幼學習用功，成績優秀。1953 年他從莫斯科東方學院經濟專業畢業後進入莫斯科大學研究生院深造，1956年畢業。1959 年，他通過論文答辯，獲得經濟學副博士學位。他會講流利的英語和阿拉伯語。

1953 年起，老普里馬科夫開始在蘇聯國際廣播電台阿拉伯語部工作，先後任記者、責任編輯、副主編和主編。1962 年調《真理報》任職，先後任時事評論員、國際專欄副主編、駐中東記者。回國後，於 1970 年任蘇聯科學院世界經濟與國際關係研究所副所長。1977 年至 1985 年任蘇聯科學院東方學研究所所長。1985 年至 1989 年任世界經濟與國際關係研究所所長。

老普里馬科夫早先主要研究中東問題。1973 年 10 月第 4 次中東戰爭爆發後，他結合中東國家的歷史和現狀，先後發表了不少有關中東問題的專著和文章，成為知名中東問題專家。出任世界經濟和國際關係研究所所長後，他在學術上逐漸由中東問題轉向世界發展理論、蘇美關係、蘇聯與亞太國家關係問題，經常就一些重大國際問題闡述蘇聯的對外政策。多年的學術研究使普里馬科夫具有廣博的國際關係學識，在勃列日涅夫時期，他就被認為是蘇聯領導層制訂外交政策的高級智囊，並於 1979 年當選為蘇聯科學院院士。

戈爾巴喬夫時期，老普里馬科夫作為「改革和新思維」方針的重要理論家和支持者，受到戈氏青睞，並步入政壇，擔任黨政要職。1986 年，他當選蘇共中央候補委員，1988 年出任蘇共中央國際政策委員會委員，1989 年 4 月當選蘇共中央委員，6 月被

選為蘇聯最高蘇維埃聯盟院主席。1990 年 3 月，進入蘇聯總統委員會。

老普里馬科夫久經政治風雲變幻，在海灣戰爭、伊拉克武器核查危機等重大國際事件中，多次接受特殊使命從事穿梭外交，在國際上贏得了崇高威望。海灣戰爭爆發前夕，他多次作為戈爾巴喬夫總統的特使到伊拉克、約旦、沙特阿拉伯、埃及等國斡旋，力爭和平解決海灣危機。他既支持西方的核心立場，又與薩達姆保持了良好關係，充分顯示出他的外交才能。

「8·19」事件中，老普里馬科夫發表聲明譴責緊急狀態委員會的行動「違反憲法」，要求立即從城市街道撤走裝甲車和坦克，以避免流血事件，並要求保證戈爾巴喬夫的人身安全。事件後，普里馬科夫被任命為蘇聯國家安全委員會（克格勃）第一副主席。1991 年 10 月，克格勃解散。11 月 6 日，他被任命為蘇聯中央情報局局長。

蘇聯解體後，老普里馬科夫又受到葉利欽的重用，於 1991 年 12 月出任俄羅斯對外情報局局長。他在擔任情報機構領導期間，將在科學院工作期間積累的組織才能和經驗靈活運用於情報機構，進行了一系列大膽改革，基本保留了克格勃的骨幹力量，保護了一大批幹部，使該系統在經受蘇聯解體、大量機密外泄等巨大衝擊後，國外情報網和幹部仍能基本維持下來，同時確定了對外情報局在新形勢下的地位和作用，獲得了克格勃同行們的高度尊重。

老普里馬科夫頭腦清醒，秉持現實主義原則。他明確提出要

把國家利益而非意識形態放在首位，強調「讓外交意識形態化是嚴重失誤」、「情報工作不是為政治家個人而是為俄羅斯國家利益服務」，「情報機構沒有永恆的敵人和盟友，只有永恆的利益」。針對冷戰後國內外某些人要求俄羅斯減少乃至停止情報活動，他斷然拒絕，指出在世界聯繫日益緊密而又存在國家利益矛盾的今天，這種想法是極其有害的。

在他主政期間，俄羅斯對外情報局專心情報業務、工作成績顯著，及時上報了大量有關俄國家安全利益的重大情報，並發表鮮明的政策主張。1993 年下半年，東歐國家紛紛提出加入北約的要求，對外情報局發表《北約擴大的前途與俄羅斯的戰略利益》的長篇報告，指出北約東擴「不符合俄利益，而且對俄構成威脅」。從此，俄羅斯與西方開始了北約東擴的大論戰。1994 年 9 月，對外情報局發表《俄羅斯與獨聯體：西方的立場是否需要調整》的公開報告，批駁西方反對獨聯體一體化的觀點，提出要抑制西方在獨聯體地區的滲透。

在葉利欽時期俄羅斯黨派林立、政爭激烈的環境中，身為對外情報局局長的老普里馬科夫，基本上未捲入激烈複雜的派系鬥爭，未遇到什麼麻煩。多年的情報工作使他養成了務實、穩重、善於判斷、決策果斷的職業習慣。至今，在俄羅斯政界特別是情報界，他仍是備受推崇的偶像人物。

1996 年 1 月 12 日，外長科濟列夫因推行「一邊倒」親西方外交政策而遭到國內各方反對被葉利欽總統撤換，老普里馬科夫接任外長。在上任後舉行的首次記者招待會上，他指出外交部首

要任務是維護俄羅斯國家利益，獲得與其強國身份相稱的大國地位，其工作重點有四：一是為維護領土完整創造最良好條件；二是優先發展同獨聯體國家全面關係；三是調解地區衝突；四是防止大規模殺傷性武器的擴散。為此，俄羅斯「要同一切國家發展友好關係」。上任後，他積極貫徹重新確立俄羅斯大國地位的全方位外交，並在調解伊拉克武器核查危機等國際熱點問題和地區衝突問題過程中發揮了積極作用，改善了俄羅斯外交形象。

葉利欽執政晚期，俄羅斯政壇動盪。1998 年 9 月初，葉利欽對切爾諾梅爾金的總理提名兩次遭到國家杜馬否決。9 月 10 日，葉利欽與切爾諾梅爾金、老普里馬科夫以及左翼黨派推舉的總理人選——俄共議員馬斯柳科夫舉行緊急會晤和磋商，最後宣老布普里馬科夫為政府總理人選。9 月 11 日，杜馬通過了對普的總理提名。

老普里馬科夫被推上總理職位，恰逢俄羅斯政治、經濟、社會危機相互交織的危難時期，不僅面臨使國家擺脫經濟危機的重任，還肩負着探索符合本國國情的社會和經濟發展模式的使命。上台伊始，他提出新政府施政綱領原則和首要任務：維護俄羅斯的統一，堅決反對任何縱容脫離中央、削弱中央領導的趨勢。為此應讓一些地方行政長官進入政府主席團，使他們成為政府的最高公職人員，並盡一切努力，使共和國、州和地區能依照憲法和法律自主地解決所有問題，同時要極力找到使車臣留在俄羅斯的辦法；組建「代表全體民眾的政府」，吸納各派專家，建立團結、內行和高效的政府班子，任何政府成員都不得利用手中權力為其

過去的所屬組織、黨派謀求私利，要爭取在議會的支持下開展工作；着手處理亟待解決的社會經濟問題。採取緊急措施制止嚴重的金融危機、抑制通貨膨脹和價格上漲，支付拖欠的工資和退休金，允諾「對通貨膨脹和價格上漲的全部損失予以補償」，保證居民存款不貶值，以恢復人民對政府的信任，確保社會穩定；調整改革方針，強調改革要考慮社會效益和服務於國家經濟發展。整頓金融秩序，加強監管，以保障金融系統正常運行。加強國家對經濟的干預和調控的力度促進和保護生產性投資，發展本國工業。加強外債控制，把外資引向生產，保證投資重點。加強預算和稅收紀律；繼續執行「可預見的、民主的」外交政策，維護國家利益，為國內改革創造良好的外部環境。

老普里馬科夫在任總理期間，推行的方針是政治上保持社會和諧和政治穩定，經濟上實施社會市場經濟改革，外交上維護俄羅斯民族利益。這一方針成效卓著，深得人心。他老成持重，引而不發，不輕易袒露自己的觀點。他的沉默被認為是一個「謎」。俄羅斯《獨立報》曾評論道：「這個謎就是一種力量，成千上萬的人把自己的希望寄託在普里馬科夫的沉默中。他們認為，這是大海式的沉默，蘊含着一種深沉、一種對現實的了解，可能他知道如何使國家擺脫危機。」1999 年 3 月 24 日，老普里馬科夫前往華盛頓進行正式訪問。在飛機上，他接到了美國決定轟炸南斯拉夫的消息，立即決定取消訪美之行，返回了莫斯。但在 1999 年 5 月，他被免去總理職務，同年 6 月南斯拉夫被肢解後，他又被免去安全會議常委職務。

　　就在此時，俄羅斯各派政治力量為迎戰杜馬和總統選舉，紛紛組建競選聯盟並尋找領頭人。老普里馬科夫一時成為左、中、右各派競相爭取的人物。8月17日，老普里馬科夫加入由莫斯科市長盧日科夫領導的「祖國」和韃靼斯坦總統沙伊米耶夫領導的「全俄羅斯」兩個運動合併組建的「祖國－全俄羅斯」競選聯盟，並擔任其協調委員會主席。他強調，聯盟奉守「中派主義和愛國主義」，將聯合所有奉行中間路線的健康力量，堅決反對極端主義，積極推進社會和睦與穩定，使國家擺脫災難，使人民擺脫貧困。

　　1999年12月國家杜馬選舉前夕，老普里馬科夫正式宣佈參加競選總統。然而，以他為首的「祖國－全俄羅斯」運動在杜馬選舉中戰績欠佳，隨後分裂，他的支持率也隨之下降。

　　當時，葉利欽正加緊培植普京，認為他是「有能力依靠最廣泛政治力量使社會協調一致，並保證改革事業繼續發展的人物」，公開支持普京贏得2000年總統選舉。表面上，老普里馬科夫和普京之間形成了某種競爭態勢。

　　2000年2月4日，老普里馬科夫宣佈退出總統競選。他通過電視台發表聲明說：「我是經過長時間的考慮，才作出不參加選舉的最後決定的。」在解釋退出總統競選原因時，他含蓄地說，俄羅斯距離真正的民主還很遠，而且這一狀況在幾個月內不會發生根本改變。

　　俄羅斯有傳言說，老普里馬科夫之所以退出選舉，是由於與普京在車臣問題上政見不合，葉利欽家族利用普京對其進行打

壓，以及軍方和強力部門更多支持普京強硬路線。還有俄羅斯媒體披露，普京在在 1998 年 8 月與葉利欽在一次談判中，承諾他將保護葉利欽家族免受政治、司法的迫害，並與老普里馬科夫鬥爭到底。他們稱，老普里馬科夫想將聯邦安全局掌控在自己的手中，是普京阻止了他。

但如果考慮到老普里馬科夫在克格勃系統的超高威望，考慮到普京執政後在一系列重大問題上與老普里馬科夫政策主張不謀而合等現實，就不能不對這些傳言保持強烈質疑。更有可能的是，在葉利欽執政末期俄羅斯政壇跌宕、國家風雨飄搖之際，俄羅斯的「深層國家」特別是克格勃精英們選中了普京，並將他推上了總統寶座，而老普里馬科夫在其中發揮了至關重要的作用。

2000 年 5 月，普京正式就任俄羅斯總統。7 月，老普里馬科夫被任命為俄羅斯處理德涅斯特河地區問題委員會主席。2001 年 9 月 3 日，他辭去「祖國—全俄羅斯」運動杜馬議會黨團領導人職務，出任俄羅斯工商會主席，直到 2010 年。

2015 年 6 月 26 日，老普里馬科夫因病去世，享年 86 歲。6 月 30 日，他的遺體告別儀式和葬禮在莫斯科工會大廈圓柱大廳舉行，普京親自參加並在悼詞中盛讚「他是我們國家的偉大公民。」之後，全俄東正教大牧首基里爾主持了在莫斯科新聖女修道院舉行的安魂祈禱，老普里馬科夫被安葬在新聖女公墓。

2019 年 10 月 29 日，老普里馬科夫的青銅雕像揭幕儀式，在莫斯科的斯摩棱斯克廣場俄羅斯外交部大樓對面公園舉行。普京出席揭幕儀式並表示，普里馬科夫是難得的人才，他擁有高度的

職業素養，豐富的管理經驗和廣闊的視野，能夠勝任複雜工作和承擔重大責任。俄羅斯總統新聞祕書佩斯科夫也指出，普京總統非常熟悉普里馬科夫，對其為國家做出的貢獻高度讚賞，在國際事務和國內問題上始終願意聽取他的意見。可以說，老普里馬科夫一直是普京的盟友和值得信賴的顧問。

老普里馬科夫有過兩次婚姻，與第一任妻子勞拉·哈拉澤恩愛有加，一起和諧生活多年並育有一子一女。兒子就是小普里馬科夫的父親亞歷山大。亞歷山大·普里馬科夫曾在紐約擔任國際問題記者。但不幸的是，他與母親一樣患有先天性心臟病。在他27 歲的時候，因心臟病突發而過早離世。之後不久，勞拉也因過度悲傷而離開人世。老普里馬科夫了解家人的病況，因此當妻兒在世時，他努力使他們的每一天都充滿快樂。親人離世後，他陷入深深的悲傷之中。

老普里馬科夫和勞拉的女兒娜娜，現居第比利斯。她是一名心理醫生，幫助發育遲緩的兒童康復。娜娜育有兩個女兒—瑪麗亞和亞歷山德拉。她們處世低調，很少與外界接觸。

老普里馬科夫在 65 歲時開始了他的第二次婚姻，對方是他的主治醫師伊琳娜。

俄羅斯國際合作署

小普里馬科夫就職的俄羅斯聯邦獨聯體事務、海外僑民及國際人文合作署，成立於 2008 年 9 月，隸屬於俄外交部，其前身

是俄獨聯體事務署。成立國合署的目的，是增進其他國家對當代俄羅斯及其物質精神潛力和國內外政策的了解，以更好地為俄羅斯外交服務。

目前，俄羅斯國合署已在 80 個國家和地區開展業務，在其中的 62 個國家和地區開設了 73 個俄羅斯科學和文化中心，在 21 個國家派駐 24 名代表協助使館工作。與此同時，國合署還與俄羅斯對外友協、「俄羅斯世界」基金會等非政府組織建立了協作關係，媒體夥伴包括俄通社—塔斯社、俄羅斯新聞社、「今日俄羅斯」電視台、「俄羅斯之聲」廣播電台等俄主流媒體及境外著名俄語媒體。

俄羅斯國合署的工作包括支持僑居境外的俄羅斯人，保持科學和人文聯繫，向國外傳播當代俄羅斯的觀點，並通過「軟實力」擴大其影響力。

在推進軟實力外交方面，俄羅斯國合署主要從事以下工作：一是支持境外俄語教育，推廣俄語的傳播與使用。俄語作為全球第四大通用語言，在冷戰時期曾是蘇聯 15 個加盟共和國的官方語言，其影響力輻射到中東歐、東亞乃至中東、非洲和拉美。蘇聯解體後，俄語的地位也隨之動搖。普京上台之後，俄語作為國家軟實力資源重新受到重視，推廣俄語列為俄對外政策的主要目標之一。俄羅斯國合署自成立以來，便一直將支持境外俄語教育和推廣俄語作為最重要的工作方向，通過聯合俄聯邦教育科學部、世界俄語教師聯合會、「俄羅斯世界」基金會等機構，以境外俄羅斯科學文化中心為載體，舉辦各類科研、教育和文化宣傳

活動。同時，國合署還是俄羅斯在境外長期從事對外國公民俄語培訓的唯一官方機構，目前在 46 個國家開辦了 80 多個俄語培訓班，參加人數逐年增長。自 2011 年起，俄羅斯國合署與俄聯邦教育科學部被責成聯合負責《2011—2015 年聯邦俄語目標計劃》，國合署主要負責其中兩個戰略任務的實施，即通過支持俄語教育促進獨聯體一體化進程和滿足海外僑民的語言文化需求。為此，國合署制定了詳細的工作方案，包括在境外俄羅斯科學文化中心舉行各類教學科研、師資培訓和文化推廣活動，向海外俄語教學機構提供教材和文學文化類圖書，開辦俄羅斯教育資源及俄語教學遠程訪問中心等。目前，該計劃框架下的 30 餘項活動已在獨聯體國家及歐洲、亞洲其他部分國家率先展開。

俄羅斯國合署的另一項核心職能，是維護海外僑民的合法權益，增強其與俄羅斯本土的聯繫。截至 2010 年，有大約 1600 萬俄羅斯人在俄羅斯聯邦之外的其他原蘇聯國家生活。同時，俄僑還廣泛分佈於世界其他國家，在美國、以色列、加拿大、英國、巴西、德國和意大利等國，俄僑人數超過百萬。總數超過 3000 萬的海外僑民，是俄羅斯巨大的軟實力資源。俄羅斯國合署在這一領域主要通過與俄聯邦外交部海外僑民工作司等部委協作，落實國家有關保障海外僑民在教育、語言、就業、人文等方面合法權益的政策；加強與海外僑民的聯繫，促進其與俄羅斯本土間各類文化、科學和商務合作的發展；以境外俄羅斯科學文化中心為平台舉辦各類活動，滿足海外僑民在文化、語言和信息等方面的需求。舉辦各類俄羅斯議員及科學文化名人見面會、音樂電影

節、攝影展，組織國內文藝團體演出，向僑民開放圖書館，組織興趣小組，開辦俄語培訓班，協助僑民團體在俄羅斯日、勝利日等紀念日開展相關主題活動等。此外，該中心還常年舉辦與俄社會經濟及法制改革、對外政策和文化生活相關的講座和研討會，幫助海外僑民了解俄羅斯國內現狀和外交政策。目前，國合署正積極在境外尤其是在獨聯體地區開辦新的俄羅斯科學文化中心，增開分支機構，增加活動項目，以加強與海外僑民的協作，提高其在所在國的地位和影響力，加深僑民對俄羅斯民族文化的認同感。

俄羅斯國合署的第三項重要工作是開展國際人文合作。包括在境外籌備和實施國家在科學、文化、教育領域的相關計劃，開展國際人文合作。主要目的是通過舉辦大型活動推廣俄羅斯在人文領域取得的成果，確保俄羅斯在海外的文化存在。主要目標有是在獨聯體內部建立統一人文空間，促進獨聯體一體化進程的發展；在世界其他地區提高俄羅斯的國際地位，實現其國家利益，並在客觀上創造條件，展現民主、自由、開放的俄羅斯國家形象。為實現以上目標，俄羅斯國合署在科技、文化、經濟、信息及人文等領域，與俄各非政府組織和宗教團體、各國相關部門及部分國際、區域組織展開了密切合作，並協同其海外代表處定期舉辦各類科研論壇、研討會、文化節等活動。目前，國合署在該領域最主要的活動形式，是與夥伴國家互辦國家年或稱「國家年」活動，以增進對彼此民族特性、文化、歷史和現狀的了解，針對雙邊及國際問題展開對話。國合署自成立以來，已先後參與

主辦俄羅斯與法國、意大利、西班牙和德國的「國家年」活動。

俄羅斯國合署在國際人文合作領域的另一個工作重點，是開展青年交流活動。2011 年，國合署和俄聯邦外交部共同制定的《組織外國政治、實業、社會、科技、文化界青年領軍人物赴俄參觀長期國家計劃構想》開始實施，由國合署負責組織與協調。

俄羅斯國合署是推動公共外交的官方主管機構。俄羅斯在開展公共外交方面起步較晚。雖然蘇聯時期的意識形態宣傳工作為俄羅斯遺留下豐富的公共外交資源，但包括 1992 年在蘇聯對外友協基礎上成立的俄羅斯國際合作協會在內的相關機構在這一領域的活動十分有限。國合署成立以來，在公共外交方面有了一些新的動作，除前面提到的與「俄羅斯世界」基金會等非政府組織開展積極合作外，還着手組建俄羅斯友協聯盟和恢復位於莫斯科的「對外友誼之家」。但由於經費方面的問題，這些工作還處於起步階段。

小普里馬科夫接替米特羅法諾娃接掌俄羅斯國合署，將為這一機構注入新思想與新活力，俄羅斯的公共外交也許會呈現出一派新面貌。而小普里馬科夫也將從這裏起步，成為未來俄羅斯外交界和政界冉冉升起的一顆新星。

博爾特尼科夫父子
特工王與金融家

　　丹尼斯・亞歷山大羅維奇・博爾特尼科夫（Денис Алекса-ндрович Бортников，下稱小博爾特尼科夫），1974 出生於列寧格勒市（今聖彼得堡市），本科畢業於聖彼得堡國立經濟金融大學，獲得國民經濟學學士學位。先後在俄羅斯多個大型銀行工作，2011 年起，擔任俄羅斯外貿銀行高級副總裁，西北地區負責人。2017 年 5 月，陞任俄羅斯外貿銀行高級副總裁、董事會主席，是俄羅斯金融界冉冉升起的新星。

　　他的父親是俄羅斯著名政治家、聖彼得堡幫的代表人物、聯邦安全局（KGB 的主要繼承者）局長亞歷山大・瓦西里耶維奇・博爾特尼科夫（Александр Васильевич Бортников，下稱老博爾特尼科夫），老博爾特尼科夫被公認是普京的密友，是當代俄羅斯歷史上任職時間最長的聯邦安全局局長。在《獨立報》2021 年 10 月的百名政治人物排行榜中，老博爾特尼科夫位列第 16 名。

金融界的「青年近衞軍」

由於老博爾特尼科夫的特殊身份，有關其家人的公開信息極少，但是通過一些公開的人事任命和報道，筆者大致梳理出小博爾特尼科夫這位金融界「青年近衞軍」的成長軌跡。

小博爾特尼科夫 1996 年畢業於聖彼得堡經濟金融大學，獲得國民經濟學學士學位，隨後進入當時全俄風頭最盛的俄羅斯工業建設銀行工作。

俄羅斯工業建設銀行的歷史可以追溯到 1922 年，它是一家股份制公司「工業銀行」，旨在為國內工業企業提供長期貸款。蘇聯解體後，俄羅斯工業建設銀行迅速與西方銀行建立起獨特的聯繫，不僅成為全俄第一家金融控股公司，而且迅速在英國、瑞士、德國開設了代表處。1997 年，它成為第一家在美國開設代表處的俄羅斯銀行。在俄羅斯混論無序的年代，沒有背景絕不可能成為上百家新生銀行的典型代表。

在俄羅斯工業建設銀行背後掌管一切的，是聖彼得堡寡頭弗拉基米爾·伊戈列維奇·科甘（2011 年 11 月被授予四級祖國功助序章，2012 年 7 月任聯邦地區發展部副部長）。他在 20 世紀九十年代初期創建並領導着幾家金融機構，同時與多位聖彼得堡的經濟學家保持親密關係，其中就包括葉利欽時期的聯邦第一副總理丘拜斯，以及普京時期的聯邦副總理兼財政部長庫德林。

1996 年之後的幾年裏，小博爾特尼科先後在俄羅斯工業建設銀行多個部門歷練，歷任流通管理部顧問、轉賬業務部顧問、

金融工具部顧問、經紀業務部首席顧問、收購和授權部首席專家、收購和授權部門主管。

1998 年金融危機給俄羅斯新興的銀行體系帶了來了致命打擊。1998 年 8 月 17 日，由於無法支付 1000 億美元的到期債務，俄羅斯政府宣佈盧布大幅度貶值，引發全國性金融動盪。國債市場停止交易導致股市和匯市指數暴跌，而大量新興的銀行由於持有大量政府國債而損失慘重。儘管俄羅斯央行及時發放 31 億盧布貸款作為援助，但俄羅斯工業建設銀行在巨額債務面前依舊難以為繼，該銀行的大股東 —— 俄羅斯天然氣工業公司也舉步維艱，難以伸出援手。1999 年，該行被央行吊銷牌照。2000 年，代理總理米哈伊爾‧米哈伊洛維奇‧卡西亞諾夫向代理總統普京請求不要讓令銀行破產，因為「實施出售其財產和其他資產的措施不會給國家帶來積極的結果。」根據卡西亞諾夫的提議，該銀行的財產應轉變為國有財產並「同時增加俄羅斯開發銀行的資本」。在普京的介入下，銀行度過了第一次危機。不過傾巢之下安有完卵，俄羅斯工業建設銀行最終在 2004 年被清算，進而被俄羅斯外貿銀行收購。小博爾特尼科夫則轉到古塔銀行工作。

古塔集團是俄羅斯的多元化控股公司，由著名富豪尤里‧古什欽控制。20 世紀九十年代初期，古什欽與時任俄羅斯總統辦公廳主任尤里‧弗拉基米羅維奇‧彼得羅夫關係密切。彼得洛夫在 1993 年被任命為國家投資公司董事長，這直接促成了古塔集團的成功，古什欽後來還創辦了整個歐洲最大的糖果和巧克力企業。憑藉在俄羅斯工業建設銀行的光鮮履歷以及強大的家庭背

景，小博爾特尼科夫在古塔銀行被委以重任，擔任西北分行行長、古塔銀行行長顧問。

2006 年，小博爾特尼科夫再度跳槽，進入俄羅斯外貿銀行工作，擔任外貿銀行聖彼得堡分行行長助理。有專家指出，小博爾特尼科夫的新任命與俄羅斯外貿銀行對俄羅斯工業建設銀行的收購有關。俄羅斯工業建設銀行更名為俄羅斯外貿銀行西北分行，據説小博爾特尼科夫是此次收購的重要推手，值得注意的是，古塔銀行也在不久後也被俄羅斯外貿銀行併購。

2007－2011 年間，小博爾特尼科夫迅速晉陞為銀行高管，歷任俄羅斯外貿銀行董事會副主席、第一副主席。2011 年以來，他開始擔任俄羅斯外貿銀行西北地區負責人，俄羅斯外貿銀行高級副總裁。2014 年，小博爾特尼科夫成為聖彼得堡國立經濟金融大學董事會成員，列寧格勒地區工商會董事會成員。2017 年 4 月，他陞任俄羅斯外貿銀行董事會主席，並積極主持參與政府促進中小企業發展的計劃，與聯邦工業貿易部、經濟發展部、農業部保持親密聯繫，在俄羅斯金融界成為一方巨擘。

俄羅斯外貿銀行與政府保持着密切聯繫。2020 年疫情嚴峻之際，該行向全俄中小企業和個體企業家提供了 5100 億盧布的各種項目支持，簽訂的協議總數超過 3.4 萬份。在俄羅斯近幾年加速「向東轉」的背景下，俄羅斯外貿銀行首先做出了表率。2021 年 9 月，小博爾特尼科夫作為俄羅斯外貿銀行代表，同俄羅斯聯邦遠東與北極發展部副部長帕維爾·沃爾科夫在東方經濟論壇上簽署協議，計劃增加對遠東地區旅遊業的貸款，價值超過 200 億

盧布的項目已經開始啟動。有專家推測，這是老博爾特尼科夫授意兒子對俄羅斯國防部長紹伊古「轉向遠東」言論表示支持。

2021 年 10 月，俄羅斯外貿銀行被美國金融雜誌《環球金融》評為俄羅斯年度最佳中小企業銀行。同年，還在國際中小企業銀行俱樂部協會的「2021 年商業銀行最佳生態系統」年度排名中位列第一。在小博爾特尼科夫領導下，俄羅斯外貿銀行已經成為僅次於俄羅斯聯邦儲蓄銀行的超級銀行。

在很多人看來，小博爾特尼科夫確實是一位才華橫溢的經濟學家，憑藉自己的能力從專家顧問逐漸成長為大型銀行的領導者。他的同事曾透露，小博爾特尼科夫有着非比尋常的創造力，但總是以謹慎負責的態度對待工作，他的勤奮、耐心、進取心贏得了所有同事的尊重。此外，他從不提及父親的關係，對所有同事都保持尊敬和理解，團隊協作能力極強。可是，在當下俄羅斯

俄羅斯外貿銀行標志下的小博爾特尼科夫

政壇和商界走紅的，少有出身寒門的素人。更多人將小博爾特尼科夫的成功，歸功於其身居高位的父親及其在俄羅斯權力金字塔頂峰的眾多人脈關係。

俄羅斯政治技術中心第一副主任阿列克謝‧馬卡爾金就直言不諱地指出，安全部門官員的子女純粹是由於父母的政治影響而被任命為國有銀行的高級領導，比如曾任俄羅斯外貿銀行高級副總裁的聯邦安全會議祕書帕特魯舍夫之子、現任俄羅斯對外經濟銀行第一副行長的前俄羅斯對外情報局局長弗拉德科夫之子。而且，長期以來俄羅斯外貿銀行一直與權貴有着千絲萬縷的關係，在某種意義上，甚至成為了權貴子弟成長的「加油站」。除了小帕特魯舍夫之外，聯邦委員會主席之子小馬特維延科，也曾在 2005 年擔任外貿銀行的高級副總裁。俄羅斯聯邦儲蓄銀行行長格列夫之子職業生涯之初的頂頭上司，就是俄羅斯外貿銀行總裁的兒子小科斯金。

對此，聖彼得堡政治基金會主席米哈伊爾‧維諾格拉多夫表示，「儘管高官子女繼承國家政界和商界職位明顯不合時宜，但俄羅斯上一代王朝權力轉移的趨勢只會不斷加強。」

老博爾特尼科夫其人

小博爾特尼科夫能在商界如魚得水，自然在很大程度上是受父輩蔭澤。

亞歷山大‧瓦西里耶維奇‧博爾特尼科夫（Александр Вас-

ильевич Бортников，下稱老博爾特尼科夫），1951 年 11 月 15
日出生於彼爾姆邊疆區首府彼爾姆市。1966 年加入蘇聯共青團，
1973 年畢業於列寧格勒鐵路運輸學院。畢業之初他在列寧格勒
地區加特契納市一家企業從事專業工作。但不久之後，他就加入
了克格勃。

　　1975 年，老博爾特尼科夫從蘇聯克格勃高等學校畢業，正
式成為克格勃一員，在蘇聯克格勃列寧格勒地區的情報單位工作
多年。在蘇聯克格勃高等學校就讀期間，他加入了蘇聯共產黨。
傳言在 1970 年代末，老博爾特尼科夫與同在克格勃工作的普京
相識，並建立起友誼。普京在飛黃騰達之後並沒有忘記老友。
2003 年 6 月，博爾特尼科夫被任命為俄羅斯聯邦安全局聖彼得
堡市和列寧格勒州局局長。

　　多年來，普京在進行重要人士佈局時，總是對自己的列寧格
勒大學法學院同學以及克格勃出身的同僚青睞有加。老博爾特尼
科夫不出意外也成為了「西羅維基」（意為強力部門，其核心成
員是俄羅斯情報、安全、司法、軍事等強力部門的要員。這個集
團的成員主要由普京在列寧格勒大學法學院的同學以及在克格勃
工作期間的同事組成，對普京高度忠誠。）的一員，進而逐漸成
為聖彼得堡幫的核心人物之一。

　　2004 年 3 月，老博爾特尼科夫奉調莫斯科，被任命為聯邦
安全局副局長兼聯邦安全局經濟安全部門主管。在經濟安全部門
重組後，老博爾特尼科夫成為聯邦經濟安全局局長，同時擔任反
洗錢跨部門工作組成員、政府經濟一體化委員會成員、俄羅斯出

口管制委員會成員、燃料和能源綜合體以及礦產資源基礎再生產政府委員會成員、俄羅斯聯邦飛機製造綜合體企業整合政府委員會成員。

2006 年 7 月，博爾特尼科夫被授予上將軍銜。2008 年 5 月 12 日，博爾特尼科夫被新任總統梅德韋傑夫任命為俄羅斯聯邦安全局局長兼國家反恐委員會主席，5 月 19 日，成為俄羅斯聯邦總統反腐敗委員會成員及委員會主席團成員。5 月 25 日，成為俄羅斯聯邦安全會議常委。此外，他還先後成為獨聯體國家安全機構和特工部門理事會主席、俄羅斯聯邦總統下屬金融市場發展委員會成員、俄羅斯聯邦信息社會發展委員會成員。

俄羅斯聯邦安全局為蘇聯時期契卡、內務人民委員部、克格勃的繼承組織。現在全局共有約 35 萬人，在全國設有分支機構，其組織規模和地位都直逼昔日克格勃。目前，俄羅斯聯邦安全局被認為是俄羅斯規模最大、實力最強的安全機構之一。自 2008 年以來，博爾特尼科夫領導的聯邦安全局，承接了克格勃的大部分國內安全任務，並控制着俄羅斯聯邦邊防局，保衛俄羅斯聯邦國土安全，具體職責包括反間諜，反恐，邊防，打擊經濟犯罪、政治犯罪、網絡犯罪等。此外，聯邦安全局控制着俄羅斯兩支精銳的反恐特種部隊阿爾法、三角旗以及其他各種特種部隊約 8 千人，邊防軍 16 萬 -20 萬人。

因為老博爾特尼科夫身兼俄羅斯聯邦總統反腐敗委員會成員及委員會主席團成員身份，所以聯邦安全局還承擔着重要的反腐敗職能，在全俄的反腐工作中作為一個關鍵的執行機構運作。

普京心腹

　　儘管老博爾特尼科夫是在梅德韋傑夫擔任總統時期被提拔重用的，但是在梅普搭檔時期，聯邦政府成員構成的人事權歸於總理，同時普京身為統一俄羅斯黨領袖，在政治生活中仍居於核心政治地位。此外，普京通過設立政府主席團的工作機制，直接掌握控制強力部門的權力。老博爾特尼科夫在短短四年間，從聖彼得堡市安全局長晉陞為聯邦安全局局長，背後的支持者其實是普京。因此，在梅德韋傑夫總統任期結束後，老博爾特尼科夫連任聯邦安全局局長至今，成為當代俄羅斯歷史上任職時間最長的聯邦安全局局長。

　　長期以來，俄羅斯公務員的年齡限制為 65 歲。今年 3 月，普京簽署了一項法律，允許延長他任命的高級官員的工作年限，

老博爾特尼科夫

即擔任高級職務的官員任職年齡限制可以延長至 70 歲。2021 年
11 月 15 日，1951 年出生的老博爾特尼科夫迎來了自己的 70 歲
生日。一時間議論紛紛，每次有關他離職的傳言都會成為社會關
注的熱點。當天，俄羅斯總統新聞祕書佩斯科夫在新聞發佈會上
表示：「我不能確切地回答最後期限。我需要澄清一點，博爾特
尼科夫將繼續工作。」

老博爾特尼科夫常常和國防部長紹伊古伴隨普京左右。有一
張照片中的博爾特尼科夫身着正裝，左胸佩戴的是聖喬治絲帶。
聖喬治絲帶是俄羅斯取得蘇德戰爭勝利的最重要象徵。2005 年，
聖喬治絲帶首次在俄羅斯民眾自發組織的活動「我們的勝利」中
出現，用以紀念在第二次世界大戰中保衛俄羅斯的軍人。絲帶條
紋由 3 條黑色和 2 條橙色條紋組成，橙色象徵火焰，黑色象徵火
藥，代表着俄羅斯的軍事實力以及榮耀。這個設計原來是俄羅斯
帝國頒發的軍事勛章的綬帶，也就是人們熟知的聖喬治勛章。而
近年來，聖喬治絲帶被認為是支持普京的標誌，在俄羅斯無處不
在，常常用於閱兵等重大慶祝場合。

多年來，普京與國防部長紹伊古一同度假的新聞總會佔據頭
條，俄羅斯民眾也常常對二人在西伯利亞的針葉林度假的點滴細
節津津樂道。儘管博爾特尼科夫很少出現在此類新聞中，但是在
2018 年 8 月 27 日，總統新聞祕書佩斯科夫透露，普京、紹伊古
和博爾特尼科夫三人一同在圖瓦共和國葉尼塞河邊度過了周末。
這條新聞卻證實了，他是為數不多的在工作之餘仍有資格陪伴普
京左右的人之一。

多年來，博爾特尼科夫長期的優異業績屢獲殊榮，先後被授予俄羅斯聯邦安全英雄稱號，聖喬治四世勛章，祖國功勛一級、二級、三級、四級勛章，軍事功勛勛章，榮譽勛章，友誼勛章等。

在未來，老博爾特尼科夫無疑會因為年齡因素淡出俄羅斯政治核心舞台，但派系叢生的聯邦安全局下一步的人事洗牌將如何進行？聯邦安全局第二號人物 —— 第一副局長謝爾蓋・科羅廖夫所代表的俄羅斯首富羅滕貝格家族核心圈子，與手握重權的K局局長伊萬・特卡喬夫所代表的俄羅斯石油公司總裁謝欽核心圈子，將展開怎樣的激烈角力？聯邦安全局與總檢察院、聯邦偵查委員會、聯邦保衛局等部門由來已久的因職能劃分產生的矛盾將如何解決？小博爾特尼科夫又將何去何從？對此，普京會給出怎樣的安排？讓我們拭目以待。

遭受制裁

當下，與俄羅斯聯邦安全局保持合作關係的有86個國家的142個情報、執法和邊防機構，俄羅斯聯邦安全局各部門在45個國家設有官方代表機構。作為俄羅斯最重要的強力部門的掌管者，老博爾特尼科夫同時也是俄羅斯大量國際事務的參與者，自然常常不得不面臨諸多非議，並且總是首當其衝，成為歐美與俄羅斯爆發爭端時遭受制裁的首要對象之一。

2007年2月，《新時代》雜誌援引俄羅斯聯邦安全局的消息

來源稱，聯邦安全局領導層在 2006 年 11 月參與制定了殺害前俄羅斯特工亞歷山大・利特維年科的計劃，而當時老博爾特尼科夫剛被任命為聯邦安全局經濟安全局局長。

2014 年 7 月，因俄烏衝突，歐盟和加拿大對俄羅斯高層進行制裁，老博爾特尼科夫不出意外名列其中。

2020 年 10 月，俄羅斯反對派人物納瓦利內中毒一案再次將聯邦安全局置於風口浪尖，歐美媒體認為老博爾特尼科夫「企圖使用化學武器殺死反對派政治家納瓦利內」。根據歐盟的結論，只有俄羅斯當局才能接觸到諾瓦喬克神經毒劑，而聯邦安全局一定是重要參與者，因此歐盟、美國、英國均對老博爾特尼科夫實施了制裁。

沙馬洛夫
「湖黨」圈子裏的普京親家

　　沙馬洛夫這個姓氏在俄羅斯可謂是無人不知，無人不曉。老沙馬洛夫是俄羅斯著名富商，俄羅斯銀行的主要股東之一，1980 年代就成為了普京的核心班底，而多年後，他的小兒子基里爾‧尼古拉耶維奇‧沙馬洛夫（Кирилл Николаевич Шамалов）迎娶了普京的千金。基里爾先後在俄羅斯天然氣工業公司、俄羅斯國防出口公司、俄羅斯天然氣工業銀行以及俄羅斯西布爾公司等多家俄羅斯龍頭國企工作。26 歲就擔任全俄最大的石化公司 ——西布爾公司的副總裁，並迅速成為俄羅斯最年輕的億萬富翁。長期以來，整個沙馬洛夫家族都與普京家族保持着親密的聯繫。

「湖黨」成員老沙馬洛夫

　　老沙馬洛夫全名尼古拉‧捷連季耶維奇‧沙馬洛夫（Никол -

ай Терентьевич Шамалов），1950 年出生於列寧格勒市，他的
成長經歷並不為人所知。公開資料顯示，老沙馬洛夫早年在聖彼
得堡從事牙醫工作，精通德語，1980 年代就與普京相識，傳言
他有克格勃工作經歷，但始終無法得到證實。1993 年，老沙馬
洛夫通過普京的關係，成為德國西門子駐聖彼得堡醫療設備總代
理。同年，他進入聖彼得堡市長辦公室對外關係委員會對外經濟
關係司工作，擔任一級顧問。一同在該司工作的，還有聖彼得堡
市政府外商投資管理委員會副主任科爾瓦丘克。當時，普京擔任
市對外關係委員會主席，主管市政府的對外經濟聯繫。

　　在普京的授意與支持下，先後有幾家銀行火速在聖彼得堡掛
牌。第一家獲准在聖彼得堡市開設辦事處的是德國德累斯頓銀
行，該辦事處的負責人是普京的老朋友馬提亞斯。第二家就是聖
彼得堡俄羅斯銀行（下稱俄羅斯銀行），多年來該行被公認為是
普京的「私人金庫」。俄羅斯銀行創立於 1990 年，原是一家公
有制信貸銀行，原蘇共列寧格勒州委員會佔 48.4% 的股份，蘇聯
國企「俄羅斯影像生產技術聯合體」佔 43.6% 的股份。最初，俄
羅斯銀行行長是蘇共老黨員克魯琴納，他自 1983 開始在蘇共中
央辦公廳任職，主管黨中央的財務工作。當時俄羅斯銀行計有蘇
共儲備金 5000 萬盧布，是蘇共黨務建設所用資金的一個重要渠
道。「8.19 事變」之後不久，克魯琴納從自家陽台墜樓而亡。

　　1991 年秋，普京恩師、聖彼得堡市長索布恰克下令對俄羅
斯銀行做資產清查，同時成立有外國投資商參加、以俄羅斯銀行
為基礎的基金會，以穩定地方經濟並吸引外國投資，而負責督辦

清查工作和籌辦基金會的正是普京。基金會的成員則包括科瓦爾丘克、富爾先科兄弟（安德烈·富爾先科日後出任教育科技部部長、總統助理，謝爾蓋·富爾先科則成為俄羅斯天然氣工業公司下屬公司「Lentransgaz」總裁、俄羅斯足協主席）、亞庫寧（後來擔任俄羅斯交通部部長、俄羅斯鐵路集團總裁）、米亞琴（日後的俄羅斯銀行總裁）以及老沙馬洛夫。1991 年 12 月，俄羅斯銀行正式改制為股份銀行，股權基本上被基金會裏的外資企業收購。科瓦爾丘克出任俄羅斯銀行董事局副主席，富爾先科兄弟、亞庫寧、米亞琴、沙馬洛夫等人均成為俄羅斯銀行的股東。其中科瓦爾丘克大致持有三分之一的股份，其他人分別持十分之一左右。

1992 年，列寧格勒獲得大量歐洲援助資金，這筆資金悉數轉入俄羅斯銀行。該行長期以來一直受到聖彼得堡市政府的支持，索布恰克親自吩咐普京去俄羅斯銀行給政府開一個賬戶。短短幾年，俄羅斯銀行的資產翻了十倍。在普京擔任總統的幾個任期內，俄羅斯銀行還開展了多次大規模併購，市值 20 億美元的俄羅斯天然氣工業保險公司也被俄羅斯銀行以 5800 萬美元的低廉價格收入囊中。

值得一提的是，1997 年，普京的另一位心腹愛將季姆琴科（貢沃爾集團總裁，俄石油與俄氣均通過貢納爾集團出口產品）也成為了俄羅斯銀行的股東。

1996 年，在斯米爾諾夫的組織下，普京、科瓦爾丘克、富爾先科兄弟、亞庫寧、米亞琴和沙馬洛夫在聖彼得堡外的共青湖

邊共同建造了一個別墅群。身為聖彼得堡市要害部門的官員，八人利用自己的社會關係，把共青湖周邊的地全部圈下。這裏風景優美，距離聖彼得堡很近，靠近芬蘭，歷史上曾先後隸屬於瑞典帝國、俄羅斯帝國、芬蘭。他們聯合成立了「湖邊別墅合作社」，因而這個小團體也被稱為「湖黨」。

「湖黨」的其他成員上文已經做了簡單介紹，這個小團體的組織者自然也非等閒之輩，斯米爾諾夫曾藉助普京早年同東德安全部門的關係，與東德合作建立列寧格勒第一個房地產公司，還在普京的支持下壟斷了列寧格勒的柴油銷售。2000 年起負責俄羅斯總統辦公廳物資供應，後來擔任俄羅斯核燃料循環產品出口企業 TENEX 公司總裁，該公司控制着全球 35%－50% 的鈾貿易市場。

在混亂無序的 1990 年代，「湖黨」的凝聚力遠超一般的正式黨派，八個人常在湖畔私聚，針砭時事，反思俄羅斯的曲折命運，展望國家的未來。八位創始人中，除了普京擁有法律學位以外，另外七人則均擁有物理學或工程學學位，表面看起來，似乎普京是局外人，但從另一個角度看，他才是這個團體的核心人物。

蘇聯時期，聖彼得堡改名為列寧格勒，同時從原來的帝都降級為省會城市，長期以來聖彼得堡人均對此不滿。「湖黨」的八個成員都是土生土長的聖彼得堡人，相對首都莫斯科而言實際上都是「局外人」，他們看着蘇聯的分崩離析，看着政客們犯下的一個個愚蠢的錯誤卻無力改變。「湖黨」中的多數人都像普京一

樣，在俄羅斯以外的地方有過學習或者工作經歷，因而他們往往可以以一種更開闊的視野和思維，對當時俄羅斯形勢進行冷靜地觀察和分析。曾接任特朗普政府國家安全委員會俄羅斯歐亞事務主管的布魯金斯學會俄羅斯問題專家菲奧娜‧希爾早年曾撰文表示，她相信「湖黨」一定有過這樣的設想：「如果讓我們來管理這個國家，會有怎樣的變化？」如何以一種不會導致失控的手段對俄羅斯進行改革，一定是他們在共青湖畔長期探討的話題。正如科瓦爾丘克後來回憶，1991 年俄羅斯銀行創辦之初，「辦公室裏沒有一張桌子，沒有一張椅子」，「我們幾乎沒有錢，但是有遠大的抱負。」

「湖黨」的展望很快變成現實。隨着普京從聖彼得堡第一副市長陞任總統事務管理局副局長、辦公廳第一副主任、聯邦安全會議祕書，乃至副總理、總理、總統，「湖黨」成員也迅速加官晉爵、飛黃騰達，幾乎全部成為掌握俄羅斯經濟命脈的超級巨頭，1990 年代末開始，不斷有新人開始加入「湖黨」，擴大版的「湖黨」就成了後來的普京核心班底——「聖彼得堡幫」，多年來，他們一直在幕後掌握俄羅斯的命運。

新寡頭的誕生

2001 年至 2008 年，老沙馬洛夫一直擔任德國西門子公司在俄羅斯西北部地區的代表。據說他在銷售醫療設備方面「成績斐然」，短短幾年就完成了西門子公司 80% 的銷售目標。在普京第

湖黨成員。第一排：普京；第二排左起：斯米爾諾夫、沙馬洛夫；第三排左起：亞庫寧、科瓦爾丘克、富爾先科兄弟、米亞琴

二個總統任期開始不久，政府把改善醫療狀況作為重要工作任務之一，普京下令開展了一系列規模龐大的更新俄羅斯醫療器材的活動，要對至少十五家大醫院進行設備更新。憑藉與普京的特殊關係，從事醫療設備銷售工作的老沙馬洛夫順理成章地開始主持國家醫療設備更新的項目。作為普京的特別代表，他與醫療器械公司 Petromed 展開了「合作」。在他的牽線搭橋下，14 家醫院與 Petromed 公司簽訂了多項公共醫療保健器械的巨額合同。這些合同有個不成文的規定，即合同中三分之一的金額必須轉入瑞士銀行的一個賬戶。因此，供應商提供給醫院的不少器材價格昂貴，

甚至高達原價的兩到三倍。不過為這筆交易提供資金的是當時公開支持普京的寡頭羅曼·阿布拉莫維奇和阿列克謝·莫達索夫。

事實上，醫療器械公司 Petromed 也和「湖黨」有着千絲萬縷的關係，聖彼得堡市長辦公室對外關係委員會持有該公司 51% 的股份。公司負責人戈列洛夫是普京的克格勃同僚，他後來也持有俄羅斯銀行約十分之一的股份。Petromed 公司的供應商則是老沙馬洛夫背後的德國西門子公司。

多年來，Petromed 公司在這些合同中究竟獲得了多少收益一直是個未知數。但是據曾與老沙馬洛夫共事的商人謝爾蓋·科列斯尼科夫爆料，這一時期老沙馬洛夫和戈列洛夫至少獲得了 10 億盧布以上的收入。他指出，這筆收入經過了多家中介公司的中轉，最終轉移到巴拿馬的離岸公司，難以追蹤。根據 Petromed 公司的流水，一套位於索契附近的休假「宮殿」是該公司出資建造。傳言這座「宮殿」是沙馬洛夫為普京建造的，但是克里姆林宮多年來對此堅決予以否認。

2006 年，戈列洛夫與老沙馬洛夫一起收購了維堡造船廠的股份。維堡造船廠當時位列全球軍工百強企業排行榜前 20 名，專注於建造破冰船和深海半潛式鑽井平台。戈列洛夫的兒子是維堡造船廠的共同所有者 Rosinvest LLC 公司的總經理。維堡造船廠的總經理是根納吉·彼得羅夫，他是黑手黨坦波夫幫的頭目。早期「湖黨」領袖斯米爾諾夫也與聖彼得堡黑手黨坦波夫幫的另一位頭目有私交，當時的坦波夫幫頭目謝爾蓋·庫茲明一直受「湖黨」的保護。作為回報，庫茲明開設的賭場長期為俄羅斯銀

行輸送資金，他本人和根納古　彼得羅夫則分別持有俄羅斯銀行2.2% 的股份。

幾年後，醫療器械買賣的醜聞爆出，面對社會各界的嚴厲指責，時任總統梅德韋傑夫將其稱為「無恥盜取國家錢財」，並宣佈將嚴懲罪犯。2012 年，俄羅斯檢察部門宣佈起訴了 104 名涉嫌高價買賣醫療器材的人員。數位官員也因腐敗被送進了監獄。但是老沙馬洛夫和戈列洛夫並未受到牽連。因為一般而言，在普京締造的「垂直權力體系」中，靠近權力中心的人幾乎無人會被追責。不過，德國西門子公司也開始着手調查此事，面對有關洗錢、腐敗、賄賂的質詢，老沙馬洛夫表示無可奉告，並退出了德國西門子公司。

長期以來，身為俄羅斯銀行第二大股東的老沙馬洛夫，還負責打理銀行持有的全俄第三大銀行 ── 俄羅斯天然氣工業銀行的股份，據說，普京在俄羅斯銀行的股份也由他代持。在《科瓦克丘克》一章中曾介紹，科瓦爾丘克掌握着一個媒體帝國，他是俄羅斯國家電視一台、獨立電視台、PEH TB三家聯邦級電視台以及重要紙媒《消息報》的大股東。這主要是因為俄羅斯銀行是上述企業的大股東，老沙馬洛夫其實也是《消息報》的主要股東之一。2011 年，在福布斯發佈的俄羅斯富豪排行榜中，老沙馬洛夫以 5 億美元的身家位列第 198 名。

2014 年克里米亞事件後，俄羅斯受到西方制裁。因自身特殊角色，俄羅斯銀行成為美國首批對俄制裁名單上出現的唯一實體，老沙馬洛夫與科爾瓦丘克等人成為最早被美國制裁的個人。

在俄羅斯銀行被列入美國財政部制裁名單的當天，普京責成總統事務管理局把他的工資轉到該銀行，以表示對俄羅斯銀行的支持。同時他宣佈俄羅斯銀行將進軍克里米亞市場。在持續的俄烏衝突期間，該銀行已成為俄羅斯吞併克里米亞的最重要投資者。

迄今為止，老沙馬洛夫依舊持有俄羅斯銀行約十分之一的股份，這也是他最重要的資產。這筆資產不僅僅象徵着金錢，更象徵着普京對他的信任。

虎父無犬子

近年來，越來越多的俄羅斯高官子女開始被火速提拔到重要崗位。根據彼得堡基金會的統計數據，從 2012 年以來，這個趨勢不斷加強，而且大企業人事變更機制的不透明與國家對企業的強大影響力，在一定程度上加速了大企業的代際更迭。畢竟，在要害領域的人才競爭永遠只面向中層管理崗位，獲勝者將獲得管理權，但永遠無法染指重要資產和資源的控制權。因為這些資產和資源始終是克里姆林宮的核心政商集團借後輩之手把控。當下，在把控俄羅斯經濟命脈的銀行、油氣、鐵路、軍工等系統中，已經成長起來的高官子女都開始獨當一面。他們很少有人接受過研究生教育，本科畢業後便被迅速安置到大型國企中，經過一兩次晉陞後就成為「前輩們」在國企中的代言人。

老沙馬洛夫作為普京最早的核心班底成員，自然也早早為兩個兒子鋪就了金光大道。老沙馬洛夫長子尤里是俄羅斯天然氣工

尤里·沙馬洛夫

業股份公司旗下大型養老基金 Gazfond 的首席執行官。小兒子基里爾 26 歲便當上大型石化公司西伯石油公司的副總裁，並在 2013 年與普京的女兒葉卡捷琳娜舉辦了祕密婚禮。

我們先從大兒子説起。大兒子尤里·尼古拉耶維奇·沙馬洛夫 1970 年出生於列寧格勒市。1992 年從列寧海軍工程學院機械工程專業畢業後，按部就班地沿着父親鋪就的康莊大道開啟了職業生涯。

1993 年，他與父親一同成為聖彼得堡市長辦公室對外關係委員會對外經濟關係司專家，在普京手下工作。此後他又在全俄對外貿易學院世界經濟與外語專業進修。1997 年 2 月至 2003 年 7 月，在父親的安排下，尤里開始擔任德國西門子公司駐俄商業項目協調員，以及莫斯科西門子有限責任公司醫療解決方案部銷售副總監。

2003 年 7 月，尤里空降到俄羅斯天然氣公司旗下大型養老基金 Gazfond，擔任第一副總裁。此後短短一個月便陞任總裁。Gazfond 基金成立於 1994 年，是俄羅斯首批非國家養老基金之一，現已成為全俄天然氣行業工人領取非國家養老金的重要來源。而尤里作為這個全俄最大私人基金的負責人，直接管理着數千億盧布的資產。

2006 年，老沙馬洛夫參與控股的俄羅斯銀行用 3000 萬美

元的價格購入了一家公司 75% 的股份，而這家公司就是尤里所掌管 Gazfond 公司的大股東。話句話說，尤里一手將這個公司賣給了他父親控股的俄羅斯銀行。2007 年，尤里成為養老基金 Gazfond 董事會成員，次年陞任董事會主席。

2014 年末，尤里開始擔任俄羅斯天然氣公司董事會副主席。2020 年 9 月起，尤里又成為俄羅斯天然氣傳媒公司董事會成員，同時被選為俄羅斯天然氣銀行董事會副主席。其實早在 2005 年，俄羅斯天然氣傳媒公司就被俄氣銀行收購，這背後自然與將「觸手」深入各大行業的俄羅斯銀行脫不了干係，俄羅斯天然氣銀行也被俄羅斯銀行收入囊中。

尤里在「湖黨」長輩的庇祐下羽翼漸豐，傳言在眾多商二代裏，尤里得到老一輩特殊青睞。在成為國家重要財產守護者的同時，他順其自然地成為了最大的既得利益者。

普京的女婿

老沙馬洛夫的小兒子基里爾·尼古拉耶維奇·沙馬洛夫 1982 年出生於列寧格勒市。2004 年畢業於聖彼得堡國立大學，獲得法學學士學位。

通過父輩的關係，基里爾本科期間就在俄羅斯天然氣工業公司兼職擔任法律顧問。畢業後，他從俄羅斯國防產品出口公司開啟了職業生涯。該公司是原俄羅斯國家武器裝備和軍事技術進出口公司和原俄羅斯工業品出口公司（負責銷售蘇聯時期舊武器系

基里爾・沙馬洛夫

統及其改進型系統）合併組建，在俄羅斯國防工業中佔有舉足輕重的地位。基里爾當時主要負責俄羅斯與西歐國家的軍事技術合作問題，擔任地區部門專家。他還是俄羅斯財政部的顧問，負責國家財產管理、私營化和國有企業改革等。

看着哥哥在俄氣集團中幹的風生水起，基里爾也不甘落後。2005 年，他加入俄羅斯天然氣銀行擔任律師。不過這段工作經歷非常短暫。已經在軍工、油氣、銀行系統鍛煉後的基里爾很快被長輩們安排到了更重要的位置。

2008 年，年僅 26 歲的基里爾出任西布爾公司副總裁，主管行政事務。據説，當時的西布爾公司一直在尋找能與政府「説得上話」的人，以維繫好政商關係。沙馬洛夫家族從中嗅到商機，老沙馬洛夫出面後，基里爾的任命獲得了西布爾公司前任總裁的支持。

西布爾公司是俄羅斯最大的綜合石化公司，也是全球石化行

業發展最有潛力的公司之一。俄羅斯政府持有該公司超過 38%
的股份。獨特的垂直整合商業模式使西布爾能夠創造極具競爭力
的產品，並輸送到全球 90 多個國家。10 年來，西布爾公司主持
了多個價值萬億盧布級別的大型投資項目。

　　普京的二女兒葉卡捷琳娜·弗拉基米洛夫娜·季霍諾娃，畢
業於莫斯科大學，擁有物理和數學學士學位，是優秀的舞蹈演
員，同時擔任莫斯科大學國家智力發展基金會負責人。據說普京
一家與沙馬洛夫一家多次一起出游，基里爾與葉卡捷琳娜從小青
梅竹馬。2013 年二人喜結連理，婚禮在他們父輩的湖畔別墅附
近的滑雪場祕密舉行。基里爾成了普京的乘龍快婿，並迎來事業
的進一步騰飛。

　　婚後不久，基里爾註冊了 Yauza12 公司。短短 6 天之後，該
公司就從普京的密友、寡頭季姆琴科手裏購買了西布爾公司 17%
的股份。雖然基里爾一再強調，此次交易與他父親無關，但是他
購買股份的經費卻來源於父親和哥哥控股的俄羅斯天然氣銀行。
在西布爾公司擔任副總裁的 3 年中，基里爾拿走 4% 的股權激
勵，以此為資本，他直接把持了西布爾公司 21.3% 的股份，成為
第二大股東。

　　2015 年，中石化以 13 億美元收購了西布爾公司 10% 的股
份，在此次交易中，基里爾出手了不到 1% 的股份，但仍然獲得
暴利。2016 年 4 月，基里爾以 12 億美元的身家在福布斯俄羅斯富
豪排行榜位列第 64 名，成為俄羅斯最年輕的億萬富豪。據悉，基
里爾還擁有俄羅斯水泥公司 5% 的股份，並擔任該公司的董事。

在和基里爾結婚後的幾年中，夫妻兩人至少獲得了 20 億美元以上的資產。儘管當時普京已經下令禁止俄羅斯高官在海外擴大資產，但葉卡捷琳娜和基里爾依然花費數百萬美元在法國、意大利購買了豪華別墅。對於媒體尖銳的質詢，基里爾雲淡風輕地表示：「我從小就生長在俄羅斯，我的生意也在這裏，它們全都在俄羅斯管轄範圍內，而不是在海外，開展海外業務不是我的想法。」

2018 年初，基里爾和葉卡捷琳娜離婚了，人們並不知道這對夫妻離婚的原因。但是不久後，基里爾和俄羅斯名媛扎拉·沃倫科娃的親密照片就傳遍了社交網絡。基里爾很快就扶正了沃倫科娃。

沒有人可以拋棄普京的女兒而不付出任何代價。離婚後，基里爾不得不拋售了在西布爾公司的大部分股份，同時沒有獲得任何收益。此後他僅僅持有西布爾公司約 3.9% 的股份。他還辭去了副總裁的職務，雖然依舊保留了在董事會中的位置，但卻無可奈何地被邊緣化。

基里爾的部分特權隨着與葉卡捷琳娜婚姻的結束而煙消雲散，財產縮水了一半。但是他的父親和哥哥依然受到重用，仍然是普京信賴的夥伴，替普京打理着國家的重要資產。歷年來，當美國對俄羅斯施加制裁時，沙馬洛夫家族總是作為普京的「身邊人」被列入制裁個體名單。不過每次上榜，都會不斷提醒着人們，這個家族依舊在俄羅斯政商界佔據着穩固的地位。

納瓦利內
風頭正勁的反對派政治家

　　2022 年 8 月 20 日，在西伯利亞托木斯克市飛往莫斯科的航班上，俄羅斯反對派政治家納瓦利內突然因不明原因昏迷。在莫斯科一家醫院接受短暫治療後，家屬要求把他轉送至德國治療，之後被診斷為「諾維喬克」類神經毒劑中毒，並得到國際禁止化學武器公約組織確認。隨即，新一輪外交戰在俄德兩國間爆發，歐盟也威脅將對俄羅斯施加新一輪制裁，德國甚至揚言改變對「北溪—2 號」天然氣管道項目的一貫支持，讓俄羅斯寄予厚望的這一戰略性項目在臨門一腳的關鍵時刻鎩羽而歸。

　　納瓦利內究竟何許人也？他的個人安危為什麼會引發國際社會的高度關注？

　　阿列克謝·阿納托利耶維奇·納瓦利內（Алексей Анато-льевич Навальный）是俄羅斯反腐敗基金會創始人，《生活雜誌》（Live Journal）廣受歡迎的撰稿人。自 2010 年代初起，他就

以反腐敗為旗幟，以新興社交媒體為動員工具，組織社會抗議活動，參與各級選舉，投身於俄羅斯的現實政治生活，成為俄羅斯國內政治中一個標誌性的人物。

青少年時代

　　納瓦利內 1976 年 6 月 4 日出生於莫斯科州奧丁佐沃區布廷軍事小鎮。其家庭來自烏克蘭，大多數親戚住在基輔州和佩列亞斯拉夫—赫梅利尼茨基市。納瓦利內的祖父伊萬．塔拉索維奇．納瓦利內是一位木匠。祖母名叫塔基亞娜．達尼洛夫娜。這兩位老人一生都在基輔州的伊萬科夫斯基區（原切爾諾貝利區）一家集體農場工作。1986 年切爾諾貝利事故發生之前，納瓦利內每年夏天都到祖父家度假。

　　納瓦利內的父親阿納托利．伊萬諾維奇．納瓦利內，出生於基輔州的伊萬科夫斯基區並在這裏中學畢業，之後考上基輔軍事通信學院，畢業後在莫斯科州工作。納瓦利內的母親柳德米拉．伊萬諾夫娜．納瓦爾納亞出生於莫斯科州的綠城，曾就讀於莫斯科奧爾忠尼啟澤管理學院，後在綠城微型設備研究所擔任實驗室助理。目前，納瓦利內的父母是科比亞科夫柳條編織廠的共同所有人，該工廠被認為是當地最好的俄羅斯企業。納瓦利內也擁有科比亞科夫柳條編織廠的股份。

　　作為職業軍人的兒子，童年時期的納瓦利內跟隨父母搬遷了好幾個地方。因此他說：「軍人的孩子沒有兒時的朋友，因為他

們一直在搬家。」納瓦內爾的弟弟奧列格，2013 年 5 月前一直擔任俄羅斯郵政分支機構自動分揀中心公司的副總經理。

納瓦利內兒時的偶像是阿諾德‧施瓦辛格。也許他是因此而學會了打架，據說，在學校只有高年級學生才能打敗他。

納瓦利內 1993 年從阿拉賓斯克中學畢業。1998 年畢業於俄羅斯人民友誼大學法學院。1999 年進入俄聯邦政府下屬的金融學院學習，專業為證券和交易業務，2001 年畢業。

他的妻子名為尤莉婭‧鮑里索夫納‧納瓦爾納亞。女兒達里亞出生於 2001 年，兒子扎卡出生於 2008 年。

納瓦利內在大學期間就開始經商。1997 年，他創立了涅斯娜公司（經營美髮業務），不過很快就賣掉了這家公司。同一年他註冊了阿列克特公司並擔任該公司法律事務副總監，並同時在 ST-group 開發公司工作。1998－1999 年他從事房地產、外匯交易和反壟斷立法工作。之後在俄羅斯航空公司銀行工作了一段時間。

後來，他與自己的大學同學一起開設了謝克尤里基茲證券公司，他本人擁有該公司 35% 的股份並擔任總會計師。該公司在證券交易所從事證券交易。據他本人說，他沉迷於證券交易所的「遊戲」而不能自拔，導致公司最終破產。在這之後，納瓦利內又於 2001 年與他人共同創立了歐亞交通系統公司，從事貨物運輸。經商生涯中，納瓦利內接觸到俄羅斯社會上的許多違法和腐敗行為，為他後來的政治生涯的反腐活動埋下了伏筆。

參與政治

2000 年，納瓦利內加入俄羅斯「亞博盧」黨並進入該黨的政治委員會，開始自己的政治生涯。2004－2007 年，他成為該黨的區域分支機構負責人。但 2007 年 12 月因「民族主義活動對黨造成政治損害」而被開除黨籍。

2006 年以來，納瓦利內創辦了多個項目和社會組織，如政治辯論、少數族裔股東聯盟、保護莫斯科人委員會、人民警察。他與瑪利亞‧蓋達爾和娜塔利亞‧莫拉爾等人一起組織了「對！青年！」運動（YES！ Youth），知名度不斷提高，他是「莫斯科回聲」廣播電台「城市紀事（Urban Chronicle）」節目的主持人，還是 TVC「搏擊俱樂部」節目的主編。

2009 年，納瓦利內作為基洛夫州州長的自由顧問，與右翼力量聯盟的前領導人尼基塔‧別雷赫合作，後者後來因收受巨額賄賂的指控而被捕。

納瓦利內對耶魯大學「世界學者」計劃很感興趣。耶魯大學每年根據此計劃選拔來自不同國家的約 15 名有天賦的人。加里‧卡斯帕羅夫、葉夫根尼亞‧阿爾巴茨、謝爾蓋‧古里耶夫、奧列格‧齊文斯基等人認為，納瓦利內在研究具有普世意義的全球性問題方面非常有前途。雖然當時納瓦利內已經被開除出亞博盧民主黨，但這些黨內朋友依舊為他寫了推薦信。2010 年，他完成了規定的六個月課程，順利結業。但這段學習經歷也給他招來了一些非議，俄羅斯共產黨領導人根納季‧久加諾夫表示：「納瓦利

內是美國實驗室為俄羅斯下一個大屠殺而製造的政治『產品』。」

2012 年 10 月，納瓦爾當選為俄羅斯反對派協調委員會主席。次年納瓦利內與謝爾蓋‧索比亞寧共同參加莫斯科市長選舉，以第二名的成績遺憾落敗。那時，納瓦利內領導政治同盟「進步黨」中央委員會。

2016 年，納瓦利內宣佈參加於 2018 年舉行的俄羅斯總統大選。納瓦利內自此踏上總統競選之路。但是 2017 年 12 月 25 日，俄羅斯中央選舉委員會（下文簡稱俄中選委）拒絕對納瓦利內進行登記，俄中選委成員埃布澤耶夫指出，根據內務部信息中心提供的資料，納瓦利內於 2017 年 2 月被基洛夫市地方法院判 5 年緩刑，因犯重罪被判監禁、且截至投票日之前未能服刑期滿和撤銷前科的公民沒有權利參選。納瓦利內的競選總部發言人沙維丁諾夫對於俄中選委拒絕將納瓦利內登記為總統候選人表示堅決反對，並將訴諸法庭。然而 12 月 25 日，俄中選委做出最終決定，拒絕將納瓦利內登記為總統候選人，俄羅斯最高法院也駁回了納瓦利內競選團的上訴。

納瓦利內將自己定位為國家的民主人士，而拒絕被貼上民族主義者的標籤。儘管早些時候他曾指出民族主義「應該成為俄羅斯政治體系的核心」，而且他還曾是民族主義游行集會「俄羅斯游行」的參與者，排斥移民，早年他被開除出亞博盧民主黨也是因為「其民族主義活動對黨造成危害」。

在其選舉計劃中，納瓦利內專注於反對政府腐敗和反官僚主義的鬥爭。他競選大綱的第一項內容就是對寡頭實行一次性大額

稅收，以彌補私有化的不公。他還提議完全免稅，對獨資經營者
進行監管和審計，對住房建設進行徹底的非官僚化以降低住房價
格，他還提出其他一些對選民很有誘惑力的競選提案。

投身反腐

納瓦利內的政治活動是以反腐敗鬥爭為基礎的。自 2008 年
以來，他一直致力於調查腐敗案件。他揭露了各種基金中的違法
侵權行為，發表了大量有關調查俄羅斯腐敗案件的數據資料。
2008 年以來，納瓦利內幾乎購買了所有俄羅斯大公司的股票，
然後作為這些公司的小股東，指控公司最高管理層濫用職權，並
對他們提起訴訟，以「提高這些公司活動的透明度」。

2010 年，納瓦利內創建了非營利性公共項目 RosPil，通過該
項目與政府公共採購中的腐敗行為作鬥爭。網站的註冊用戶會
在 RosPil 上面指出政府採購物品的真實價格，專家將據此進行評
估，如政府實際採購價格與規定價格差額過大，該項目的律師向
監管機構投訴，要求政府取消腐敗採購。幾年後，RosPil 將矛頭
直指負責俄羅斯總統安全事務的國民近衛軍。

2011 年，納瓦利內創建了非盈利組織—反腐敗基金會，延
續了之前的反腐敗項目，反腐敗基金會項目包括他之前的 RosPil
項目，RosYama 項目（反腐敗基金會的一個項目，專為那些對道
路不滿意並想要修復道路的人創建），RosVybory（觀察和監督
俄羅斯選舉活動的網站），DMP（旨在分發針對俄羅斯總統普京

和統一俄羅斯黨的宣傳材料），以及 RosZhKH 項目（可用於提出房屋領域的違規申請）。

反腐敗基金會製作了很多反腐紀錄片。2015 年 12 月，納瓦利內在網上發佈了紀錄片《海鷗》（海鷗這個單詞在俄語中有罪犯的引申含義），分享了反腐敗基金會對總檢察長尤里·柴卡（與俄文海鷗的同音）的兒子及其同事的腐敗調查。這部電影引發極大的關注，同月在國際紀錄片電影節 Artdocfest 獲得了特別獎。總檢察長則指稱，納瓦利內的調查是蓄意誣陷、虛假不實。瑞士總檢察長辦公室在回應反腐敗基金會的投訴時指出，沒有發現與尤里·柴卡之子有關的任何腐敗事實。

納瓦利內的第二部備受矚目的紀錄片，是 2017 年 3 月上映的《他不是你們的戴蒙》（「季瑪」是時任俄羅斯總理德米特里·梅德韋傑夫的小名，在俄語裏是一種愛稱，而「戴蒙」是類似於「季瑪」一種昵稱，但是脫離了「季瑪」的親切語境，是一種戲謔嘲諷的稱謂，極不禮貌）。該電影透露俄羅斯總理德米特里·梅德韋傑擁有數十億美元的不動產，並通過慈善基金會和各種組織形成了一個多層次的腐敗系統。該電影也引起了公眾的廣泛關注，第一天在 YouTube 上就有超過 250 萬次的瀏覽量。俄羅斯總理新聞發言人納塔利婭·季馬科娃稱，影片僅僅是為納瓦利內創造宣傳攻勢。克里姆林宮發言人德米特里·佩斯科夫評論：「這已不是這位著名犯罪公民首次大出風頭的創作。」來自俄羅斯共產黨的俄羅斯聯邦國家杜馬代表小組向國家杜馬安全與反腐敗委員會提出建議，要求檢查納瓦利內反腐敗基金會的相關信息。

　　由於調查沒有得到回應，納瓦利內於 2017 年 3 月底在許多俄羅斯城市開展大型集會。3 月 26 日，根據俄羅斯內務部統計，在莫斯科特維爾大街參加集會的人數有 7000－8000 人。當天包括納瓦利內本人在內的大約 1000 名激進分子被捕，隨後因在首都市中心組織未經授權的群眾性行動而被罰款 2 萬盧布，拘留 15 天。6 月，納瓦利內因違反舉行集會和游行示威活動的相關法律規定而被行政拘留 30 天。當時納瓦爾在推特上說「我被拘留了，這不重要。都到特維爾大街上來！你不是為了我，而是為了你和你的未來。」納瓦利內的激進行為在反對派內部也引起一些非議，反對派政治家謝爾蓋·烏達洛佐夫就認為，納瓦利內應對 2012 年在博洛特廣場舉行抗議活動的許多人被捕負責。「納瓦利內提出要人們在電影院的前面集會……你不能故意讓人們被逮捕。」

　　但是納瓦利內絲毫沒有收斂的意思，2017 年 8 月中旬，他發佈了一段名為《佩斯科夫之子：從英國監獄到俄羅斯精英》的視頻，內容是克里姆林宮新聞發言人佩斯科夫游手好閒的兒子霍

納瓦利內

爾斯的奢侈生活。視頻顯示，霍爾斯在俄羅斯過着「甜蜜的」生活，出差旅行，參加馬術運動，坐擁多輛豪華轎車，同時無視法律 —— 他每年因違反交通法規而被罰款 116 筆。克里姆林宮發言人佩斯科夫接受採訪時表示，他拒絕評論有關家人的新聞。「我聽說了這個新聞。但我在假期不使用互聯網，所以我自己什麼也沒看過，實際上，我也不想看。我的同事們確實告訴過我這些。我無意與任何人討論我的家人，也無意從其他任何人那裏獲得哪怕一點有關我家人的信息。」

俄羅斯聯邦司法部已將反腐敗基金會列入非營利組織的「外國代理人」名冊，暗示其受到來自國外勢力的資助。但反腐敗基金會表示，這些資金並非來自國外，因此將對法院的判決提起上訴。

2019 年，納瓦利內發佈了另一項調查，透露俄羅斯總理德米特里·梅德韋傑夫的妻子有一架價值 5000 萬美元的龐巴迪全新型環球快遞 5000 公務機，這架飛機主要用於其在俄羅斯和歐洲的私人往來航班。而諷刺的是，現實生活中她並沒有正式收入，總理本人的工資也不過每月 80 萬盧布，只夠龐巴迪全新型環球快遞 5000 公務機飛行一小時。

官司纏身

反腐敗活動讓納瓦利內官司纏身，有時是原告、有時是被告、有時是證人，甚至最後成了被害者。

在著名的「基洛夫案」中，他首次成為被告。此案被認為是

2005 年審判寡頭霍多爾科夫斯基之後，在俄羅斯影響最大的案
件。很多政治人士及民眾認為這是當局對持不同政見者莫須有的
迫害。納瓦利內被指控在 2009 年 5 月擔任基洛夫州州長的顧問
期間，與基洛夫木材公司的總經理維亞切斯拉夫·奧帕列夫合夥
侵吞基洛夫木材公司超過 10000 立方米木材，價值超過 1600 萬
盧布。納瓦利內因此被基洛夫地區法院判處 5 年監禁。這個判決
讓成千上萬的人走上街頭，舉行集會抗議。迫於巨大的壓力，在
該判罰生效後僅過了數小時，納瓦利內就被釋放。基洛夫案塵埃
未定，納瓦利內又被指控與弟弟奧列格通過欺詐手段從法國著名
化妝品品牌伊夫·羅徹公司獲得 2600 萬盧布。

2014 年 12 月 30 日，納瓦利內被裁定欺詐罪成立，被判入
獄，緩期 3 年半執行。不過受到歐洲多國政要施加的壓力，以及
在俄爆發的游行示威，2016 年俄羅斯聯邦最高法院推翻了這一
判決，法院方稱「考慮到歐洲人權法院的裁決，該裁決在調查文
件中發現有關方侵犯了公正審判權」。但 2017 年 2 月 8 日，基洛
夫列寧斯基地方法院再次判處納瓦利內及其同伴彼得·奧菲塞洛
夫緩刑 5 年和 4 年。6 月，基洛夫木材公司向法院提起訴訟，要
求納瓦利內，彼得·奧菲塞洛夫和維亞切斯拉夫·奧帕列夫就資
金挪用問題賠償 1600 萬盧布。7 月，莫斯科尼古林斯基法院作出
判決，他們必須向基洛夫木材公司支付 210 萬盧布。

2018 年 5 月，納瓦利內因在抗議活動中違背警察指令，不
配合當局工作，被莫斯科特維爾法院判處 30 天拘禁。

2018 年 6 月，莫斯科西蒙諾夫斯基法院將納瓦利內在基洛

夫案中的緩刑期繼續延長一年，但要求他在緩刑期間每月向俄羅斯聯邦監獄管理局報告四次。7月13日，與納瓦利內一同牽涉於基洛夫一案的商人彼得‧奧菲塞洛夫死於莫斯科一家診所，死因是癲癇發作，醫生表示排除暴力致死的嫌疑。

2018年8月，納瓦利內稱，俄羅斯當局已就伊夫‧羅徹一案的不公正審判向他支付了賠償。納瓦利內在他的網站上寫道：「三周前俄羅斯政府向我賠償了400萬盧布，以補償莫須有的伊夫‧羅徹案和非法的刑事起訴。」

8月25日，因組織反對派抗議活動，納瓦利內被判處在拘留所服刑30天。9月24日他獲釋後立即又被逮捕。納瓦利內試圖於9月9日組織抗議退休制度改革的集會，莫斯科的西蒙諾夫斯基法院表示這觸犯了《俄羅斯聯邦行政處罰法》，又判處他20天拘禁。10月14日上午，42歲的納瓦利內在被捕50天後被釋放。獲釋後，納瓦利內接受採訪：在這50天裏，人們已經看到俄羅斯從情報部門的失敗到太空領域的失敗，已經可以證明當下政權徹底衰落。」

基洛夫案與伊夫‧羅徹案至此暫時告一段落。但2019年11月納瓦利內直接將矛頭指向了俄羅斯總統。他宣佈反腐敗基金會對俄羅斯總統普京提起訴訟。納瓦利內認為，作為《俄羅斯聯邦憲法》的保證人，俄羅斯總統無所作為，不採取任何行動或措施去制止強力機構對憲法權利的系統性破壞，這是在逃避憲法保證人的職責。莫斯科特維爾法院拒絕接受行政訴訟，法院認為，納瓦利內的起訴違反了俄羅斯聯邦三權分立的基本原則，即不能在

行政訴訟的框架內對俄羅斯總統提出訴求。

挑戰「近衞軍」

2018 年 8 月，納瓦利內在自己的網站發佈了一項調查，聲稱俄羅斯國民近衞軍以虛高價格購買食品，涉嫌嚴重腐敗。調查指出，一年前，俄羅斯人民友誼肉聯廠成為俄羅斯國民近衞軍的獨家食品供應商後，許多普通食品的採購價格上漲了 2 到 3 倍。

國民近衞軍回應稱納瓦利內的調查「內容虛假，是刻意的挑釁」。俄羅斯國民近衞軍負責人維克多‧佐洛托夫將錄製了一段視頻回應，同時向納瓦利內發起決鬥邀請，他認為自己能在幾分鐘內結束這場決鬥。視頻中佐洛托夫將軍還稱納瓦利內為「反對派的哈巴狗，美國的試管產品，克隆人和木偶」。10 月 18 日，納瓦利內回應了佐洛托夫決鬥的邀約，但保留了選擇武器和決鬥地點的權利。但佐洛托夫表示，納瓦利內提出的對決方式與他的想像相差甚遠，他拒絕在電視機前與這位反對派領袖進行辯論。

中毒

2020 年 8 月 20 日，納瓦利內在從托木斯克飛往莫斯科的飛行中突發中毒症狀陷入昏迷。飛機緊急降落在鄂木斯克，納瓦利內被帶到醫院接受重症監護。根據檢查結果，醫生指出是代謝異常導致患者血糖急劇下降，原因尚不清楚，但納瓦利內的血液和

尿液中未發現任何毒藥。納瓦利內的妻子後來接受媒體採訪時表示：醫生們最初準備分享有關信息，但後來又聲稱毒理檢測被推遲了。她認為，這「顯然是在拖延時間，沒有公開他們所知道的實情」。克里姆林宮新聞發言人佩斯科夫在接受採訪時表示，俄羅斯最好的醫生參與了納瓦利內的救治工作，他與俄羅斯的其他公民一樣，希望納瓦利內早日康復。

8 月 21 日，德國非政府組織「和平影院」（Cinema for Peace）的一架醫療飛機從德國出發前往鄂木斯克，將納瓦利內接到了柏林。22 日上午，納瓦利內以德國總理默克爾的「客人」身份被帶到柏林的夏利特醫院接受進一步的治療。24 日，夏利特醫院發表聲明，確認納瓦利內中毒，在納瓦利內體內發現一種乙醯膽鹼酯酶抑制劑。28 日，醫生指出「症狀有所改善」。儘管納瓦利內彼時的病情仍然很嚴重，但已經脫離生命危險。納瓦利內的新聞祕書基拉・亞米什在接受「莫斯科回聲」時表示，納瓦利內的症狀是中毒造成。9 月 2 日，德國政府發言人聲稱檢測結果表明，納瓦利內被諾維喬克（Novichok）神經毒劑毒害，納瓦利內的團隊在其登機前住過的托木斯克酒店房間進行搜查，聲稱在茶水杯中發現了蘇聯軍方研製的諾維喬克（Novichok）神經毒劑。次日，俄羅斯總統新聞發言人否認毒害納瓦爾尼，警告其他國家不要草率下結論。然而德國政府 9 月 14 日再次宣佈，法國與瑞典實驗室的檢測表明，納瓦利內確係神經毒劑諾維喬克中毒。

10 月 8 日，納瓦利內在個人網站上留言，尖銳質疑：「如果不是刑事案件，那我的衣服在哪裏？為什麼我不能從鄂木斯克醫

院得到我自己的醫療文件？為什麼警察跑到醫院大喊『你只能穿着化學防護服接近他』？」他確認這是一場謀殺，部分俄羅斯官員稱其「自導自演」是地獄般的污衊。

經過 32 天治療後，9 月 22 日，納瓦利內出院，情況良好。雖然不知道能恢復到什麼程度，是否會留下嚴重的後遺症，但納瓦利內本人仍打算回到俄羅斯繼續工作。

該事件在俄羅斯及歐洲引起了軒然大波，雖然俄羅斯官方極力否認與這起中毒事件相關。但是在禁止化學武器組織證實此案涉及諾維喬克（Novichok）神經毒劑後，德國表示不排除暫緩「北溪 -2」天然氣管道項目來制裁俄羅斯的可能。德國外長和法國外長在 10 月 12 日出席歐盟外長會議時，督促歐盟考慮對制俄開展新一輪制裁。10 月 14 日，歐盟常駐代表團同意對俄羅斯實施制裁，具體制裁名單尚未公佈，但有消息透露針對的是「因官方職務而被視為應對這一罪行和違反國際法行為負責的」個人以及一個「參與諾維喬克（Novichok）神經毒劑研發的」機構。俄羅斯外長拉夫羅夫第一時間回應，歐盟在此次事件中表現欠妥，俄羅斯會對歐盟的制裁進行反制，不排除停止俄歐對話的可能。

在白俄問題塵埃未定的情況下，納瓦利內中毒事件又再起波瀾，吉爾吉斯政局橫生變數，俄烏戰火持續，這不可避免使得歐亞地區的發展前景變得愈加撲朔迷離。最終納瓦利內中毒事件會怎樣收場？此次事件會對俄歐關係造成怎樣的影響？這位號稱俄羅斯最有威望的反對派領導人、《外交》雜誌評出的全球百名思想家之一又將在俄羅斯政治生活中佔據怎樣的位置？這一切，讓我們拭目以待。

富爾加爾
從州長到身陷囹圄

　　富爾加爾‧謝爾蓋‧伊萬諾維奇（Фургал Сергей Иванович），1970 年 2 月 12 日出生於阿穆爾州波亞爾科沃區，俄羅斯政治家和社會活動家。2018 年 9 月 28 日至 2020 年 7 月 20 日任哈巴羅夫斯克邊疆區行政長官，在民眾中享有良好聲譽。曾任俄羅斯聯邦第五、六、七屆國家杜馬議員（2007－2018 年），第六屆國家杜馬保健委員會主席（2015－2016 年），第七屆國家杜馬保健委員會第一副主席（2016－2018 年）。

　　2020 年 7 月 20 日，富爾加爾失去普京總統的信任，被解除哈巴羅夫斯克邊疆區行政長官職務，同時因 2004－2005 年的舊案指控而被捕。這在哈巴羅夫斯克乃至俄羅斯遠東地區引發了大規模抗議示威，在俄羅斯政壇激起了一股湍流。

棄醫從政

1992 年，富爾加爾畢業於布拉戈維申斯克國立醫學院，獲得臨牀醫學學位。之後，他在波亞爾科沃區中心醫院擔任全科醫生，一干就是 7 年。2010 年，他從總統直屬俄羅斯國家行政學院畢業，並通過了「國家和地區管理」方向的經濟學碩士學位論文答辯。

1990 年代末開始，富爾加爾棄醫從商，先是從事中國日用品進口貿易，後於 2000 年擔任阿爾庫瑪林業有限責任公司總經理，涉足木材生意。2005 年年中，富爾加爾成為哈巴羅夫斯克夢想有限責任公司總經理，公司主營廢舊金屬業務。

2005 年，富爾加爾加入俄羅斯自由民主黨，並擔任該黨哈巴羅夫斯克邊疆區分部協調員一直到 2011 年，為分部的工作提供了不少資助。2005 年 10 月，自民黨將富爾加爾作為第一人選列入哈巴羅夫斯克邊疆區第四屆杜馬議員候選人名單。12 月 11 日，富爾加爾順利當選。2006 年到 2007 年，富爾加爾還曾擔任俄羅斯聯邦緊急情況部遠東項目國家鑒定分部的負責人。

2007 年秋，富爾加爾作為自民黨候選人參加第五屆國家杜馬選舉，當選為第五屆國家杜馬議員，並在國家杜馬聯邦事務和地區政策委員會擔任副主席。

2011 年秋，富爾加爾作為自民黨推選的候選人參加第六屆國家杜馬選舉，並再次當選國家杜馬議員。2015 年秋到 2016 年秋，他擔任杜馬保健委員會主席。自 2016 年 10 月 5 日起，富爾

加爾出任該委員會第一副主席。為解決俄羅斯很多邊遠地區缺乏醫生的問題，富爾加爾 2016 年 3 月提議，醫學院畢業生必須在指定的醫院或診所工作 3 至 5 年。

2016 年夏，富爾加爾被自民黨提名，參加第七屆國家杜馬阿穆爾河畔共青城第 70 號單一制選區的選舉。選舉之前，全區的絕大多數黨派就已經協商一致，共同推選富爾加爾競選議員，連統一俄羅斯黨在這個選區也沒有提名自己的候選人。最終，富爾加爾以 39.9% 的得票率戰勝俄羅斯共產黨候選人瓦季姆‧沃耶沃金，當選第七屆國家杜馬議員。

俄羅斯官員必須進行財產公示。根據申報，富爾加爾夫婦 2018 年收入 546 萬盧布，擁有兩套總面積為 106.8 平方米的公寓，三塊總面積超過 4500 平方米的土地，兩處郊區別墅，「雷克薩斯 LX570」和「豐田陸地巡洋艦」汽車各一輛，「進步」和「水星」牌摩托艇各一艘。

富爾加爾的妻子拉里薩‧斯塔羅杜鮑娃是一名企業家，多家股份公司的創始人。夫妻兩人有三個孩子。長子安東出生於 1991 年 8 月，也是自民黨成員。2014 年他還是一名大學生時，就參加了哈巴羅夫斯克市杜馬和邊疆區杜馬競選，但沒有成功。次子基里爾出生於 2000 年，目前在莫斯科國立大學政治學系學習。另外，夫妻兩人還收養了一名 1989 年出生的養女。

富爾加爾本人出生於一個多子女家庭，他排行第十。長兄維切斯拉夫‧富爾加爾 2010－2020 年擔任哈巴羅夫斯克邊疆區杜馬副主席，2020 年 6 月 13 日因感染新冠病毒而去世。富爾

加爾的另外兩個兄弟是阿穆爾州的政治家。阿列克謝・富爾加爾 2012 年以來一直是阿穆爾州立法議會議員。尤里・富爾加爾 2009－2013 年擔任結雅市人民代表大會代表。兄弟四人都是自民黨成員。姪女阿列霞嫁給了國家杜馬議員伊萬・彼利亞耶夫。

民眾擁戴的州長

2013 年，富爾加爾被自民黨提名為哈巴羅夫斯克邊疆區州長候選人。但在 2013 年 9 月 8 日舉行的選舉中僅獲得 19.14% 的選票，輸給了統一俄羅斯黨的維切斯拉夫・什波爾特（63.92%）。

2018 年 9 月 9 日，富爾加爾第二次參選哈巴羅夫斯克邊疆區州長。在第一輪投票中，他以 35.81% 的得票率與維切斯拉夫・什波爾特（35.62%）並駕齊驅。在第二輪投票中，富爾加爾以 69.57% 對 27.97% 的優勢擊敗了對手。9 月 26 日，哈巴羅夫斯克邊疆區選舉委員會宣佈富爾加爾當選。

上任後，富爾加爾採取了一系列不同前任的作法。一是專注地區發展，力避不同黨派之間的無謂爭鬥。2019 年 1 月 29 日，在被問及秋季是否會領導自民黨參加邊疆區地方杜馬選舉時，富爾加爾回答：「不會！我將完全退出競選。我不想為任何人承擔這個責任……大家都知道，哈巴羅夫斯克邊疆區政府已經超越了政治鬥爭，我的政府中有很多來自不同政黨的人。我們更需要解決住房和公共服務、建築、道路等問題。也就是說，政府和州長不應該參與政治，政治是地方議員的事情。只要我是哈巴羅夫

斯克邊疆區的州長，邊疆區就是我的黨。」

2018 年 12 月 24 日，富爾加爾宣佈計劃為哈巴羅夫斯克市爭取聯邦直轄市地位。這一提議引起了該地區居民和遠東地區專家的熱烈響應，但最後卻無果而終。

二是恢復邊疆區各地行政長官直選。2019 年 6 月，富爾加爾向哈巴羅夫斯克邊疆區杜馬提交恢復直接選舉邊疆區各區區長的法律草案。該法案於 10 月 24 日由邊疆區杜馬三讀通過，並於 2019 年 11 月 5 日生效。這在很大程度上恢復了邊疆區公民的憲法權利，使他們有切實的手段參與地方政治事務，對官員進行選擇和監督。

三是厲行節約，努力降低行政開支和邊疆區政府債務規模。2018 年 10 月剛剛上任，富爾加爾就凍結了金額達 1.5 億盧布的政府採購項目。一艘屬於邊疆區政府、年均維護費達 60 萬盧布的「維多利亞」號豪華遊艇也被拍賣。同年 12 月，富爾加爾簽署命令，從次年元旦起採用新的方法計算退休公務員和地方議員的津貼，將邊疆區官員、議員、州長和地方杜馬主席的退休金補充津貼削減一半，節省下來的 900 萬盧布用來履行社會義務。

2019 年 2 月，富爾加爾宣佈，由於削減了邊疆區政府機構和官員，每年可節省 12 億盧布的預算。他同時表示，鑒於邊疆區的經濟現狀，他已主動將自己的月薪降至 40 萬盧布。而前州長什波爾特 2018 年 5 月曾透露，自己的薪水每月是 140 萬盧布。

2019 年 3 月，富爾加爾發佈命令，除排名前三位的副州長外，禁止邊疆區政府的所有公務員出差時用公款乘坐航班公務

艙，僅允許乘坐經濟艙。5 月 7 日，他指示邊疆區政府將各級官員的開支縮減 15%。他表示，在邊疆區居民收入縮水的情況下，行政機構佔據豪華辦公樓，官員們乘坐公務艙和豪車是不合適的。10 月，富爾加爾宣佈削減當時空缺的副州長職位，表示裁減冗員可以更好地節省預算資金。

除裁減冗員和控制行政開支外，富爾加爾還努力降低邊疆區政府債務規模。他宣佈，邊疆區政府計劃到 2025 年將收入增加 300 億－350 億盧布，將地方政府債務從 2019 年 1 月的 491 億盧布減少到 280 億－300 億盧布。自他上任後，邊疆區政府「沒有借新債，而舊債正在償還」。

2020 年 7 月 8 日，富爾加爾在邊疆區杜馬發表年度工作報告。他指出：「在我到來之前，邊疆區的政府債務佔本地區收入的 69.7%。通常，官方允許的預算赤字不超過預算收入的 10%，而在我們這裏預算赤字為 14%－15%。這意味着，沒有聯邦財政部的簽字，我們根本沒錢做任何事情。在我上任後，實行了嚴格的緊縮制度，邊疆區政府將本地區預算赤字從 2018 年的 97 億盧布減少到 2019 年的 32 億盧布。我們設法穩定了政府債務，將其降至佔地區收入的 66.3%，這在目前條件下是一項艱巨的任務。」

四是為邊疆區居民解決燃眉之急。為解決邊疆區北部地區交通基礎設施落後、居民往來不便的困難，富爾加爾簽署了一項命令，為生活在邊疆區北部的居民每年提供 4 次機票優惠，兒童票價為 3000 盧布，成人票價為 4500 盧布。這一措施先在鄂霍次克試點，並在獲得成功後普及到邊疆區北部地區的所有居民。

當富爾加爾發現阿穆爾河畔共青城的學生餐因政府補貼無法兌現而不達標時，他嚴厲斥責當地官員「為了自己能夠找到 3.3 億，卻不能為孩子們找到 500 萬」。之後，他協調相關部門解決了 550 萬盧布政府補貼。

當哈巴羅夫斯克建設局的市政公司從股東手裏籌集了資金開發房地產，但工程卻長期拖延而無法完成時，富爾加爾約談公司領導並命令檢察院介入調查。他在會議上說：「錢在城市裏被盜，責任卻轉移到了州長身上。這種作法我無法接受。」

在邊疆區政府工作報告中，他強調「我們從根本上改變了燃料的購買和供應系統，今天我們再也沒有聽到關於某處燃料不足或未交付的報道。我們制定了優質的醫療保健計劃，城市裏正在建造新的綜合性醫院、腫瘤醫院、兒童醫院、結核病醫院、傳染病醫院和社區的全科診所。」

富爾加爾的一系列措施給哈巴羅夫斯克邊疆區政壇帶來了一股清新之風，但同時也觸碰了一些既得利益集團的「奶酪」從而引起了反彈。2019 年 3 月 1 日，哈巴羅夫斯克邊疆區杜馬通過了兩項《邊疆區章程》修正案，主旨在於限制州長的權力。第一部修正案規定，州長對政府一些機構負責人的任命必須與杜馬進行協商。第二部法律禁止州長對已經通過杜馬二讀的法案進行修正。同時從邊疆區章程中去掉了關於通過單一制選區和政黨比例制各選出 18 位議員的規定，調整為從單一制選區選出 24 位議員，按政黨比例制選出 12 位議員。多家媒體分析認為，這一變化的實質是統一俄羅斯黨希望在邊疆區杜馬中獲得更多席位。

2019 年 9 月 8 日，哈巴羅夫斯克邊疆區舉行新一屆杜馬選舉，由 12 個政黨比例制選區和 24 個單一制選區組成的選舉系統正式運行。然而，結果並未如統一俄羅斯黨所設想的那樣對他們有利。自民黨在政黨選舉中獲得 56.12% 的選票，在 22 個單一制選區中勝出，一舉奪得邊疆區杜馬 36 個席位中的 33 個。此外，在阿穆爾河畔共青城第 70 號單一制選區的杜馬代表補選中，自民黨成員伊萬·皮里亞耶夫勝出。這就意味着，自民黨在邊疆區杜馬的 36 個席位中佔據了壓倒性的 34 席。這一結果引起了統一俄羅斯黨的極大不滿，統俄黨認為，富爾加爾利用手中的行政資源幫助自民黨在邊疆區杜馬選舉中獲得了完勝。但這種說法激起了邊疆區民眾的強烈義憤。

陷入政爭

富爾加爾的執政風格和自民黨在哈巴羅夫斯克邊疆區政治影響的上升，引起了其他政黨、組織和人士的敵意。2019 年初，針對富布加爾的一場政治圍剿就靜悄悄地開始了。

2019 年 2 月 6 日，俄羅斯聯邦政府副總理、總統駐遠東聯邦區全權代表尤里·特魯特涅夫嚴厲批評阿穆爾河畔共青城社會經濟發展長期綜合計劃的實施工作，指責當地用於建設和改建項目的 4.26 億盧布撥款遲遲沒有啟用。4 月 18 日，負責阿穆爾河畔共青城發展的哈巴羅夫斯克邊疆區副州長米哈伊爾·潘科夫被解職，該職位本身也被裁撤。這也導致哈巴羅夫斯克邊疆區向俄羅

斯聯邦預算退還了 5.71 億盧布資金。

2019 年 4 月初，網絡傳言稱富爾加爾對維克多·伊沙耶夫（1991－2009 年任哈巴羅夫斯克邊疆區州長，2012－2013 年任俄羅斯總統駐遠東聯邦區全權代表）涉嫌侵吞俄羅斯石油公司資產一案施加影響，而之前伊沙耶夫向富爾加爾推薦了伊戈爾·阿維林和弗拉基米爾·赫拉波夫擔任邊疆區副州長，並指導富爾加爾如何在該地區施政。

2019 年 11 月中旬，互聯網上出現了一段錄音，很像富爾加爾與尤里·特魯特涅夫之間的對話。談話中，富爾加爾稱有一些「來自莫斯科」的人專門挑撥離間，打着「保護州長」的旗號「詆毀政府和總統威信」，認為在哈巴羅夫斯克邊疆區的分離主義和極端主義情緒正在增長。富爾加爾稱他已向聯邦安全局求助，並向總統寫了一份報告，要求特魯特涅夫干預此事。特魯特涅夫回答：「我不知道要干預什麼，是要對您實施強力保護？從數字上看，事情看起來讓人非常鬱悶：您的威望在不斷提高，而總統的威望卻在不斷下降。」遠東 DVhab.ru 通訊社認為，富爾加爾與特魯特涅夫之間的談話是祕密進行的，只有「最高安全機構的人」才有可能獲取錄音，這無疑是對富爾加爾進行的信息攻擊。也有分析認為，這是 2020 年 7 月抓捕富爾加爾的真正原因。

身陷囹圄

2020 年 7 月 9 日上午，俄羅斯聯邦安全局特種部隊和偵查

委員會工作人員，在哈巴羅夫斯克拘捕了正要上班的富爾加爾。之後，用飛機押解到莫斯科並被提起刑事訴訟。檢方認為，富爾加爾是 2004 年 7 月 24 日企圖謀殺商人亞歷山大・斯莫爾斯基、2004 年謀殺商人葉夫根尼・佐里、2005 年謀殺奧列格・布拉托夫一系列兇案的組織者。此外，他還涉嫌謀殺商人亞歷山大・阿達莫夫和羅曼・桑達洛夫。

2020 年 7 月 10 日，莫斯科巴斯曼區法院宣佈對富爾加爾實施兩個月的拘捕，而富爾加爾否認對自己的所有指控。庭審當天，巴斯曼區法院聚集了大批記者及富爾加爾的支持者，法院以「考慮候審人員安全」為由，沒有將庭審向媒體開放。

其實早在 2019 年 4 月，俄羅斯偵查委員會副主席伊戈爾・克拉斯諾夫就受主席亞歷山大・巴斯特雷金委託，研究了地方偵查員的幾項卷宗。這些卷宗涉及 2004－2005 年間發生在哈巴羅夫斯克邊疆區和阿穆爾州的幾起嚴重罪行。之後，這些案件被移

富爾加爾被捕

交重案調查總局。

2019 年 11 月 18 日，安全人員對富爾加爾妻子所擁有的 Torex 公司進行了搜查。隨後，富爾加爾的熟人和商業夥伴、曾任邊疆區杜馬議員的尼古拉‧米斯特留科夫因涉嫌謀殺而被捕。而米斯特留科夫指證富爾加爾主導了上述幾起謀殺案。值得一擔的是，俄羅斯聯邦安全局在此案的偵查過程中提供了業務支持。

針對富爾加爾被捕一事，政治學家葉夫根尼‧明琴科認為，「逮捕富爾加爾可以解釋為『擰緊政治螺釘』。顯然，指控是嚴重的。但起因卻可能是他本人首先在州長選舉中獲勝，然後自民黨在哈巴羅夫斯克邊疆區杜馬戰勝統一俄羅斯黨而獲勝。現在，那些身穿迷彩服的人在以各種方式『擰』他的手……這發出一種信號，即不要太熱衷於參加反對派活動。」

政治學家亞歷山大‧波扎洛夫評論稱，「與其他針對地方長官的案件不同，富爾加爾未被指控腐敗，而是組織謀殺。這類指控必須有令人信服的證據基礎，從而減少將這一案件被政治化的可能性。這種情況，無論對富爾加爾本人意味着什麼，毫無疑問都會產生許多政治信號。」

政治學家亞歷山大‧克涅夫表示，「這是因 2018 年大選失敗而推遲的政治報復。2019 年，哈巴羅夫斯克居民在邊疆區杜馬和市杜馬的選舉中積極投票贊成由富爾加爾支持的候選人，以此向他表示支持。在富爾加爾被捕後，哈巴羅夫斯克邊疆區將繼續成為抗議之地。我們可以預期，在該地區下次選舉中，居民可能會向聯邦當局豎起中指。」

　　有分析認為，富爾加爾與特魯特涅夫被泄露的談話內容顯示，「儘管富爾加爾準備與高層進行妥協，但在垂直權力體系中，中央不需要合作夥伴和談判對手，而只需要俯首帖耳的人。聯邦中央的威信在與冠狀病毒的鬥爭中被削弱了，現在需要重振失去的影響力，需要象徵性的行動來證明自己。而這些反對派地方長官非常適合擔任這一角色，因為沒有人會保護他們。」

攪動政壇

　　7月10日，莫斯科巴斯曼區法院作出拘押裁定後，富爾加爾本人否認所有指控並表示將通過法律途徑捍衛權利。富爾加爾的律師團隊已經向莫斯科市法院提起上訴，而市法院對此尚未表態。俄羅斯聯邦偵查委員會發言人斯韋特蘭娜·彼得連科稱，已收集到足夠證據拘捕富爾加爾，包括證人和受害者證詞。俄媒分析，如果罪名成立，根據《俄羅斯聯邦刑法》第210條關於「有組織犯罪」的條款，富爾加爾最高將面臨無期徒刑的刑罰。

　　富爾加爾被捕後，當地民眾在社交網絡上廣泛質疑並認為這是政府對其他黨派的打壓。哈巴羅夫斯克市和邊疆區其他城市舉行了有成千上萬參加的支持富爾加爾的集會和游行。在哈巴羅夫斯克市，抗議者沿主要大街游行並一直行進到俄內務部哈巴羅夫斯克總局大樓，高喊「恥辱的克里姆林宮」「自由」「釋放富爾加爾」「我們就是富爾加爾」及其他反政府等口號。

　　此次集會參與人數佔哈巴羅夫斯克總人口的三十分之一，是

當地歷史上最大規模的群眾集會。雖然活動沒有得到當局批准，屬於非法集會，但當地政府表現比較克制，只對集會進行了監控並維持秩序，沒有如莫斯科反脩憲「公投」集會那樣對組織者進行拘捕。甚至當地政府也傾向於支持富爾加爾，這一點從民眾集會活動時當地政府僅表態稱「尊重民眾發表意見的權力」、而沒有在新冠疫情期間採取制止措施就可見一斑。

俄羅斯自民黨主席日里諾夫斯基更是對聯邦當局進行了猛烈抨擊，他在杜馬會議上表示，「你們要脩憲，我們給了你們新憲法，你們卻給我們戴上了手銬」，「無恥，你現在身居高位，開始表現得像斯大林！」日里諾夫斯基還對媒體表示，「富爾加爾之所以被捕，是因為其拒絕將裝滿錢的箱子運到莫斯科，統一俄羅斯黨希望富爾加爾辭職，但他拒絕了」。他同時強調，將集全黨之力營救富爾加爾，如果當局繼續迫害富爾加爾，該黨將退出國家杜馬。

有媒體稱，在 7 月 1 日剛結束的脩憲「公投」中，哈巴羅夫斯克邊疆區的投票率和支持率分別為 42% 和 62%，均低於 67.97% 和 78% 的全國平均水平。顯然，富爾加爾的工作無法令克里姆林宮感到滿意。俄政治分析家卡拉切夫認為，富爾加爾案向那些「非普京人士」發出明確信號，即便他們贏得地方領導人選舉，也不能保證安全。

為安撫遠東地區尤其哈巴羅夫斯市民情緒及穩定局勢，俄羅斯副總理、總統駐遠東聯邦區全權代表特魯特涅夫 7 月 12 日抵達哈巴羅夫斯克進行現場督導。在當天晚些時候舉行的會議中，

他指責邊疆區政府工作組織不力、近年來未能吸引足夠投資。

有分析認為，對富爾加爾的圍剿從 2019 年中就開始了。目前，當局掌握了一些人證，據說也在富爾加爾家中起獲了作案凶器。但俄很多媒體公開質疑，如果真是富爾加爾作案，他會傻到案發 15 年後仍把作案工具藏在家裏嗎？

正如俄羅斯分析人士所言，富爾加爾案絕不是一起普通刑事案件，它有着複雜的政治背景，折射出俄羅斯政壇不同政黨、聯邦中央與聯邦主體之間的多重複雜博弈，將對俄羅斯政治發展產生重大而深遠影響。

古德科夫
反對派政治家

　　古德科夫·德米特里·根納季耶維奇（Гудков Дмитрий Геннадьевич），俄羅斯政治家、社會活動家。自 2018 年 6 月 23 日起擔任變革黨主席。此前，他曾是公正俄羅斯黨黨員，2011－2013 年當選為第六屆俄羅斯國家杜馬（議會下院）議員。擔任杜馬議員期間，他代表反對派表達對俄羅斯領導層國內外政策的批評。2016 年，他在莫斯科的一個單一選區代表亞博盧黨競選第七屆國家杜馬議員，但未能當選。

　　古德科夫 1980 年 1 月 19 日出生於莫斯科州的科洛姆納市。母親是瑪麗亞·古德科娃。父親根納季·古德科夫（以下稱老古德科夫）是俄羅斯政治家和企業家。古德科夫出生時，他的父親在共青團工作。老古德科夫 1981－1992 年在克格勃工作，後以少校軍銜退役到預備役，同年創立「Oskord」私人安保公司，該公司在 1990 年代末成為俄羅斯最大的安保公司之一。

1996 年，古德科夫從莫斯科第 625 學校畢業，進入莫斯科大學新聞系學習。讀大學期間他就曾在許多出版社工作，當過一家安保行業報紙《安全》的總編輯，還曾在其父親公司的公關部工作。

2001 年古德科夫從莫斯科大學新聞系畢業，後又在俄羅斯外交部外交學院世界經濟系讀研究生。

青年政治家

古德科夫的政治生涯緊隨其父親的腳步開始。1999 年，老古德科夫代表第 106 號科洛緬斯科單一選區競選第三屆國家杜馬議員，古德科夫當時就成為父親選舉總部的成員。2001 年，老古德科夫在第三屆杜馬選舉中獲勝並加入名為「人民代表」的議會黨團，古德科夫在該議會黨團的機關工作。

2003 年，古德科夫跟隨父親加入俄羅斯聯邦人民黨。其父擔任該黨副主席時，他負責該黨新聞處的工作。在 2004 年 4 月父親當選為黨主席後，古德科夫也被提拔到該黨領導層，負責制定青年政策，並參與了青年社會院的建立。

2005 年 12 月，古德科夫參加了莫斯科市第 201 號單一選區舉行的第四屆杜馬補選，但以 1.5% 的得票率落選。2007 年 4 月俄羅斯聯邦人民黨併入公正俄羅斯黨後，其父老古德科夫進入該黨中央委員會主席團政治局，而古德科夫仍負責新聞處的工作。

2007 年 4 月，俄羅斯聯邦人民黨、俄羅斯社會民主黨、公

民社會人權組織、烏拉運動、正義聯盟黨、生活能量黨、青年生命黨和另外一些青年團體，作為公正俄羅斯黨的組成部分加入全俄「勝利」運動。由於古德科夫此前曾負責俄羅斯聯邦人民黨的青年工作，因此成為這一政治組織的聯席主席。2008 年 4 月，「勝利」運動代表大會選舉前生活能量黨主席尤里‧洛普索夫為單一主席，引發了洛普索夫與古德科夫之間的矛盾。

2009 年 10 月，古德科夫在公正俄羅斯黨內組織了新的青年團體 —— 俄羅斯青年社會主義者，成員除「勝利」運動之外，還包括俄羅斯生活黨、俄羅斯社會民主黨、祖國黨，俄羅斯退休人員黨的青年運動組織。

在 2009 年 6 月舉行的公正俄羅斯黨第四次代表大會上，古德科夫當選為中央委員會委員。2010 年，他成為擔任俄羅斯聯邦委員會（議會上院）主席的公正俄羅斯黨領導人謝爾蓋‧米羅諾夫的顧問。

不聽話的「議員」

2011 年 12 月，古德科夫以公正俄羅斯黨梁讚州和坦波夫州黨首的身份，被選為第六屆俄羅斯國家杜馬代表。進入杜馬後，古德科夫在憲法性立法與國家建設委員會工作，單獨或作為議會黨團成員發起了 43 項立法倡議，其中包括：

與伊利亞‧波諾馬洛夫和奧列格‧斯莫林於 2014 年 6 月聯合提出的《科學與國家科技政策法律修正案》，提出設置針對學

古德科夫發言中

術不端行為撤銷學位的標準。該法案在 2015 年 1 月的一讀中被審議，但未獲通過。

與謝爾蓋‧多羅寧、瓦列里‧祖博夫、謝爾蓋‧彼得羅夫和米哈伊爾‧謝爾久科聯合提出制定實施經濟制裁的強制性聯邦法律（目前，經濟制裁根據總統令而實施）。該提案遭到各黨派議員們的批評並於 2017 年 5 月在一讀中被否決。

建議修訂 2015 年 7 月通過的《規範非營利組織活動法》，提議取消非營利組織關係中的「外國代理人」概念。他在該提案的解釋性說明中指出，列入登記冊中的許多機構並不參與政治活動，官方的這一概念涉及面太寬。該提案的審議一再被推遲，到 2016 年 5 月被否決。但與此同時，國家杜馬批准了另外一項根據普京總統的命令而制定的修正案，從政治活動的概念中取消了科學、文化、藝術、衛生保健、社會服務、支持和保護母親和兒童、對殘疾人提供社會支持、促進健康的生活方式、體育、保護

動植物和慈善事業等領域的活動。

2015 年 10 月，與民間倡議委員會共同制定了《俄羅斯國家杜馬議員選舉法》，建議過渡到以德國模式為基礎的混合選舉制度，在杜馬選舉中設置多議員區和選舉團。2015 年 11 月，根據國家杜馬憲法性立法和國家建設委員會的決定，該法案已送交修訂。

古德科夫單獨或者與他人聯合提交的立法提案絕大多數未獲得通過，只有一項與大多數議員一起簽名提交的《時間計算聯邦法修正案》於 2014 年 7 月獲得通過。

2012 年 12 月，在杜馬針對《季馬·雅科夫列夫法》的投票中，古德科夫是投反對票的 8 位議員之一，他反對其中包含的有關禁止美國公民收養俄羅斯孤兒的內容。在國家杜馬通過《俄羅斯聯邦接受克里米亞成為俄羅斯聯邦新主體法》時，古德科夫是棄權的 4 位議員之一。隨後，他在一家電視台發表講話進行解釋，稱他不投贊成票是因為該決定將導致嚴重的政治和經濟後果，而不投反對投票是因為克里米亞事件將引起公眾輿論上的衝突，並且也是出於對克里米亞居民的尊重。

2013 年 3 月 1 日，古德科夫前往美國，其目的是尋找未申報的俄羅斯官員在美房地產信息，並探視收養俄羅斯兒童的家庭。在探訪了幾個美國家庭之後，古德科夫表示，他在訪問這些家庭時沒有遇到任何困難。他還指出，俄羅斯大使館對被收養的俄羅斯兒童漠不關心。

3 月 4 日，古德科夫參加了美國參議院舉行的題為「新方法

還是老方法：普京治下的俄羅斯與美國和歐盟關係」的會議。會議的組織者是美國人權組織自由之家基金會和當代俄羅斯研究所。古德科夫在講話中指出，俄羅斯聯邦憲法賦予總統無限的權力，普京在此基礎上建立了垂直權力體系。他認為，俄羅斯當局針對抗議活動的組織者和領導人採取了「擰螺絲」和偽造刑事案件的手段。他將國家杜馬形容為「瘋狂的打印機」，批評其制定和通過鎮壓抗議活動的法律。此外，古德科夫還敦促美國人公佈有關俄羅斯官員外國財產的信息，認為這是幫助俄羅斯開展反腐敗鬥爭。

古德科夫的講話引起了俄羅斯官方和議員們的強烈批評。他被稱為叛徒，俄羅斯自由民主黨主席日里諾夫斯基甚至要求以叛國罪逮捕他。3 月 13 日，統一俄羅斯黨表示，有必要了解古德科夫在美國的行動，並稱「他無權擔任議員」。3 月 15 日，國家杜馬幾位議員合署一份申請，要求對古德科夫國家杜馬代表的任職資格進行重新審定。國家杜馬議員道德委員會於 3 月 20 日對這一申請進行了審議。

反對派活動

2011 年冬至 2012 年春，俄羅斯爆發全國性的反政府、反普京抗議活動，古德科夫積極參與其中並成為「爭取公平選舉集會」的組織者之一。

2012 年 5 月 7 日，在普京第三個總統任期的就職典禮當天，

莫斯科庫德林斯卡婭廣場舉行了未經授權的「公共慶祝活動」，古德科夫曾想將此次活動報請為自己與選民的見面會，以避免拘留示威者。據古德科夫說，在 2012 年 5 月 8 日的一次反對派集會上，他在尼基茨基大道上被非法拘禁。但警方稱是古德科夫自己與其他被拘留的人一起去了警察局。

在 2012 年 10 月俄羅斯反對派協調委員會的選舉中，古德科夫排名第十位。

2012 年，古德科夫、伊利亞·波諾馬廖夫、作家康斯坦丁·沃龍科夫和反對派協調委員會執行秘書德米特里·涅克拉索夫成立了自由媒體支持基金會，其目標是共同資助創建客觀的社會政治電視節目。第一批資金由涅克拉索夫和古德科夫的父親老古德科夫提供。基金會的第一個項目，是列昂尼德·帕爾菲諾夫的 12 集紀錄片《帕爾菲諾夫》，在「雨」電視台於 2013 年 4 月播出。按照原來的設想，該節目的前幾集由基金會投資，播出後可吸引有興趣的觀眾眾籌。但這一設想並未實現，第 12 期播完之後沒再續拍。

2013 年 4 月，國家杜馬通過一項法案，規定由總統從地方立法會議提議的候選人中選拔聯邦主體領導人，這等於廢除了地方行政長官的直接選舉。對此，古德科夫、伊利亞·波諾馬廖夫、瓦列里·祖波夫、謝爾蓋·多羅寧和謝爾蓋·彼得羅夫向國家杜馬提交了一項法案，建議直接選舉市長，而不是兩級城市治理制度（根據現行法律，市政府官員的選拔程序由地方立法機構決定）。古德科夫到梁讚、坦波夫、車里雅賓斯克、下諾夫哥羅

德等城市尋求對其法案的支持。其中，在下諾夫哥羅德舉辦的活
動最活躍：經過舉辦名為「人民」公投」」的活動收集了擁護恢
復市長直接選舉制度的 5.2 萬個簽名，還舉辦了全俄地方政府改
革論壇。

參與政黨政治

　　2013 年 1 月，古德科夫參加了名為「反對下流胚行軍」的游
行，當時的游行隊伍有人舉着包括謝爾蓋・米羅諾夫在內的一些
政治人物的照片。公正俄羅斯黨中央委員會主席團要求古德科夫
在反對派協調委員會和公正俄羅斯黨之間作出選擇，同時要求公
正俄羅斯黨的黨員不要參加本黨之外的團體組織的反對派行動。
此前，身為反對派協調委員會委員的奧列格・謝因和兼有公正俄
羅斯黨黨員與「左翼陣線」成員身份的伊利亞・波諾馬廖夫也同
樣面臨這樣的選擇。最終，古德科夫選擇留在反對派協調委員
會，而波諾馬廖夫和謝因選擇留在公正俄羅斯黨。

　　2013 年 3 月 13 日，公正俄羅斯黨中央委員會主席團根據該
黨領導人謝爾蓋・米羅諾夫的建議，將古德科夫父子開除出黨。
老古德科夫指責公正俄羅斯黨犯了「無原則討好當局」的戰略性
錯誤。

　　在第七屆國家杜馬的選舉中，古德科夫代表亞博盧黨第 206
號圖西諾單一議員選區參選。2016 年 3 月，他簽署了亞博盧黨的
備忘錄，承諾接受該黨的所有選舉安排。另外，古德科夫還聲稱

獲得了人民自由黨的支持。馬克西姆·卡茨成為古德科夫選舉總部的負責人。

作為競選活動的一部分，古德科夫收到了總計 4000 萬盧布的選舉基金。在競選結束之前，總部曾面臨財務困難，但緊急募捐之後競選得以繼續進行。據俄羅斯內務部稱，2016 年 9 月 17 日，即選舉之前的靜默日，有 55 人由於為古德科夫的非法競選工作而被拘留，競選總部否認了被拘留者的人數，並否認從事非法競選活動。

2016 年 9 月 18 日，古德科夫以 20.4% 的選票輸給了他的主要競爭對手，俄羅斯前首席公共衛生官員根納季·奧尼先科，後者的得票率為 26.04%。此外，亞博盧黨進入俄羅斯黨派前十名的目標也未能實現。古德科夫和卡茨認為，這一結果是由於投票率低、選民的冷漠和公眾對選舉的不信任造成的。

2017 年，在莫斯科市地方選舉前夕，古德科夫和馬克西姆·卡茨聯合成立了統一民主黨，以支持希望進入莫斯科市杜馬的人。統一民主黨進行了募捐，幫助候選人填寫文件，舉行各種活動，提供了場所和競選材料。古德科夫和卡茨支持的大多數候選人都由亞博盧黨提名，其餘是自我提名人、俄羅斯共產黨、公正俄羅斯黨、成長黨和團結黨的代表。根據 2017 年 9 月 10 日的選舉結果，統一民主黨成功地幫助 266 人從 1052 名候選人中勝出。統一民主黨選擇的候選人均持反對派意見。由此可見，對現任總統的消極態度和候選人的政治傾向是甄選的主要標準。

2017 年 12 月 22 日，古德科夫在亞博盧黨代表大會發表講

話，支持格里戈里·亞夫林斯基為俄羅斯總統職位的候選人。然而，在總統選舉前4天的2018年3月13日，他卻突然宣佈終止與亞博盧黨合作。他解釋說，競選總統期間他沒能與亞夫林斯基會晤，因此決定終止與亞博盧黨的合作。

兩天之後，古德科夫與參加2018年大選的另一位俄羅斯總統候選人克塞尼婭·索布恰克宣佈，在原公民倡議黨的基礎上成立一個新的政黨，並確認了該黨的「反普京」立場。他們表示，該黨將致力於使現任總統普京離任，取消制裁並結束軍事衝突。古德科夫說，該黨的主要目標是進入議會，即獲得2021年議會選舉的勝利。他還指出，該黨提交國家杜馬的提案將包括廢除《俄聯邦刑法典》中關於極端主義的第282條，以及加強議會對執法機構的監督權。公民倡議黨於2018年6月23日舉行代表大會並更名為變革黨。同時，該黨計劃以舊名稱參加2018年的地方立法機構選舉和9月的莫斯科市長選舉。

古德科夫希望在莫斯科市長選舉中成為唯一的反對派候選人，但是伊利亞·亞辛也計劃成為候選人。古德科夫在評論亞辛的計劃時說：「實際上阿列克謝·納瓦利內對此的興趣比亞辛高得多，他一直在勸亞辛跟我作對，已經有半年的時間了。」

古德科夫也曾試圖同亞博盧黨討論在推選共同候選人的方案，但亞博盧黨以其是公民倡議黨的成員而拒絕了他的建議。與克塞尼婭·索布恰克的結盟為古德科夫提供了更大的壓力，後者在新黨的代表大會召開前夕其社交媒體賬號上表示，既支持古德科夫的候選人資格，也支持現任市長索比亞寧，這在黨內外引

起了廣泛議論。在隨後的大會上，索布恰克以自己太忙為由拒絕與古德科夫共同領導變革黨，實際上是退出了與古德科夫的聯盟。

司法部拒絕承認更名後的公民倡議黨和古德科夫領導的合法性。古德科夫對此提起訴訟。但 2019 年 1 月 28 日，地方法院駁回古德科夫的訴訟，維持原判。

2019 年 2 月 12 日，古德科夫在在「莫斯科回聲」廣播電台接受採訪。記者問及在聖彼得堡的選舉中是否會與阿列克謝‧納瓦利內合作，古德科夫稱他們的關係正常，表示他準備與其合作。在這次採訪中古德科夫還提出讓未成年人參與政治的觀點。

2019 年 11 月 25 日，俄羅斯司法部在最高法院提起訴訟，要求古德科夫領導的公民倡議黨（即變革黨）停止活動。

2019 年，古德科夫打算競選莫斯科杜馬議員，但被拒絕註冊。

2020 年 3 月，古德科夫及其團隊成員決定退出公民倡議黨。古德科夫解釋稱，這是因為司法部拒絕將公民倡議黨註冊為變革黨。據猜測，古德科夫退出公民倡議黨還有一個原因，即黨內對當前政府的立場存在分歧。

未來的俄羅斯，會給這些反對派政治精英們什麼位置呢？

誰將接掌俄羅斯
——普京之後的俄羅斯政治精英

馮玉軍　周楚人　著

責任編輯　王春永
裝幀設計　鄭喆儀
排　　版　黎　浪
印　　務　周展棚

出版　開明書店
　　　香港北角英皇道 499 號北角工業大廈一樓 B
　　　電話：（852）2137 2338　傳真：（852）2713 8202
　　　電子郵件：info@chunghwabook.com.hk
　　　網址：http://www.chunghwabook.com.hk

發行　香港聯合書刊物流有限公司
　　　香港新界荃灣德士古道 220-248 號
　　　荃灣工業中心 16 樓
　　　電話：（852）2150 2100　傳真：（852）2407 3062
　　　電子郵件：info@suplogistics.com.hk

版次　2024 年 2 月初版
　　　2024 年 6 月第 4 次印刷
　　　© 2024 開明書店

規格　32 開（210mm×145mm）

ISBN　978-962-459-344-0